KB274750

금융한국 보고서
Money Working Korea

금융한국 보고서

Money Working Korea

매일경제 금융한국 프로젝트팀 지음

매일경제신문사

　매일경제가 '비전코리아(Vision Korea)' 캠페인을 전개한 지 벌써 10년의 시간이 흘렀다. 그동안 여러분이 보여주신 관심과 배려에 대해 깊은 감사의 말씀을 드린다.

　매일경제는 외환위기 1년 전부터 한국의 경제위기 가능성을 예측하고 비전코리아를 준비했다. 그리고 비전코리아 출범과 함께 외환위기를 극복하기 위한 어젠다(Agenda)를 제시해 왔다. 13차례에 걸쳐 국민보고대회를 열고, 새로운 화두를 제시하여 1인당 국민소득 2만 달러 시대를 이끌어왔다고 자부한다.

　외환위기 10년째인 2007년, 매일경제는 국민보고대회 주제로 '금융한국을 만듭시다'를 채택했다. 금융산업의 발전은 명실상부한 선진국, 1인당 국민소득 3만 달러 시대가 되기 위해 꼭 가야 할 길이다.

최근 우리 경제는 많은 어려움을 겪고 있다. 경제성장률은 계속 정체상태이며 반도체, 정보통신, LCD, 석유화학, 자동차 등 주력 제조업마저 성장한계를 맞고 있다. 재계에서는 4~5년 내 주력산업에 큰 혼란이 올 수도 있다는 경고가 잇따르고 있다. 지금이야말로 새로운 돌파구가 필요한 시점이다.

매일경제는 그 돌파구가 금융산업에 있다고 확신한다. 1인당 국민소득 3만 달러 이상의 선진국들 모두 금융산업이 경제에서 큰 비중을 차지하고 있다. OECD 기준에 따르면 미국은 물론 영국, 독일, 네덜란드 등의 선진국에서 금융산업이 GDP에 기여하는 정도가 30% 이상을 넘고 있다.

그러나 한국의 경우 금융산업은 21% 정도의 기여만 하고 있다. 1인당 국민소득 3만 달러의 능선을 뛰어 넘기 위해서는 반드시 발달된 금융산업이 필요한 이유가 바로 여기에 있다. 금융산업이야말로 부자나라 한국으로 가는 열쇠다.

선진국의 경제전문가들을 만날 때마다 묻는다.

"한국이 왜 선진국이 되는 못하는 것인가?" "한국 사람이 일은 더 많이 하는데 왜 당신들이 더 잘 살고 있는가?"

그들의 대답은 의외로 간단했다.

"그건 한국의 금융이 발달하지 못했기 때문이다."

그렇다. 선진국은 축적한 돈이 24시간 전 세계를 돌며 사람 대신 일을 하고 있다. 'Money works 24 hours'를 이룩하고 있는 것이다. 한국도 이제 돈이 일하는 나라, 돈이 돈을 버는 사회를 만들어야 한다.

더욱이 한국은 급격하게 고령화시대를 맞고 있다. 그에 따라 젊은 경제활동인구가 격감하고 있다. 이에 대비하지 않으면 안 된다. 이제 더 이상 자식들이 커서 부모를 봉양하는 일을 기대할 수는 없다. 젊은 시절 절약해 모아둔 돈이 우리 노후에 자식과 우리를 대신해 일해 주어야 한다. 돈이 일하는 경제를 창조해야 한다. 그러기 위해 금융산업의 획기적 발전이 필요한 것이다.

미국은 세계 최대의 부채 국가지만 돈놀이를 가장 잘하며, 세계 최대 금융강국으로 자리 잡고 있다. 자금 조달은 거의 공짜로 하면서 그 돈으로 고수익 운용을 한다. 론스타나 뉴브리지 같은 펀드가 한국에서 재미를 본 것이 바로 그런 사례다.

이와 대조적으로 미국에 돈을 대는 대표적인 국가는 일본인데 돈놀이는 잘할 줄 모른다. 이 때문에 일본은 자본대국임에도 불구하고 금융강국이라는 명성을 얻지 못했다.

현대 금융의 주류는 이미 3세대다. 돈이 스스로 일하며(Money works) 돈을 버는 시대다. 국경을 자유롭게 넘나들며(Borderless), 24시간 쉬지 않고(Timeless), 다양한 방식으로(Formless) 투자를 해서 새로운 부를 창출한다.

이자나 수수료를 챙기는 저축 위주의 금융에서 돈을 태워 수익을 얻는 투자금융시대로 바뀌고 있는 것이다. 특히 전 세계적으로 남아도는 돈이 3세대 금융으로의 진화를 재촉하고 있다. 중국과 일본, 한국 등 아시아권에서만 2조 5,000억 달러 이상의 외환보유액을 갖고 있고, 고유가로 돈을 번 중

동의 오일머니도 넘치고 있다. 이것이 바로 돈이 스스로 일하며 고수익을 창출하지 않으면 안 되는 이유다.

전 세계 금융시장에서 '저축의 시대' 라는 과거의 패러다임은 끝나가고 있다. 이에 따라 우리는 현재 금융코드를 '투자의 시대' 로 바꿔야 하는 기로에 서 있다.

이 책은 매일경제와 한국금융연구원, 보스턴컨설팅그룹(BCG) 서울사무소가 공동 작업해 완성한 금융한국 보고서를 기초로 집필됐다. 이번 국민보고대회 프로젝트팀은 보고서를 완성하기 위해 3개월간 집중적인 연구 작업을 거듭했고, 이 과정에서 금융계, 산업계, 학계, 정부 등 국내외 오피니언 리더들에게 전문적인 조언을 구하는 등 보고서의 완성도를 높이는 데 심혈을 기울였다.

이 책의 기반이 된 보고서가 완성되기까지 언제나 마다하지 않고 지적 자극을 주신 최흥식 금융연구원장과 아이디어 도출에 큰 기여를 해 주신 채수일 BCG 서울사무소 대표님께 감사드린다.

아울러 윤증현 금융감독위원장, 강정원 국민은행장, 박현주 미래에셋그룹 회장, 존 필 메리디스 SC제일은행장, 사이먼 쿠퍼 HSBC 은행장, 위정현 중앙대 상경학부 교수, 유현오 SK커뮤니케이션즈 대표이사, 황영기 전 우리금융회장, 윤용로 금융감독위원회 부위원장 등의 도움이 매우 컸음을 밝혀 둔다. 다시 한 번 이번 보고서의 탄생에 물심양면 지원을 아끼지 않은 모든 분들께 감사 말씀을 전한다.

매일경제신문 · MBN 대표이사 회장 장 대 환

최근 우리 경제의 앞날을 걱정하는 목소리가 여기저기서 쏟아져 나오고 있다. 그동안 압축성장 등을 통해 열심히 달려왔지만, 미래가 결코 낙관적이지만은 않기 때문이다. 한국경제가 선진국의 문턱을 넘어서지 못하고 이대로 주저앉을 수도 있다는 우려가 나오고 있다.

문제는 이 같은 상황을 타개할 수 있는 방안이 잘 보이지 않는다는 점이다. 지금까지는 주로 정보통신(IT)산업 등이 우리 경제를 이끌어왔지만, 앞으로 과연 무엇으로 먹고 살 것인가에 대한 의문이 크다. 다시 말해 새로운 성장동력을 찾기가 쉽지 않다는 것이다.

외환위기 이후 우리 경제는 혹독한 구조조정을 통해 많은 부분에서 상당한 성과를 거두었다. 하지만 상대적으로 개혁이 더디고 취약한 분야가 금융이라는 점에서는 대부분이 의견을 같이하고 있다. 낙후된 금융 시스템이 경제 발전의 발목을 잡고 있다는 것이다.

우리 경제가 선진국으로 진입하기 위해서는 고부가가치부문 중심으로 산업구조가 고도화돼야 한다. 이를 위해서는 무엇보다 설비, 연구개발 및 인적자본 투자 등을 효율적으로 지원할 수 있는 금융 시스템 구축이 필수적이다. 새로운 성장동력의 핵으로 금융산업을 주목하면서 금융산업의 개혁을 강조하는 것이 바로 이런 이유에서다.

요즘 금융계의 화두는 '해외 진출' 이다. 제조업 등 다른 부문에 비해 상대적으로 부진을 면치 못하고 있기 때문이다. 우리 경제 구조가 기본적으로 수출 지향적인 이상 금융도 예외일 수는 없다. 그래서 해외 진출은 아무리 강조해도 지나침이 없다. 또한 최근 체결된 한미자유무역협정(FTA)은 금융산업에 또 한번의 변신을 요구하고 있다.

다행히 우리의 금융산업 개혁을 위한 기본 여건은 좋은 편이다. 높은 교육열에다 선진화된 금융 마인드 및 인프라 등 잠재력은 충분하다. 본 책자에서 기술된 '금융산업 현상 지수' 에 따르면 한국 금융의 미래 가능성은 높은 것으로 나타났다. 여기에 지정학적으로 봐도 동북아 금융허브로 손색이 없다. 우리도 얼마든지 금융혁명을 이룰 수 있고, 동북아의 금융리더가 될 수 있다.

　이제 필요한 것은 금융개혁에 대한 강력한 의지와 전략적 실천이다. 한계에 부딪친 우리 경제의 돌파구를 금융산업에서 찾아 기존의 낡은 패러다임을 과감히 파괴하고, 우리에게 풍부한 금융 DNA를 발현시켜 '돈이 일하는 경제'를 만들어 국민소득 3만 달러의 선진국으로 도약하자는 것이 본 책자를 통해 전하고자 하는 내용이다. 이러한 주장이 금융종사자와 정책 당국, 학자 등 관련자 모두에게 귀중한 참고 자료가 될 것으로 확신한다.

한국금융연구원 원장 최 홍 식

목 차

Contents

3만 달러 비전
금융한국에 있다

성장한계에 부딪힌 한국경제, 해법은 없는가?

한국 경제성장률 추이

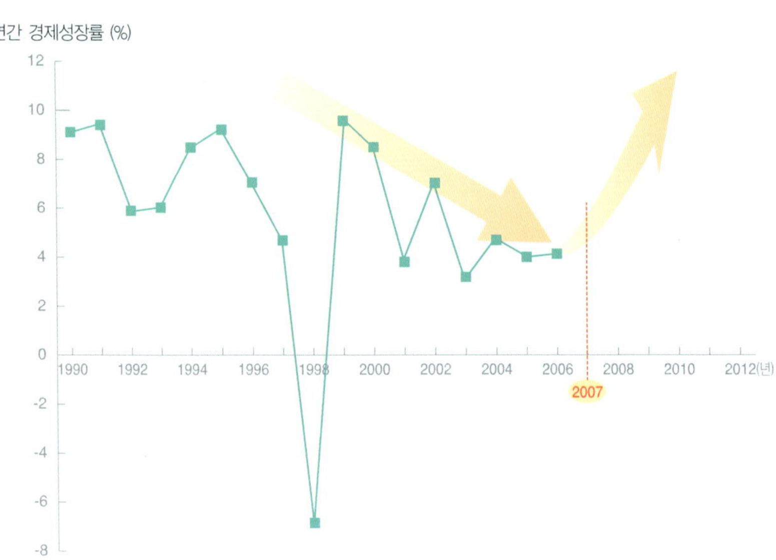

• 참고: 1998년은 금융위기에 의한 일시적 상황이므로 제외
• 출처: 한국은행

한국경제가 성장한계에 부딪혔다. 2003년 참여정부가 들어설 때만 해도 연 5%대의 성장세를 이어나갈 것으로 전망됐다. 그러나 2003년 성장률은 전년 7% 대비 3.8%로 급전 낙하했다. 이후 4년간 경제성장률은 4.2%에 머물며 잠재성장률 5%에도 미치지 못하고 있다.

이 기간 동안 중국의 연평균 경제성장률은 10.3%에 달했다. 인도, 베트남 등도 한국을 크게 앞지르며 상위권을 차지했다. '아시아의 네 마리 용'으로 불리는 홍콩(6.5%), 싱가포르(6.4%), 대만(4.5%) 역시 모두 한국을 앞섰다. 한국에 뒤진 나라는 브루나이와 일본 정도다. 한국의 성장률은 전 세계 경제성장률에도 못 미치는 수준이었다.

아시아 경쟁국에 뒤지고 있는 것은 물론이고, 세계 평균에도 이르지 못한다는 것은 그만큼 한국의 부가 상대적 측면에서 줄어들고 있다는 것을 의미한다. 경제전문가들은 "2006년 한국의 국내총생산(GDP)이 849조 원대였다는 점을 감안해 잠재성장률보다 1%포인트씩 성장률이 낮아지면 8조 원 이상의 국부가 없어지는 것과 마찬가지"라고 말한다.

다만 2006년 한국의 경제성장률은 5%로 물가를 자극하지 않고 달성할 수 있는 잠재성장률에 겨우 턱걸이를 했다. 그러나 위기감을 떨쳐 버리기에는 역부족이다. 국가 간 경제성장률이 수년간에 걸쳐 격차를 보일 경우 상황을 뒤집기는 사실상 불가능하다. 경쟁국도 그만큼 속도를 내는 데다 가속도까지 붙기 때문이다.

국내 투자가 위축되는 상황이 앞으로 계속된다면 한국경제는 경쟁국에 비해 2007년에도 성장률 측면에서 꼴찌를 면하기 어렵다. 수년간 지속돼 온

원자재 가격의 고공행진은 한국경제 성장에 가장 큰 위협요소가 된다. 2002년 이후 가파른 오름세를 보인 산업용 원자재 값은 2007년에도 고공 행진을 계속할 전망이다.

한국무역협회 무역연구소는 '유유, 철강 등 주요 원자재 국제 가격은 2006년 수준에서 안정되겠지만 비철금속, 곡물 등의 가격은 전반적으로 높은 수준을 유지할 것'이라고 내다봤다. 이런 영향으로 '2006년 14.6%인 우리나라 수출증가율은 2007년 10.2% 정도까지 낮아질 수 있다'고 예측했다. 해외의존도가 70% 이상 되는 한국경제로서는 2007년 성장률이 호전되기를 기대하기가 만만치만은 않은 상황이다.

돈이 일하는
경제

국가 경제규모와 1인당 국민소득

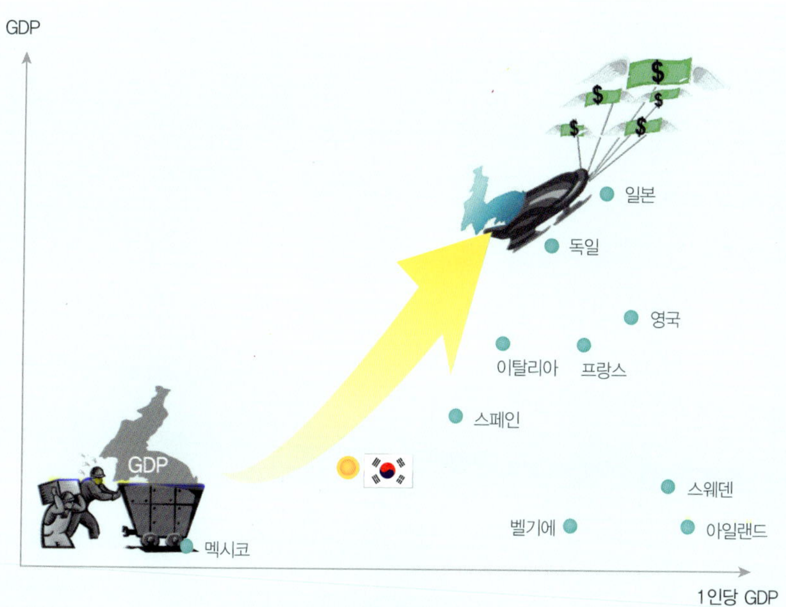

Appendix 1

한국경제의 성장한계 문제는 지나치게 제조업 중심으로 유지돼 온 경제성장이 갖는 한계이기도 하다. 서비스산업이 주로 유통업과 요식업, 숙박업 등에만 치우쳐 있고, 고부가가치 서비스업은 아직도 걸음마 수준을 벗어나지 못하고 있다. 한마디로 한국경제는 사람의 노동력에 의존하는 단계를 벗어나지 못하고 있는 상황이다.

미국에서 경영대학원(Business School)을 다닐 때 경험이다. 대학 사무처에 가거나 연방정부 관공서를 찾아가 민원을 할 때, 심지어 은행 창구에서 공납금을 내면서도 속이 터지는 경우가 한두 번이 아니었다.

느릿느릿, 그리고 자기들 일이 다 끝나면 남은 사람이 있거나 말거나 업무종료(Closed) 팻말을 냉정히 올려놓고 가버리는 것이다. 한국 같으면 상상도 할 수 없는 일이었다. 도대체 저렇게 일하고도 우리보다 잘 사는 미국인들이 이해가 되지 않았다.

경제학 수업시간에 교수에게 물었다. "한국인은 땀 흘리며 미국인보다 1주일에 몇 십 시간을 더 일한다. 그런데 왜 미국 사람들이 더 부유하게 사는 것인지 궁금하다. 특별히 미국인의 노동생산성이 더 높은 것 같지도 않은데 말이다."

교수는 빙긋이 웃으며 말했다. "그것은 미국의 돈이 전 세계를 돌며 24시간 쉬지 않고 대신 일을 해주고 있기 때문이네(US money works 24 hours)." 답답했던 머릿속에 큰 충격이 퍼져왔다.

제조업만으로는 선진국이 될 수 없다. 선진국은 금융산업을 발전시켜 사람의 노동력을 대신해 거대한 돈, 다시 말해 자본이 일하는 경제를 만들어

왔다. 돈이 일하는 경제(Money Working Economy)야말로 선진국이 일시적인 경기 부침이 있었어도, 지난 100여 년간 한결같이 세계 경제주도권을 유지해 온 핵심 비결이다.

더욱이 고령화시대에 접어든 한국의 현실을 감안하면 젊은 경제활동인구가 격감하게 될 가까운 미래를 준비하지 않을 수 없다. 노후에 자식과 스스로를 대신해 돈이 일하는 경제를 창조하기 위해서는 돈이 일을 할 수 있도록 고수익 금융산업을 발전시켜야 한다.

용어설명

빅뱅(Big Bang)
원래는 우주의 행성대폭발을 뜻하는 말이지만, 통상 금융규제완화 또는 금융혁신을 지칭한다. 1986년 10월 런던 증권시장이 증권매매, 위탁수수료를 자유화하고 증권업자가 재편성되는 등 큰 변화를 보이면서 빅뱅이라는 용어를 쓰게 됐다.

일본을 이긴 영국
그 열쇠는 금융빅뱅

영국과 일본의 경제성장

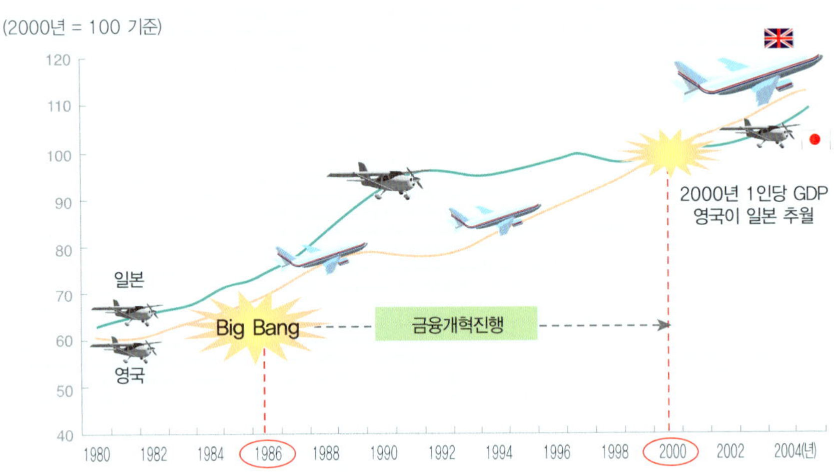

• 출처: IFS

제2차 세계대전 이후 영국경제는 경쟁 선진국에 뒤처지며 쇠락의 길을 걸어 왔다. 전투적인 노조와 경제 시스템의 낙후는 '영국 병'으로 통칭됐으며, 뜨는 독일과 프랑스, 미국의 틈 사이에서 삼류 선진국으로 전락할 위험에 빠져있었다.

그러나 1980년대 마거릿 대처 정부는 전투적인 노조의 기세를 꺾고 개혁을 단행했으며, 노조의 힘이 가장 취약했던 금융산업은 이런 이유로 첫 개혁의 칼날을 받았다. 물론 1971년과 1981년에도 부분적인 금융산업 개혁이 이루어졌다. 그러나 1986년 '빅뱅(Big Bang)'으로 불리는 금융산업 개혁은 본질적으로 이전 개혁과는 성격을 달리하는 것이었다.

1986년 이전의 개혁이 이원화돼 있던 파운드화시장 통합과 예금금리 자유화, 국내외 단기금융시장 통합 등을 통한 은행 중심의 개혁에는 일정 부분 성공했다는 평가를 받았다.

그러나 국제금융시장에서 런던의 위상이 일본 도쿄에 비해 현저히 뒤처지면서 영국 통산부 공정거래국이 주식시장 활성화를 위해 폐쇄적이고 경쟁제한적인 주식거래소 관행을 시정할 것을 직접 요구한 것이 발단이 돼 1986년 10월 27일 빅뱅이 단행되기에 이르렀다.

한마디로 빅뱅은 영국 금융시장, 그중에서도 자본(주식)시장의 전면적인 개방조치를 의미했던 것이다.

빅뱅의 효과는 영국경제의 다른 분야 개혁과 맞물려 서서히 나타나기 시작했다. 1986년 20.9%(OECD 기준)였던 금융산업의 GDP 부가가치 기여도가 2002년 30%로 증가했다.

1960~1970년대 일본이 제조업으로 급성장을 거듭하고 있는 동안 영국경제는 정체상태에 머물렀으나, 금융산업으로 성장 동력을 강화한 이후 본격적인 고도성장을 시작해, 마침내 2000년 1인당 실질 국민소득에서 일본을 추월하기 시작했다. 2004년에는 1인당 명목 국민소득 3만 5,859달러를 달성하며 명목 국민소득마저 일본을 제쳐 명실상부한 경제 도약을 이뤄냈다.

엄격한 기준을 적용하는 영국 중앙은행의 산업연관표상 금융산업의 국내총생산(GDP) 기여 비중은 2005년 말 기준 GDP 대비 8.5%를 차지한다. 2001년 5.5%에 비해 3.0%포인트 가량 늘어난 것이다. 상대적으로 제조업 비중은 1995년 21.7%에서 2005년 13.6%로 크게 줄었다.

금융산업 종사자 수는 전체 근로자의 4.1% 수준으로 GDP 기여도 8.5%를 감안하면 영국 평균 생산성의 2배에 이른다.

영국의 무역수지 적자가 2005년 660억 파운드에 달했지만, 금융산업에서 발생한 해외수익이 적자를 보전한 탓에 191억 파운드의 경상이익을 올렸다. 지난 2004년 말 기준 조세수입도 금융산업의 법인세 비중이 26.2%에 이르는 등 영국 금융산업은 통상적인 개별 산업으로써의 범위와 의미 이상을 지니게 됐다.

3만 달러
선진국의 열쇠

한국의 1인당 GDP와 세계 경제 순위

1인당 GDP(단위: 만 달러)
3만 달러
세계 20위권
진입
세계 32위
세계 33위
3
2
1
0
1995
2007
2012(년)

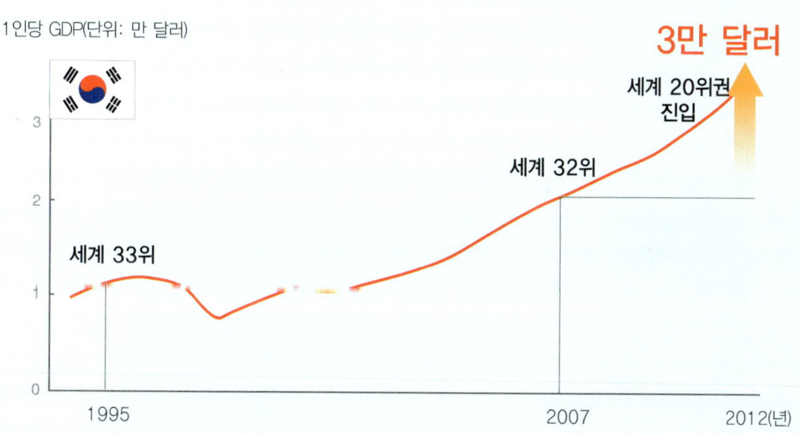

한국경제는 2005년 1인당 국민소득이 1만 6,291달러, 2006년 1만 8,300달러에 이어 2007년에는 2만 달러 시대에 진입할 것이 확실시 되고 있다. 한국은 지난 1995년 1인당 국민소득이 1만 1,468달러로 1만 달러 시대에 진입한 이후 12년 동안 2만 달러 선을 넘어서지 못했다.

설령 2007년 1인당 국민소득 2만 달러를 무난히 달성하더라도 전 세계 순위는 지난 1995년 33위에서 불과 한 계단 오른 32위 정도에 머물 것으로 보인다. 그만큼 선진국들도 부지런히 경제발전에 심혈을 기울여 온 까닭이다.

명색이 선진국 반열에 든 나라들 중에 2만 달러대의 1인당 국민소득을 갖고 있는 나라는 홍콩, 싱가포르, 스페인, 이탈리아 정도뿐이다. 도시국가인 싱가포르, 중국이나 다름없는 홍콩 그리고 유럽 중진국에 불과한 이탈리아와 스페인의 위상을 감안하면 명실상부한 선진국이라면 1인당 국민소득이 최소 3만 달러는 돼야 한다는 결론에 도달한다.

1인당 국민소득 못지않게 나라경제의 전체 규모 역시 10위권에 진입해야 한다. 인도, 브라질, 러시아, 멕시코 등과의 치열한 순위다툼을 생각하면 결코 만만치 않은 일이다.

제조업에서의 상대적 우위는 시간이 흐를수록 약해질 수밖에 없다. 경쟁국들이 후발주자(Second Mover)로서 갖는 이점을 백분 활용하고 있는데다 풍부한 자원과 노동력으로 인해 서구 자본의 유입이 가속되고 있기 때문이다.

이러한 불리한 환경을 극복하고 경쟁 우위를 유지하기 위해서는 금융산업의 비약적인 발전이 반드시 필요하다. 금융산업의 발전 그 자체가 고부가

가치를 창출하는 것은 물론이고, 다양한 파생효과와 기능을 갖고 있기 때문
이다.

무엇보다 금융산업은 일단 발전단계에 접어들면 후발주자가 웬만해서는
모방할 수 없는 커다란 진입장벽(Chinese Wall)을 유지할 수 있다는 장점을
갖고 있다.

경제 선진국 중에서 상대적으로 금융이 제대로 발전하지
못한 나라가 있기는 하지만, 금융이 발전한 국가들은
거의 예외 없이 선진국 대열에 올랐다.

최흥식 한국금융연구원장

왜 금융인가?

부자나라로 가는
지름길

국가경제력과 금융부문 기여도

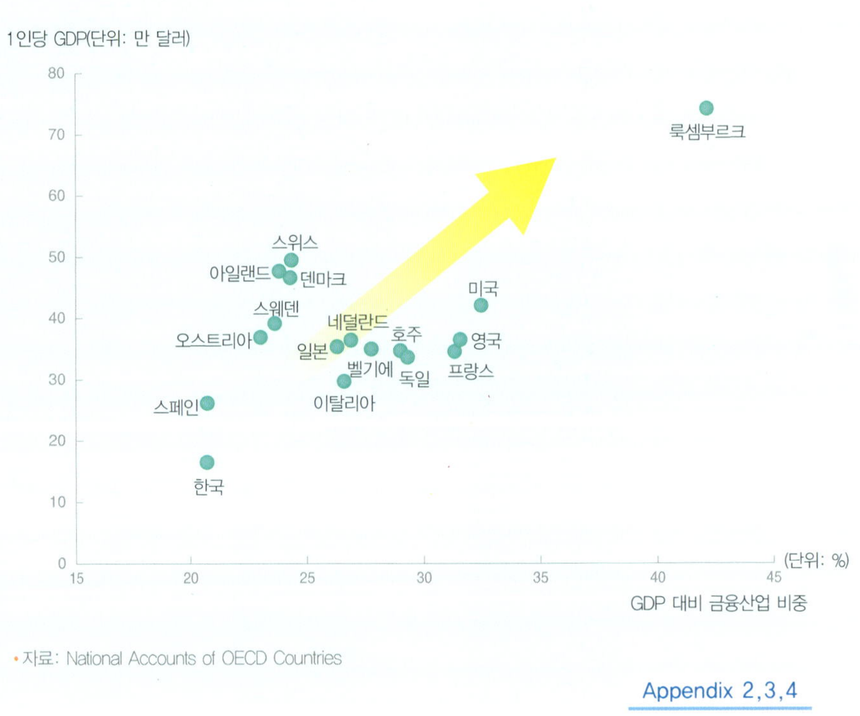

• 자료: National Accounts of OECD Countries

Appendix 2,3,4

OECD 선진국들의 1인당 국민소득과 금융산업의 GDP 부가가치 창출 기여도를 살펴보면 흥미로운 사실을 발견할 수 있다.

OECD에서 기준으로 하는 금융산업은 보험과 부동산 관련 서비스업까지 포함하고 있다. 각 나라가 산업연관표상 기준으로 삼고 있는 금융산업의 범위보다는 훨씬 넓은 영역을 금융산업 영역으로 간주하고 있는 것이다.

2005년도를 보면 한국은 1인당 국민소득이 1만 6,000달러, 스페인 2만 5,898달러, 이탈리아 2만 2,981달러다. 이들 나라의 금융산업 GDP 기여도는 한국과 스페인 21%, 이탈리아 27% 수준이다.

소득 3만 달러 나라인 독일과 호주가 29%, 프랑스, 영국이 31%다. 그리고 소득이 4만 달러 이상인 나라 중에는 미국이 32%로 최고 수준을 보였다. 반면 덴마크, 아일랜드, 스위스 등은 24%에 불과하다.

소득 4만 달러 이상의 나라 중 이들 세 나라의 금융산업 비중이 낮은 것처럼 보이는 것은 국토 규모가 작고 부동산 관련 서비스업이 상대적으로 낮은 비중을 차지하고 있기 때문인 것으로 분석된다.

결론적으로 소득 3만 달러 이상의 선진국에서는 금융산업의 GDP 기여도가 30% 정도는 돼야 하고, 3차 산업인 서비스업이 중심적인 역할을 해야 한다.

영국은 소득 1만 달러 시대를 처음으로 맞이했던 1987년 금융산업의 GDP 기여도가 현재 우리와 비슷한 20.9%였다. 그리고 2만 달러 시대에 진입한 1996년에는 25%였다. 영국은 이후 7년 만인 2003년 소득 3만 달러 시대를 맞이했다. 그리고 금융산업의 GDP 기여도가 30.9%에 이르렀다. 이

기간 동안 영국 제조업의 GDP 기여도가 계속 줄어든 것을 감안하면 금융산업이 영국경제 전체의 견인차 역할을 했다고 볼 수 있다.

한국은 1995년 1만 달러 시대에 처음으로 들어섰다. 그해 금융산업의 GDP 기여도는 18.3%였다. 국민소득 증가와 함께 1997년에는 금융산업 기여도가 20.4%까지 도달했다. 그러나 외환위기 여파로 인해 한국 금융산업의 양적 성장은 10여 년이 지나도록 21% 안팎에서 제자리걸음을 하고 있다. 그 기간 동안 제조업의 구조조정은 가시적인 성과를 거두며, 2006년 수출 3,000억 달러를 달성했다.

그러나 지난 수년간에 걸쳐 경제 전체의 성장한계가 노출되고 있는 것은 특히 서비스업 발전이 지지부진한 데 기인한 것이며, 그 가운데서도 금융산업의 질적·양적 발전이 답보상태에 있기 때문이라는 것이 경제전문가들의 공통된 지적이다.

최고의
부가가치 산업

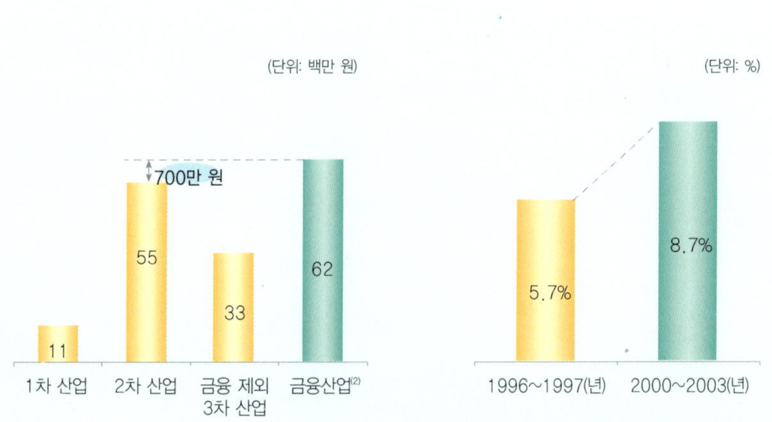

(1) 기여율은 (부가가치/전체 산출액)×100: 부가가치율은 부가가치액을 산출액으로 나눈 비율로 소득률이라고도
    하며, 산출액 중 생산활동에 참여한 생산요소에 귀속되는 소득의 비율을 나타내는 지표임
(2) 보험산업 포함
• 참고: 1차 산업은 농림어업, 광업 포함, 2차 산업은 제조업 포함, 금융 제외 3차 산업은 전력, 가스, 수도, 건
  설, 서비스업 포함.
• 출처: 한국은행 (산업연관표, 2000년), 금융감독원

　　오랫동안 한국인들은 금융을 산업으로 인식하는 데 인색했다. 단순히 제조업을 뒷받침하는 정부의 정책도구 정도로 여겨왔던 것이다. 이러한 인식은 금융이 독자적인 부가가치를 생산하는 산업이라는 시각을 갖는 것을 방해했다. 그러나 금융은 분명히 그 어느 제조산업 못지않은 큰 규모의 산업이며, 부가가치창출 측면에서도 가장 많은 부가가치를 생산하는 영역이다.

　　금융감독원이 2006년 2월 발표한 〈금융산업의 경제기여도 분석〉 보고서는 한국 금융산업이 2003년 한 해 창출한 부가가치가 56조 7,000억 원을 넘어섰다고 분석했다. 이는 한국은행 산업연관표상 GDP에서 차지하는 비중이 약 8%에 달하는 수치다. 부가가치를 산출액으로 나눈 부가가치율은 71.3%에 이르렀다. 이는 전체 산업의 부가가치율 41.1%보다 훨씬 높은 것은 물론이고 서비스산업 평균 부가가치율 58.4%보다 높은 것이다.

　　금융산업 생산활동으로 인해 2000년 101조 4,000억 원의 생산유발 효과가 발생했다. 노동시장에서도 92만 6,000명의 고용을 창출했다. 2차 산업의 2000년 1인당 부가가치 생산액이 5,500만 원인 데 비해 금융산업은 700만 원이 많은 6,200만 원이었다. 다른 서비스업의 3,300만 원보다도 거의 2배 더 많은 액수였다.

　　한편 금융산업의 부가가치가 GDP에서 차지하는 비중이 1990년대 5~6% 수준에서 1997년 외환위기 이후 7~8%로 상승하는 등 금융산업이 고부가가치 산업으로 자리매김한 것은 사실이나 최근 수년간의 금융산업 개편이 은행을 중심으로 이루어짐에 따라 증권과 보험 등 다른 부문과의 불균형이 뚜렷해져 금융산업의 균형발전론이 대두되고 있다.

한국 금융산업이 금융산업 자체가 고부가가치 산업임에도 불구하고 아직 금융 연관비율(6.5배)이 미국(9.0배), 영국(11.8배), 일본(11.8배) 등의 주요 선진국에 비해 낮은 수준에 머물고 있는 것은 아직도 금융산업의 질적·양적 성장의 여지가 매우 크다는 사실을 뒷받침해 준다.

산업연관표

국민경제 내에서 일어난 재화와 서비스의 모든 거래를 나타낸 표. 각 산업의 거래 빛 산업부문과 최종수요와의 거래를 일정한 형식에 따라 체계적으로 기록한 통계표다. 산업부문 간 상호의존관계 등 국민경제 구조를 총체적으로 나타내고 있어 경제구조 분석은 물론 경제정책의 파급효과 측정 등에 이용된다.

보다 많은
일자리 창출

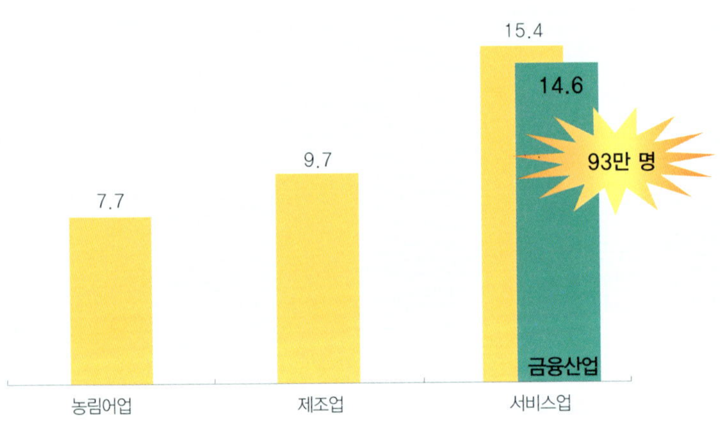

• 참고: 고용유발계수: 총산출액이 10억 원 증가할 경우 늘어나는 고용효과와 타산업에 미치는 고용효과를
　　　 고려한 고용인구 증가분
• 자료: 금융감독원, 2000년 기준

금융감독원이 분석(2000년 기준)한 바에 따르면 금융산업의 고용계수는 10.9로 단위 부가가치(10억 원)를 생산할 때마다 10.9명의 고용을 창출한다. 아울러 각 산업에서 간접적으로 발생시킨 고용효과까지 포함한 고용유발계수는 14.6에 이른다.

전체 산업의 고용계수와 고용유발계수가 7.8과 12.4인 것에 비교하면 금융산업의 고용 효과가 얼마나 탁월한지를 보여주는 대목이다.

그러나 다른 산업에 미치는 간접적인 고용유발 효과는 전체 산업의 평균 계수 4.6보다 낮은 3.7이었다. 이는 금융산업 자체의 고용창출능력은 뛰어나지만 타산업에 대한 고용기여도는 다소 미흡하다는 것을 의미한다.

한국의 경우 2000년 금융산업의 취업자(임금근로자) 수는 69만 4,000명으로 전체 산업 취업자 수의 6.5%를 차지했다. 취업자는 자영업주와 무급종사자, 임금근로자의 합을 의미한다. 여기서 금융산업 취업자 수는 임금근로자만을 기준으로 했다.

그러나 1997년 외환위기 이후로는 금융산업 구조조정 등으로 인한 인력 감축으로 근로자가 줄어들었다. 이로 인해 금융산업 종사자 수는 1998년 7.3%에서 2000년 6.5%로 떨어졌다. 중요한 것은 제조업 종사자 비중이 격감하고 있는 것과 비교해 금융 산업이 감소는 상대적으로 미미하다는 사실이다.

1990년 제조업 종사자 수는 전체 취업자의 40.6%를 차지했으나, 1995년 33.8%, 외환위기 직후인 1998년에는 23.2%까지 급락했다. 2000년 이후에는 약간의 회복세를 보이고 있으나 미미한 수준이다.

특히 각 산업에서의 직·간접적인 고용효과를 나타내는 고용유발계수는 1990년 28.1에서 1995년 15.9, 2000년 9.7로 3분의 1 수준까지 떨어졌다. 한마디로 막대한 자본(설비)이 노동력을 대치하는 것으로 제조업의 구조조정이 이루어진 탓이다.

금융산업의 고용유발계수는 1990년 25.7에서 1995년 23.1, 2000년 14.6까지 하락했으나 2000년 이후 차츰 회복세를 보이고 있다. 제조업에 비해 상대적인 낙폭이 낮았다는 점도 주목된다. 고용효과측면에서 금융산업의 상대적 우위가 여전히 유효하다는 것을 의미하기 때문이다.

또한 같은 기간 중 서비스업의 고용비중은 1990년 43.9%에서 2000년 59.6%로 증가하고, 고용유발계수는 27.7에서 15.4로 상대적으로 낙폭이 훨씬 적었다. 변호사, 회계사, 컨설턴트 등 각종 전문직종과 부가 자영업 등 다른 서비스업종과 금융산업의 긴밀한 발전 상관관계를 생각하면 금융산업의 발전이 제조업보다 상대적으로 많은 고용효과를 창출한다는 점은 의심의 여지가 없다.

산업 선순환을 이끄는 촉매제

기업의 발전 과정과 금융의 역할

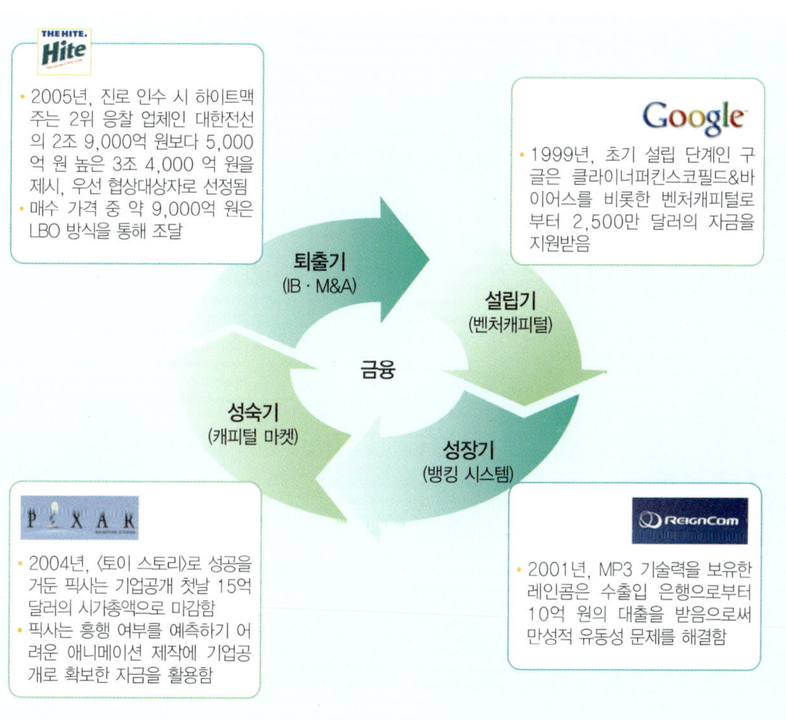

금융산업의 역할과 기능 중 빼놓을 수 없는 것이 바로 기업의 설립, 성장, 성숙, 퇴출을 주도하거나 지원한다는 사실이다. 금융회사는 태동기에 있는 기업이 어떤 비즈니스 리스크를 안고 있으며, 신제품이나 새로운 서비스의 향후 시장성은 얼마나 되는지를 측정하거나 평가해야 한다.

이 같은 평가를 바탕으로 태생 초기에 있는 기업에 대한 자금지원 여부와 규모 등을 결정한다. 만약 이 같은 금융산업의 평가 역량이 발전되지 못할 경우 각 나라의 신(新) 성장산업은 발전 기회를 상실하게 된다.

이 과정에서 벤처캐피털의 중요성이 더욱 강조된다. 불과 몇 년 전까지만 해도 소규모 벤처기업에 불과했던 미국의 정보통신(IT) 분야 회사들이 지금 은 세계적인 신 성장산업의 주역으로 등장할 수 있었던 것은 미국이 이 같 은 금융산업의 시스템을 갖추고 있기 때문이다.

구글(Google)은 1999년 설립 초기에 클라이너퍼킨스코필드&바이어스 (KPC&B)와 같은 벤처캐피털로부터 2,500만 달러에 이르는 자금지원을 이끌 어 내 현재와 같은 세계 최대 포털사이트로 발돋움하는 결정적 기회를 잡을 수 있었다.

이 같은 단계를 벗어나면 대부분의 신생 기업들은 자본(주로 주식)시장을 통해 성장에 필요한 자금을 조달해야 한다. 특히 기업의 첫 주식거래소 상 장(IPO 기업공개)이 성공하느냐의 여부는 해당 기업에 대한 시장의 전체적 미래 평가를 뜻하는 것이어서 기업에게는 최대 고비가 된다.

2004년 애니메이션 영화 〈토이스토리〉를 흥행시킨 픽사(Pixar)는 기업공 개 첫날 총 15억 달러의 자금을 주식시장에서 조달할 수 있었다. 이 자금은 성공여부를 가늠하기 힘든 애니메이션 제작에 투자돼 훗날 대박 신화를 낳는 기반이 됐다.

그러나 자본시장에서의 자금조달은 막대한 거래비용과 시장변동으로 인한 불확실성이 작용하기 때문에, 기업이 성숙기에 접어들면 은행 등 1금융권과의 지속적이고 안정적인 자금거래를 유지할 수 있어야 한다. 이 부분에서 시중은행은 순간순간 발생하는 기업의 유동성 문제 해결에 결정적 역할을 한다.

사양산업으로 전락하거나 구조조정이 반드시 필요한 기업에게도 금융산업은 중요한 역할을 한다. 수익성이 떨어지는 기업이 시장에서 신속히 퇴출될 수 있도록 도움을 줄 뿐만 아니라 여기에 소요되는 자금과 새로운 경영주체를 찾아줌으로써 근로자와 이전 주주들이 겪는 손실과 비용을 최소화한다.

최근 들어 이 같은 기업퇴출과 구조조정시장이 가장 각광받는 고수익 금융사업으로 한국 금융회사들이 반드시 개척하고 발전시켜야 할 분야로 부상하고 있다.

경제위기를 관리하는
조정자

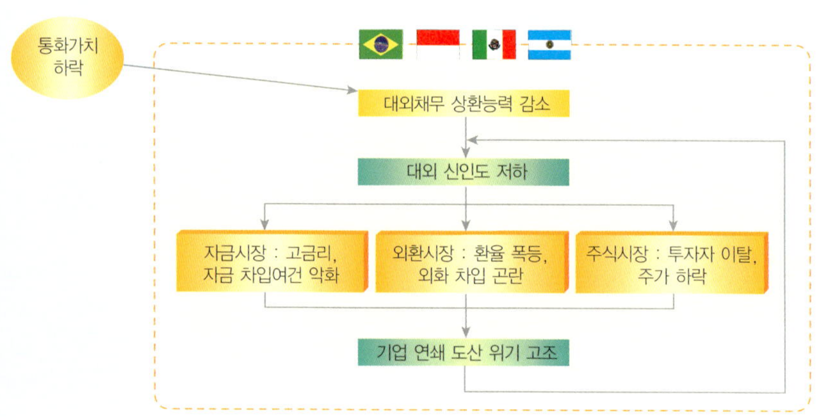

출처: ADB, JP모건, BCG 분석

금융산업이 발달한 나라일수록 경제 위기가 닥쳤을 때 이를 관리해 피해를 최소화하는 역량을 갖추고 있다. 특히 정부에 의해 주도되는 금융감독부문은 금융위기 또는 경제위기 관리자로서 그 중요성을 아무리 강조해도 지나치지 않다.

브라질, 멕시코, 아르헨티나 등은 모두 선진국 문턱까지 가고도 경제위기를 극복하지 못했다. 당시 금융산업의 취약성이 가장 큰 원인으로 지적됐다. 대외채무 상환능력을 의심받으면서 촉발되는 대부분의 경제위기는 통화가치 하락으로 이어진다. 또한 국가의 전체적인 대외신인도가 하락하기 시작한다. 자본시장은 경색되고, 주가급락으로 개미(개인투자자)들은 패닉 상태로 치닫는다.

그러나 금융산업이 발달한 나라에서는 통화가치의 지나친 하락을 시장이 조절할 수 있도록 정확한 정보가 유통되고, 금융회사들의 협력 하에 자본시장 경색을 막기 위한 일정한 규모의 자금공급이 유지될 수 있다. 이렇게 되면 국가의 대외신인도 하락은 일시적인 염려에 그치고 주가급락이 방지될 수 있다.

최근 들어 금융산업 측면에서 본 이 같은 중장기적인 경제위기 관리에 보다 초점을 맞춰야 한다는 이른바 '거시 건전성 감독' 이라는 개념이 전 세계 금융시장에서 큰 관심을 모으고 있다. 한마디로 금융 시장에서의 사소한 변동이나 조짐이 짧은 시간에 경제 전체로 파급돼 총체적인 위기를 초래할 수 있다는 것에 주목하고 사전에 대응 조치를 취해야 한다는 것이다.

'거시 건전성 감독' 을 주장하는 금융전문가들은 예컨대 주택가격이 급락할 경우 이를 별도의 독립 현상으로 취급해서는 안 된다고 경고한다. 금융 시스템의 안정을 유지하기 위해서는 2·3차적인 연쇄 작용과 영향 등을 고려해야 한다는 것이다.

미국 같은 나라에서는 주택가격이 일시에 20% 정도 하락해도 이들 주택을 담보로 대출을 해준 시중은행들이 단기적으로는 그 충격을 견뎌낼 수 있다고 한다. 그러나 문제는 이 같은 1차적인 충격이 아니다. 2·3차적으로 발생하는 연쇄 효과가 보다 중요하다.

주택가격이 하락하면 개인의 자산가치가 그만큼 낮아지고, 자연히 이자와 원금 상환이 늦춰질 수밖에 없다. 이는 소비감소와 고용감소로 이어지고, 관련 기업들의 주가 역시 하락세가 파급된다. 결국 경기침체라는 보다 큰 물결이 도래할 가능성이 커지는 것이다.

용어설명

대외신인도

국가의 채무를 해결할 수 있는 능력과 의사를 평가한 정도. 국제 금융시장에서 금리를 결정하고 투자 여건을 판단하는 기준이 된다. 대외신인도가 개선되면 외국인들의 직접 투자가 증대하며 국내 정부와 기업의 해외 차입비용이 줄어들어 국내투자에도 긍정적인 영향을 미치게 된다.

첨단 금융기법이
삶의 질을 높여

금융발달에 따른 삶의 질 향상

1,000억 원 운용 시 학자금 대출 증대 효과

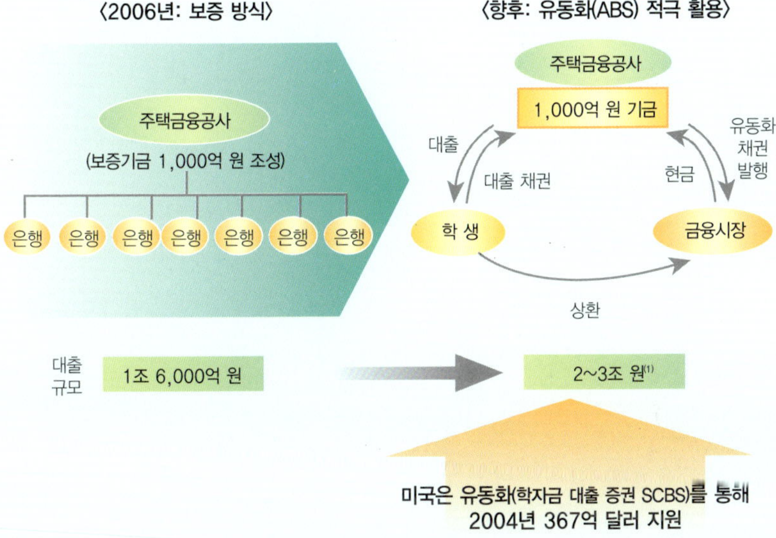

(1) 기금 $\times \sum\limits_{K=0}^{\infty} (\dfrac{97-95}{100})^K$ = 기금 $\times \dfrac{1}{(1-0.97\sim0.95)}$ → 기금 = 2~3조 원

금융산업은 부가가치를 창출하고 고용을 늘릴 뿐만 아니라 국민 개개인의 삶의 질을 높이는 데도 큰 기여를 한다. 주택모기지론은 가장 저렴한 금리로 서민들의 장기주택마련을 돕고 있으며, 보험은 질병이나 노후에 대비할 수 있도록 도와준다.

정보통신(IT) 분야 발달에 힘입어 개개인들이 이제 보다 편리하게 금융회사를 이용할 수 있게 되었다. 길거리 어디서나 현금자동인출기가 있어 은행 지점까지 찾아가지 않아도 은행거래를 할 수 있다. 인터넷 뱅킹, 휴대폰 뱅킹 그리고 신용카드의 다양한 기능 등은 금융산업이 삶의 질을 높인 대표적인 사례라고 할 수 있다.

물론 이같이 눈에 보이는 것만이 전부는 아니다. 현대적인 금융산업이 발달할수록 같은 자본을 갖고도 보다 많은 사람이 혜택을 받을 수 있는 길이 열린다. 현대 금융학이 다양한 수학적 기법을 통해 자본 활용을 극대화하고 있기 때문이다.

예컨대 한국정부는 저소득 대학생들의 학자금 지원을 위해 지난 2006년 1,000억 원 정도를 지원했다. 보통 이런 자금은 일종의 보증기금으로 활용되는데, 이는 시중은행이 학생에게 학자금을 대출해주면 정부가 지급보증을 하는 방식이다.

즉, 대출을 받은 학생이 훗날 돈(이자 또는 원금)을 못 갚게 되면 정부가 대신 갚아 주는 것이다. 학자금 대출의 연체율이나 상환불능 비율 등을 감안해 정부가 시중은행의 학자금 대출 1조 6,000억 원에 대해 지급보증을 해 줄 수 있었다.

이 같은 지급보증 방식이 도입되기 전 정부의 학자금 지원방식은 이자보전 방식이었다. 저소득층 학생들에게 재학 중 이자지급에 대해 절반 이상을 정부가 대신 내줘 학생을 둔 가계의 부담을 덜어준 것이다. 여기서 문제는 역차별이 발생한다는 점이었다.

시중은행은 돈을 떼일 것에 대비해 부모들에게 보증을 요구했으며, 이는 결국 재정적 여력이 있는 부모를 둔 학생이 정부로부터 이자감면을 받는 의도하지 않은 결과를 만들어 냈다.

정부에 의한 지급보증 방식은 이자보전 방식보다 진일보한 금융기법임은 틀림없다. 그러나 지급보증에 소요되는 1,000억 원의 기금을 근거로 유가증권을 발행해 자금을 연속적으로 조달하는 유동화(ABS) 방식을 활용할 경우 이론적으로는 최대 2~3조 원에 이르는 학자금을 지원할 수 있다는 계산이 나온다.

실례로 미국은 2004년 지급보증 방식 이외에도 학자금 대출증권(SCBS) 등을 발행해 367억 달러에 이르는 천문학적 규모의 학자금을 지원했다.

현대 금융학의 다양한 첨단 기법을 어떻게 활용하느냐에 따라 적은 자본으로 보다 많은 사람들에게 금융 혜택을 줄 수 있다는 점에서 금융산업이 개개인의 삶에 미치는 영향은 상상을 초월한 수준이다.

고령화 시대의 해법

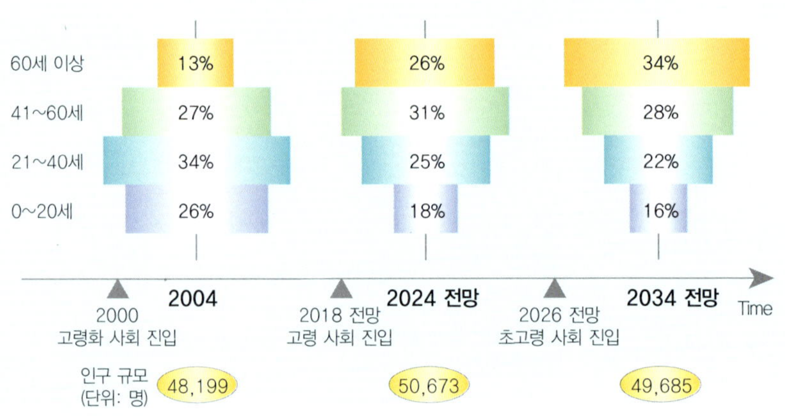

- 참고: 고령화 사회는 65세 이상 인구가 전체 인구의 7% 이상, 고령 사회는 65세 이상 인구가 전체 인구의 14% 이상, 초고령 사회는 65세 이상 인구가 전체 인구의 20% 이상일 때를 의미
- 출처: 통계청 자료(2004년)

Appendix 5,6,7

유엔(UN)은 65세 이상 인구비율에 따라 7%를 고령화 사회, 14%를 고령 사회, 20% 이상을 초고령 사회로 정의하고 있다. 이 기준을 통계청 인구변동 예상치에 적용하면 한국은 이미 2000년에 고령화 사회에 진입했으며, 2018년에는 고령 사회, 2026년에는 초고령 사회가 될 것으로 예상된다.

그러나 우리나라 대부분의 직장인들이 60세 이전에 퇴직을 하는 것을 감안하면 경제적 생산 활동을 하지 않고 연금에 의존해 살아야 하는 고령 인구는 이보다 더 큰 비중을 차지할 뿐 아니라 실질적인 고령 사회의 도래가 바로 눈앞에 와 있다고 해도 과언이 아니다. 60세 이상 인구를 기준으로 보면 한국은 2004년 이후 사실상 고령 사회가 된 것이나 다름없다.

삼성생명은 2006년 10월, 60세에 은퇴한 부부가 연간 해외여행을 한 번 하고, 골프를 월 2회, 가사도우미를 월 8회 부르는 등 풍요로운 노후생활을 하면서 80세까지 산다고 가정할 때 거주비를 제외한 노후자금으로 11억 원 정도가 필요하다는 계산을 제시했다. 그리고 기본적인 노후생활에는 7억 원 정도가 들 것으로 내다봤다.

교보생명이 한 해 앞서 추정한 노후자금은 11억 원이었다. 또 PCA생명은 1,000명을 대상으로 한 설문조사에서 은퇴 후 부부가 취미와 레저생활을 하면서 80세까지 사는 데 현재 화폐가치로 월 233만 원씩 모두 5억 5,920만 원이 들 것이라고 예측했다. 2004년 국민연금관리공단이 제시한 노후자금은 2억 6,000만~7억 원이었다. 이를 종합해 보면 노후자금은 평균 7억 원에서 최대 13억 원에 이른다.

그러나 이 같은 노후자금 추정치는 오랫동안 지속된 저금리 기조와 몇몇

금융회사들의 마케팅전략에 의해 과장된 감이 있다는 지적도 있다. LG경제연구원은 2006년 2월 〈LG주간경제 리포트〉에서 '현재 30~50대가 큰 불편 없이 노후생활을 보낼 수 있는 노후자금은 은퇴 시점의 돈으로 4~5억 원이면 된다'는 분석을 내놓기도 했다.

인구 고령화는 개인적인 측면에서 저축이나 투자성향에 영향을 미치고 있다. 또한 정부의 공공부문 재정에도 변화 조짐이 일고 있다. 대표적인 예로 연기금 운용과 복지 예산의 증가가 있다.

금융산업이 이 같은 고령화 시대 변화에 맞춰 개인들의 저축과 투자, 정부의 연기금운용과 예산 활용 등에 있어 중요한 역할을 해야 할 것이라고 금융전문가들은 지적한다.

점점 줄어드는 젊은 경제활동인구 대신 고령 인구들이 축적해 둔 자본이 일정 이상의 수익을 내주지 않으면 고령화 시대를 맞은 한국의 복지 정책은 실현이 불가능하다. 이런 점에서 고수익 금융산업의 발달이 절실하다.

선진국 금융산업은 한 개인이 젊은 시절 저축한 돈을 장기간 효과적으로 축적할 수 있도록 도와주며, 노후에도 절적한 수익배분을 통해 안정된 삶의 질이 유지될 수 있도록 연기금을 효율적으로 운영하고 있다.

Part 2

영국을 부활시킨
커네리 워프 신화

영국 금융산업의 부활
커네리 워프

커네리 워프(Canary Wharf)는 런던 동부 도크랜드의 '개의 섬(Isle of Dogs)'
이라 불리는 곳에 위치한 대규모 금융단지를 일컫는다. 지명은 개(Dogs)를
의미하는 라틴어 'canis'에서 따왔다.

국제 금융시장에서 영국이 급부상하면서 전통적인 금융가인 시티오브런
던이 포화상태에 이르자 커네리 워프에 제2의 금융단지가 조성됐다. 금융
한국 프로젝트팀은 영국의 금융산업 개혁성과를 '커네리 워프 신화'라고
이름 붙였다. 영국 금융산업 부활을 극적으로 보여주는 곳이 바로 커네리
워프기 때문이다.

1988년부터 본격적인 개발에 들어간 커네리 워프에는 HSBC, 씨티그룹
등 웬만한 글로벌 금융사들이 본사나 지점을 두고 있다. 로이터, 데일리미
러 등 영국 언론사들도 이곳에 둥지를 텄다. 2006년 말 커네리 워프 지역에
서 일하는 금융회사 등의 종사자가 9만 명을 넘었다.

커네리 워프의 성장은 지금도 진행형이다. 가까운 미래, 그 규모가 두 배
이상 커질 것으로 예상된다. KPMG 등 많은 글로벌 금융, 법률, 회계 관련
기업들이 앞다투어 입주를 계획하고 있다. 커네리 워프그룹과 런던 시에 따
르면 이 지역 종사자 수가 2009년 10만 명을 넘어, 2025년에는 20여만 명에
이르는 등 세계 최대 금융산업 단지로 부상할 것으로 전망된다.

영국 금융의 성공비결

영국의 금융개혁 과정

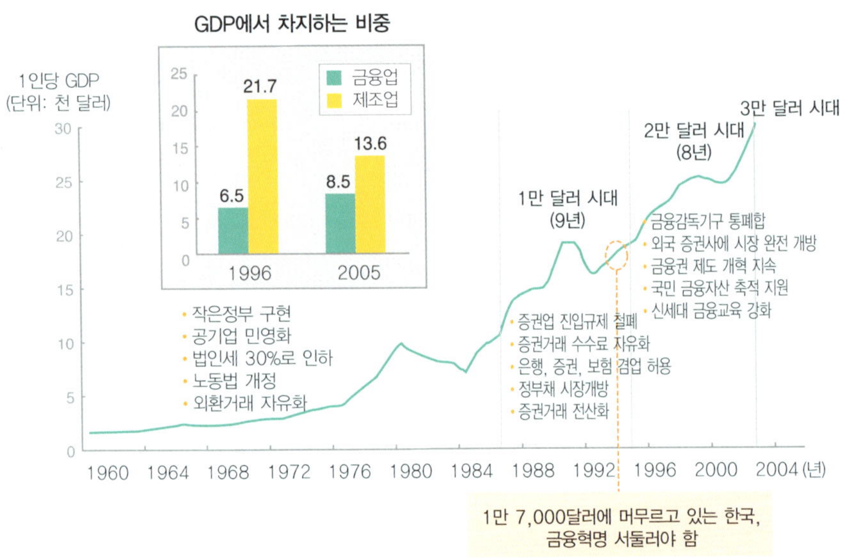

• 출처: OECD, Bank of England

Appendix 8

런던 금융시장은 18세기 초 런던이 국제무역의 중심지로 성장하면서, 실물거래에 따르는 자금수요를 뒷받침하고 선박해운의 위험을 분산하기 위해 금융보험의 수단이 탄생한 데서 시작되었다. 그리고 1979년 외환시장 자유화와 1986년 증시 자유화 등 빅뱅이라고 불리는 일련의 개혁조치에서 발전의 기반을 마련했다.

런던 국제금융시장은 500년 전부터 런던이 국제무역의 중심지가 되면서 무역어음 인수와 할인 시장을 중심으로 자생적으로 발전해 왔다.

18세기 후반에서 20세기 초반까지 런던 금융시장을 통한 외국 정부의 채권발행과 장기차입이 확대되고, 외국 금융기관의 자산운용이 늘어나면서 런던은 점차 국제금융 중심지로 자리를 잡았다. 이 과정에서 외국 정부와 기업의 채권발행을 주선하는 등 국제금융 업무에 주력하는 영국계 머천트 뱅크가 다수 등장하고 외국 금융회사가 런던에 진출해 자국에서 조달한 자금을 운용하기 시작했다.

그러나 제1차, 제2차 세계대전을 겪으면서 국제 기축통화가 파운드화에서 달러화로 이전되고, 뉴욕이 국제금융의 중심지로 부상하면서 전쟁의 중심에 있던 런던 금융시장은 급속히 위축됐다.

1950년대 후반 런던 금융시장은 유로달러시장이 형성되면서 다시 국제금융 중심지로 주목받기 시작했다. 유로달러시장은 미국의 경상수지 저자가 늘어나고 자국의 금리상한 규제에 대응해 미국 기업들이 여유자금을 해외에서 운영하기 시작하면서 커지기 시작했다. 또 동유럽 공산권 국가들이 미국 내 자산을 유럽으로 옮겨가면서 달러 자금이 대거 런던에 유입됐다.

1970년대 중반 이후에 런던 국제금융시장은 대규모 오일달러가 유입되고 이를 바탕으로 한 유로채 발행과 뱅크론 거래가 확대되면서 규모 면에서 더욱 커지게 된다. 그리고 1979년의 전면적인 외환 자유화 조치, 1986년 증권시장 자유화 조치(빅뱅), 미국계 투자은행의 런던진출 확대 등으로 런던 금융시장은 국제금융의 허브로 확고부동한 지위를 확보했다.

이러한 과정을 통해 런던 금융시장은 미국과 일본보다 열세인 경제력을 극복했으며, 유로화 도입과 프랑크푸르트에 유럽중앙은행(ECB)이 설립되는 위기에도 불구하고 국제금융시장의 자리를 지켜왔다.

1986년 이후 영국 금융산업은 규제완화, 정책의 유연성,
외국인 투자우대 등에 힘입어 성공할 수 있었다.
특히 외국인 투자우대 대상은 비단 금융산업에만
국한된 것이 아니었고, 전산업에 해당됐다.
모든 산업에 대한 외국인 투자우대 분위기로 인해
영국은 세계 금융중심지로 도약할 수 있었다.
데이비드 라이트 바클레이즈 캐피털 부회장

'빅뱅'의 진실
죽이는 개혁

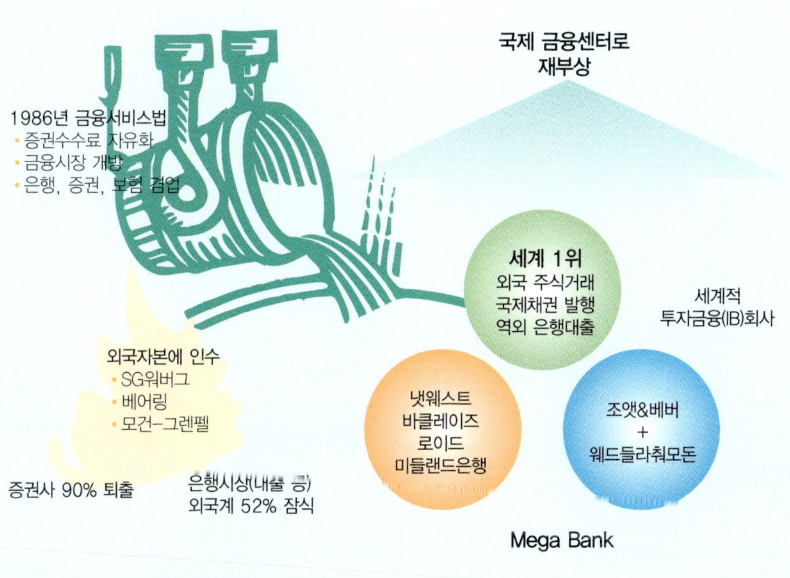

· 참고: 삼성경제연구소, 현대경제연구원

Appendix 9

빅뱅은 원래 우주의 기원을 설명하는 물리학 용어다. 대폭발이 있은 뒤 우주가 생성됐다는 가설이다. 하지만 1986년 영국이 금융개혁으로 새로운 금융산업의 시대를 열자 이때의 금융개혁을 '빅뱅'이라고 부르기 시작했다. 그리고 지금은 획기적인 금융혁신을 뜻하는 금융용어로 일반화됐다.

영국의 1986년 개혁으로 은행, 보험, 증권의 영역구분이 없어지고 금융자본 집중과 거대화가 급속도로 진행됐기 때문에 우주의 폭발에 비견된다는 뜻에서 이렇게 부른다. 그러나 영국 빅뱅의 진실에 대해 많은 오해가 있는 듯해 책을 통해 빅뱅의 진실을 밝히고자 한다.

빅뱅이라고 불리는 1986년 영국의 금융개혁은 자국 금융회사들을 보호하고 키우기 위한 정책이 아니라 오히려 경쟁을 유발하고 구조조정을 촉진하는 정책이었다. 빅뱅의 주요 내용은 최저 중개수수료 규제 폐지와 브로커와 딜러의 겸업금지 규제 폐지, 런던 증권거래소 회원제한 폐지, 국채시장 참가자 확대 등 '경쟁 촉진'이었다. 경쟁촉진과 함께 문호를 개방하고 장벽을 허물어 국내 증권사들의 영업 여건을 악화시키는, 이른바 '죽이는 개혁'을 시행한 것이다.

이러한 빅뱅으로 인해 어떤 일이 벌어졌을까?

첫째, 증권거래수수료 자유화 단행으로 인해 증권사들이 수수료를 인하했다. 이에 따라 영국 증권사들의 수익 규모가 크게 줄어들었다. 반면 외국에서 거래되던 주식투자의 많은 부분이 런던으로 돌아오면서 주식거래량이 증가했다.

둘째, 증권거래소 회원권 취득조건 완화와 단일 자격제도 폐지가 이뤄졌으며, 은행과 증권, 보험의 상호업무 진입이 빅뱅에 의해 허용됐다. 그 밖에 빅뱅의 내용에는 정부채시장의 개방과 증권거래의 전산화 추진 등이 포함됐다. 이 과정에서 영국 10대 증권사 중 9개가 외국 금융기관에 합병됐다.

대폭발로 불리는 영국 증권시장 자유화 조치로 인해 런던 증시는 외국사에게 완전 개방되면서 오랫동안 지속되던 증권거래 관행이 바뀌었다. 외환 자유화 조치는 영국계 금융기관의 해외증권 투자를 촉발시켰으나, 영국계 증권회사의 영세성, 규제 등으로 해외증권 투자 중개업무의 대부분을 미국계 증권회사들에게 내줬다. 그 결과 영국계 증권사의 90%가 미국이나 기타 유럽 국가 회사에 인수되는 아픔을 겪었다.

SG워버그, 베어링, 모건–그렌펠 등 수백 년 전통을 지닌 명문 투자은행들이 외국 자본에 인수됐다. 시장은 메릴린치, 모건스탠리, 골드만삭스 등 미국 대형 투자은행이 장악해 나갔다. 빅뱅이 있었던 1986년에서 1989년 중 미국계 투자은행의 영국 내 직원 수가 살로먼브라더스는 150명에서 900명으로, 메릴린치는 760에서 1,600명으로, 모건스탠리는 600명에서 950명으로 골드만삭스는 520명에서 750명으로 늘어났다. 도이치뱅크 등 유럽계 겸업은행도 런던시장을 중심으로 투자은행업을 이전했다.

그러나 지역다각화 또는 업무다각화 등의 전략을 세워 빅뱅에 적극적으로 대처한 영국 증권사들에게는 명실공히 세계 유수의 증권사로 발전하는 기회가 되었다. 런던은 세계적 금융시장으로 성장했으며 냇웨스트, 바클레이즈, 로이드, 미들랜드 은행 등 영국 금융기관 경쟁력이 더욱 향상되고 거대그룹화 되었다.

또한 증권거래소의 비회원사가 회원사를 소유할 수 있는 은행과 증권의 겸업 허용은 금융업에 대한 진입자유화로 발전돼 영국 은행들은 보험, 연기금, 투자신탁 등 다양한 업종의 자회사를 소유하는 금융그룹으로 발전하는 계기가 됐다. 영국 금융회사들의 대형화는 합병을 통해 이뤄졌다. 홍콩상하이은행은 미들랜드은행을 1992년에 합병해 지역다각화의 성공적인 사례로 평가된다.

시중은행이었던 바클레이즈는 증권브로커 회사였던 조앳&베버 사와 딜링업무를 하는 웨드들라취모돈 사를 인수해 영국계 최대 증권사인 BZW를 설립해 업무다각화에 성공했다.

빅뱅으로 인해 런던 증시의 경쟁이 치열해지면서 영국 금융기관들은 경쟁력 제고 차원에서 대형화와 겸업화를 촉진했고 그렇지 못한 회사는 도태됐다. 반면 세계 유수의 은행과 증권사가 런던에 진출해 영국의 증권산업 위상이 제고되어 '살리는 개혁'에 성공을 거뒀다.

영국은 여기서 그치지 않았다. 2000년 종전 금융 관련 5개 법률을 통합해 재정비했다. 보험회사법, 금융서비스법, 은행업법, 주택금융조합법, 공제조합법을 통합해 금융서비스시장법으로 만들었다.

새로 등장한 통합 금융서비스시장법의 특징은 다음과 같다.

첫째, 기능별 편제 형태다. 종전 금융영역별로 존재하던 개별 법률과 9개 금융감독기구가 통합됨에 따라 금융서비스시장법은 금융영역별 규정이 아니라 인가, 감독, 조사 등 업무기능 중심으로 편제됐다.

둘째, 금융소비자 보호 강화다. 금융서비스시장법 제2조 2항에 FSA의 4

대 설립 목적을 명시하면서 이 중 금융소비자 보호를 하나의 목적으로 천명했다. 이를 위해 소비자패널제도, 옴부즈맨제도 그리고 예금보상기구제도 등을 도입했다.

셋째, FSA에 강력한 금융감독권한을 부여했다. FSA에 금융기관감독에 필요한 규정 제정권, 전반적인 감독정책 및 기준 결정권, 코드 및 감독지침 제정권 등의 권한을 부여했다. 금융기관에 대한 건전성 감독 이외에도 금융시장의 비리행위 단속 등 시장 감독기능을 부여했으며, 이를 위해 수사권과 기소권, 과징금부과권도 부여했다.

넷째, 재무부에 FSA의 기능 수행과 관련해 각종 명령과 규칙 제정권, 이사회 의장 및 위원에 대한 임면권, 업무 관련 조사권과 지시권, 금융서비스 시장법에서 정하는 보고서를 제출받는 권한 등을 부여해 FSA에 대한 통제 시스템을 구축했다.

다섯째, FSA의 벌금 부과 등의 의사결정에 이의가 있을 경우 중재요청 등 법적 절차를 간소화하기 위해 기존 법원과는 별도로 FSA 관련 특별법원을 설치했다.

이 같은 단일 통합금융법 제정은 금융영역별로 법률과 감독기관의 지침 등에 의한 규제 수준을 균등화했다. 또 전체적인 금융운용 시스템을 명료화함으로써 금융정책, 감독기관 간의 책임과 권한의 배분을 합리적으로 규정했다. 그리고 금융기관 겸업주의 추세에 부응하여 금융영역 간의 칸막이를 제거함으로써 금융기관의 자율성과 창의성을 높여나가는 제도적 뒷받침을 하고 있는 것으로 평가되고 있다.

국제 금융시장 석권

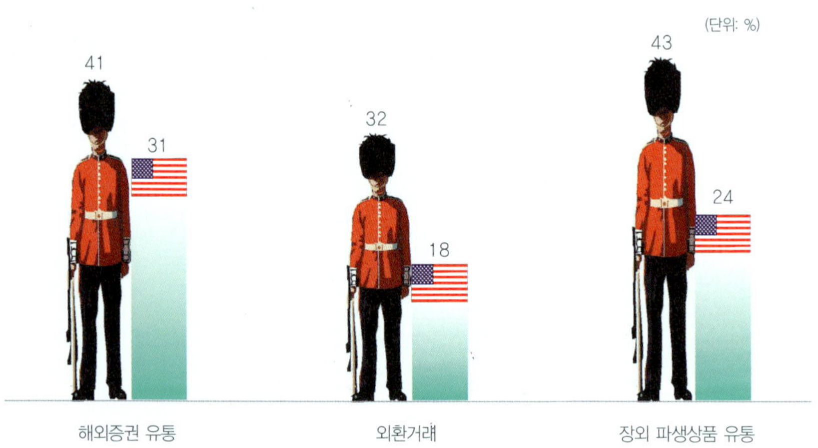

출처: IFSL

　런던을 중심으로 한 영국 금융시장은 뉴욕, 동경과 함께 세계 3대 금융시장의 하나로 부상했다. 뉴욕, 도쿄 금융시장이 자국의 경제력을 발판 삼아 국내 금융을 중심으로 발전해 온 반면 런던 금융시장은 외환거래와 대규모 국제 자본거래가 주종을 이루는 국제금융시장으로 성장해 본질적으로 다르다.

　파이낸셜서비스 조사에 따르면 은행의 해외대출 비중은 영국이 20%로 독일 11%, 미국 9%, 프랑스 8%와 큰 차이를 보이며 우위를 점하고 있다. 외국 주식거래량도 영국이 44% 시장점유율로 미국 31%를 크게 앞선다. 외환거래 역시 런던 금융시장이 31%로 뉴욕 19%보다 많다. 독일은 12%로 시장점유율 3위였으며 프랑스와 일본은 각각 4%와 2%에 불과하다.

　장외파생상품 거래 시장점유율은 영국이 43%를 차지하며 뉴욕 24%를 앞서고 있다. 프랑스, 독일은 각각 10%와 3%로 영국의 적수가 되지 못한다. 다만 장내 파생상품 거래는 뉴욕이 31%를 장악하고 있으며 펀드운용 규모도 런던보다 뉴욕이 앞선다.

　영국 은행산업의 예수금 규모는 EU 내에서 가장 크며, 세계적으로도 미국과 일본 다음인 3위 수준이다. 은행들의 ROE(자기자본이익률)도 다른 나라에 비해 높은 상태다. 예수금의 경우 2003년 12월 기준 4조 4,000억 달러로 미국과 일본에 이어 3위며 독일은 3조 1,000억 달러, 프랑스는 1조 2,000억 달러 수준이다. ROE는 영국이 16.0%로 미국 22.2%에 이어 두 번째며, 일본은 5.1%, 독일은 7.0%, 프랑스는 13.7% 수준이다.

　2004년 기준 해외 대출 비중은 영국이 20%로 가장 많았으며 다음이 독일로 11%였다. 미국은 9%, 일본과 프랑스는 8%선이다. 해외차입 비중 역시 영국이 22%로 가장 많았으며 다음으로 미국 13%, 독일 8%, 프랑스 6% 순이었다. 보험시장 역시 영국이 미국, 일본에 이어 세계 3위 규모를 갖고 있고 원보험료의 GDP 대비 규모는 13.4%로 일본 10.8%, 미국 9.6%보다 많아 세계 1위다.

200년 역사를 자랑하는 런던 증권거래소는 연간 외국기업 주식거래량이 1조 4,700억 달러로 세계 증시 외국기업 주식거래의 45%가 이뤄지고 있다. 뉴욕은 7,280억 달러로 22%다. 런던 주식시장 거래량은 2004년 연중 4조 6,000억 파운드로 하루 평균 186억 파운드 수준이다.

런던 주식시장 시가총액은 뉴욕과 도쿄, 나스닥에 이어 4위 규모이며, 전 세계 주식시가 총액의 8%를 차지하고 있다. 상장기업 수는 2004년 현재 나스닥이 2,889개로 가장 많고, 런던이 2,486개로 뒤를 잇고 있다.

이제는 금융도
수출산업

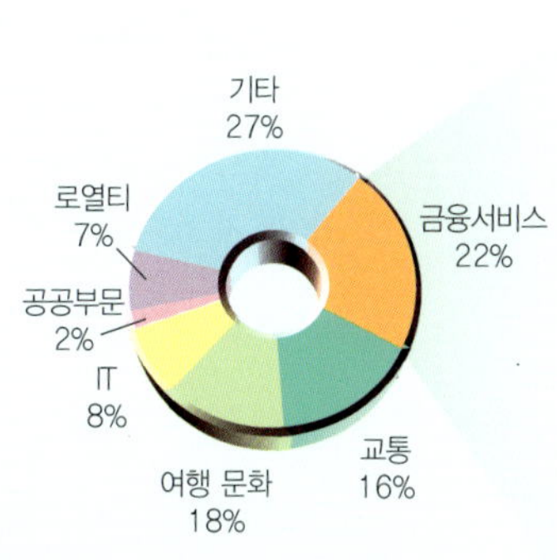

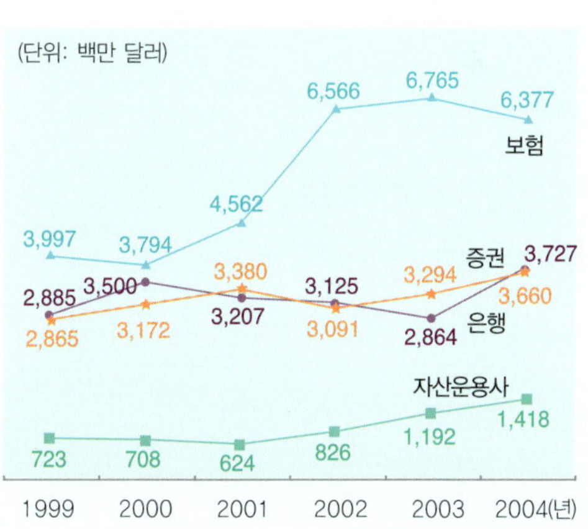

• 출처: Bank of England

영국은 금융산업을 수출산업으로 키웠다. 영국은 금융서비스 수출 면에서 세계 1위를 차지하며 세계 최대의 금융 수출국이 됐다. 영국은 금융산업을 내수산업이 아닌 수출산업으로 성장시켜 대외수지를 개선하는 데 활용한 대표적인 나라다.

금융수출은 대외수지를 개선시키면서 영국경제성장에 크게 기여했다. 2002년 통계에 따르면 영국의 금융수출은 비상품수지 흑자의 61%를 차지했다. 2001년 기준 금융서비스 흑자규모는 스위스 78억 달러, 미국 63억 달러보다 훨씬 큰 187억 달러로 세계 1위를 기록했다.

결국 외국 자본이 투자은행업 분야에 집중적으로 유입되면서 세계 제2위 금융시장 지위를 회복했으며 세계 최대 금융 순수출국으로 변신해 이것이 GDP와 고용에 크게 기여한 것이다. 이를 통해 영국은 안정적인 경제성장을 이어가고 있으며 영국 파운드화 강세를 지속하고 있다.

2004년 기준 영국 서비스산업 수출 중 금융서비스가 22%를 차지하며 서비스산업 수출에서 가장 많은 비중을 차지했다. 이어 여행과 문화사업이 18%, 교통서비스가 16%로 뒤를 이었다. 금융부문 수출액 중 은행의 순수출액은 37억 파운드에 달했으며, 증권부문 수출액은 2003년 32억 파운드에서 2004년 36억 파운드로 늘어났다.

자산운용부문 수출액은 14억 파운드로 2003년 11억 파운드에서 크게 늘어났으며 보험업은 2002년 이후 60억 파운드대 수출규모를 유지하고 있다. 금융산업의 수출 비중은 은행이 17.9%, 자산운용이 4.5%, 보험이 38.8%, 증권딜링이 17.3%, 선물 또는 옵션딜링이 1.1%다.

금융이 한국에서 산업으로 자리 잡은 지는 불과 30년 안팎이다. 이런 면에서 1970년대 초 이전의 한국금융을 사적금융(1세대 금융)의 시대라고 정의할 수 있다. 가장들은 봉급날이면 현금이 두둑한 노란봉투를 안주머니에 넣고, 저녁 무렵 술 한잔 걸치고 집으로 금의환향하곤 했다.

알뜰살뜰한 아내들은 형편이 비슷한 사람들끼리 모여 목돈 마련을 위한 계를 두세 개 정도 드는 것이 관례였다. 경제적 지식이 많지 않았던 아내들은 본능적으로 위험(Risk)과 이자(Interest) 사이에 비례적 관계가 있는 것을 알고 있었다. 곗돈을 타가는 선후 순위에 따라 매달 내야 하는 곗돈 금액을 차별화하는 정교함까지 발휘했다. 위험관리자로서의 계주 역시 그 역할과 기능이 지금의 신탁회사와 크게 다르지 않았다.

1970년대를 지나며 한국인들은 은행으로 상징되는 제도금융시대(2세대 금융)를 맞이한다. 각종 법 규제를 받는 은행이나 증권사, 보험사 등이 이제 국민들의 일상생활 저변으로 확대되기 시작한다. 월급봉투 대신 급여이체 통장이 등장했고, 아내에게 월급봉투를 건네주던 가장의 모습은 사라졌다.

심지어 초등학생들까지 저축 장려운동의 일환으로 은행 통장을 갖게 됐다. 집 평수를 늘릴 때마다 계를 하며 모아둔 목돈을 내놓던 아내 대신 복잡한 서류를 들고 은행 주택대출 창구를 이리저리 찾아다니는 부부들의 모습이 일상화됐다.

은행 등 금융회사는 일종의 공공기관으로 여겨져 금융회사라는 말보다는 금융기관으로 불렸다. 그들의 주관심사는 예금 금리와 대출 금리 차이에서 나오는 이른바 '예대마진'을 얼마나 많이 챙길 수 있느냐에 쏠려 있었다.

돈이 부족한 시대, 은행 대출을 받는다는 것은 일종의 특혜였다. 예금을 하는 사람 입장에서도 고금리 이자는 당연한 것이었다.

그러나 1990년대 이후 한국 금융시장의 환경이 급변한다. 경제성장 결과 잉여자금의 시대가 열린 것이다. 돈이 부족한 시대는 가고 돈이 남아돌고 보다 높은 수익을 찾아 다녀야 하는 시대가 된 것이다. 은행으로 상징되는 제도금융에서는 금융회사가 모든 것을 알아서 했고, 금융회사들 사이에서는 큰 차이를 느낄 수 없었다.

그러나 1980년대 말 주식시장의 활황세가 이어지면서 한국은 시장금융시대(3세대 금융)에 진입했다. 특히 외환위기를 서서히 극복하고 저금리시대가 오면서 작은 금리 차이에도 투자자들이 민감하게 반응하기 시작했다.

고위험·고수익으로 표현되는 시장금융은 스스로의 투자에 책임을 진다는 의미에서 내용 면에서는 투자금융의 성격을 띤다.

투자자는 확정된 이자보다는 자신이 선택한 금융상품에 따라 자본이득(Capital gain)을 추구했으며, 금융회사는 단순한 예대마진이 아니라 투자자들에 대한 상담서비스와 편리 제공의 명목으로 수수료(Fee)와 커미션을 챙기는 수익구조로 전환했다.

3세대 금융혁명은 이같이 시장금융 또는 투자금융이 일정한 룰(Rule)을 통해 진행될 수 있도록 제반 시스템과 전문인력, 국민의 성숙한 투자의식이 갖추어지는 것을 의미한다.

선진국의 경우 대형 금융회사들이 증권화(Securitization) 등 금융시장의 변화를 선도하면서 국제경쟁력을 강화해 왔다. 증권화의 진전은 전체 신용

(자금)공급에서 은행 대출 비중을 줄이는 대신 대형금융회사들로 하여금 자산유동화 등의 업무 영역을 확대시켜 수익기반의 다변화를 기할 수 있도록 했다.

아쉽게도 한국 금융회사들은 여전히 예대 업무 비중이 매우 높고, 비이자 수입이 차지하는 비중은 낮아 수익기반이 취약한 것이 현실이다. 한국 금융회사는 투자금융시대에 걸맞는 고수익 금융회사로 환골탈태해야 하는 위기의 순간에 놓여 있다.

증권화(Securitization)
유가증권을 이용해 금융자산을 유동화시키는 것을 증권화라고 하며, 유가증권을 이용해 자금의 흐름을 활발하게 하는 움직임을 뜻한다. 유가증권은 어음, 채권, 주식 등의 형태로 금융거래에 널리 이용되고 있다. 증권화는 기업의 자금조달 방법을 간접금융에서 직접금융으로 이행시킨다.

세계 금융시장의
대세

3세대 금융의 특징

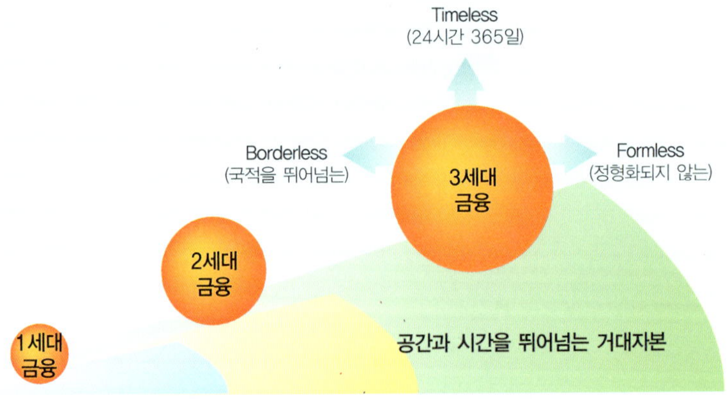

Appendix 10,11,12

현대 금융시장의 주류는 3세대 금융산업이 이끌고 있다. 다시 말해 금융산업이 3세대 혁명 과정을 거치고 있다고 볼 수 있다.

예대마진이나 단순 수수료를 수익기반으로 하는 2세대 제도금융의 거대한 바다를 배경으로 세계 금융시장에서 새로운 물결을 일으키고 있는 모습이다. 3세대 금융은 이제 국경을 뛰어넘고(Borderless), 24시간 쉬지 않고(Timeless), 시시각각 다양한 방식으로(Formless) 전 세계 금융시장을 종횡무진하고 있다.

금융소비자를 우월한 위치에서 지배하던 은행, 보험사, 증권사(브로커리지)들이 이제는 투자금융회사(IB)나 사모투자전문회사(PEF), 프로젝트파이낸싱, 자산운용, 심지어 헤지펀드에게까지 금융시장의 주도권을 빼앗긴 지 오래다.

최근 들어 세계적인 저금리 기조와 풍부한 유동성(돈)이 3세대 금융산업 성장에 가속도를 더했다. 자본 결핍의 시대가 아닌 자금 잉여의 시대에 돈은 스스로를 태우지 않으면 고수익을 남길 수 없다.

여기서 태운다(Burning)는 의미는 마치 카지노에서 거액의 판돈을 거는 모험에 빗댄 말이다. 그만큼 현대 3세대 금융은 위험을 사고파는 신종 금융산업이라고 해도 과언이 아니다.

돈을 태워
돈을 버는 투자금융

금융산업의 발전단계별 주력 분야

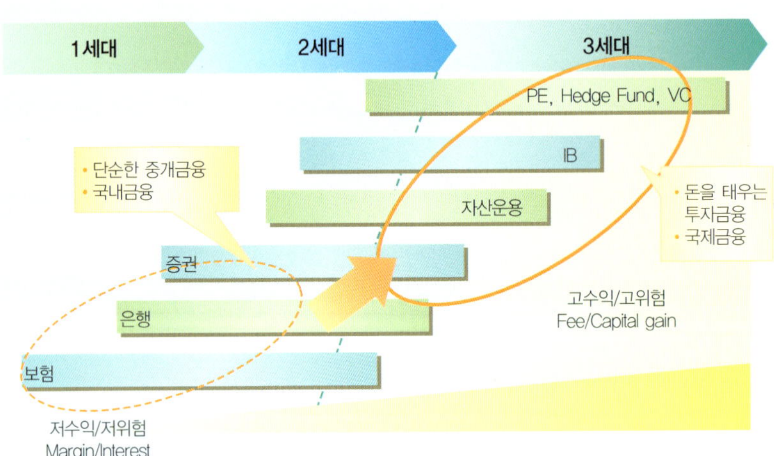

3세대 금융은 투자자에게 투자손실(리스크)에 대한 정확한 분석과 정보를 제공하는 상담서비스(Advisory)를 강화하고 있다. 이 같은 상담서비스를 위한 금융공학적 기술 개발과 각종 시장 리서치에 많은 노력을 기울이고 있다.

투자자 역시 물가 인상 수준에도 못 미치는 저수익률에 목을 매기보다는 위험을 감수하고서라도 고수익을 실현하려는 경향을 뚜렷이 하고 있다.

한마디로 모든 이들이 2세대 금융시대에는 저수익의 평균치에 만족했다면, 지금은 투자경쟁을 통한 고수익을 소수가 가져가는 3세대 금융시대가 대세를 이룬 것이다.

한국은행에 따르면 2005년 말 기준 전 세계 헤지펀드 운용자산은 1조 1,000억 달러, 펀드 수는 8,500개로 1995년에 비해 각각 11.6배, 3.0배 증가했다. 헤지펀드는 2006~2008년 연평균 15% 증가해 2009년 2조 달러, 2013년 4조 달러로 성장할 것으로 전망된다.

경영권 인수 후 기업가치를 높여 되파는 것을 목적으로 하는 PEF 역시 눈부신 성장세를 보이고 있다. 세계적 금융리서치 회사인 톰슨파이낸셜에 따르면 2006년 미국에서 발표된 1조 4,000억 달러 규모의 인수합병(M&A) 가운데 PEF가 주도한 M&A 규모가 3,700억 달러로 전체 중 26%를 차지했다. 이는 사상 최대 규모로 전년 대비 2.5배가 넘는 수치다.

국내 주식형 펀드도 50조 원을 돌파하는 등 펀드가 자본주의의 주역이 되고 있다. 바야흐로 2세대 중개금융에서 본격적인 투자금융시대로 접어든 것이다.

Part 4

낙후된
한국 금융

제자리걸음하는 금융산업

한국 금융산업의 낙후성

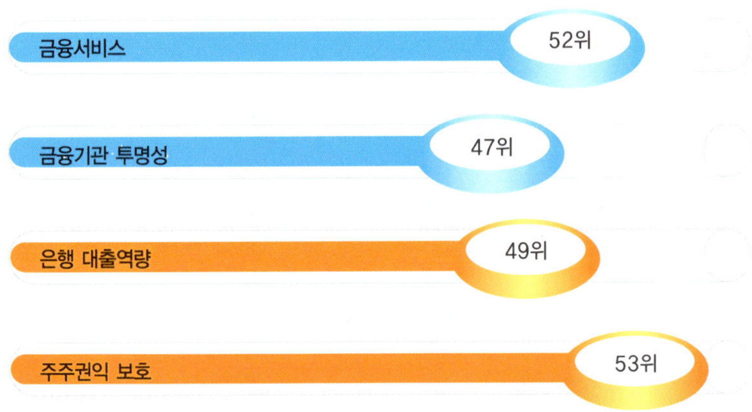

• 출처: IMD 61개국 국가경쟁력 조사(2006년)

Appendix 14,15

국제적 시각에서 바라본 한국 금융에 대한 평가는 냉담하기 짝이 없다. 비교 국가들과의 순위나 평점에서 최하위권을 벗어나지 못하고 있다. 대표적으로 IMD(International Institute for Management Development, 국제경영개발대학원)는 1979년부터 매년 세계 주요국의 경쟁력 순위를 매겨 공개하고 있다.

IMD는 국가 경쟁력을 크게 1)경제 운용성 2)정부 효율성 3)기업 효율성 4)인프라 구축 등 4개 분야로 나눠 평가한 후 전체 점수를 평가한다. 또한 분야별로 다시 여러 항목의 평가 단위가 있습니다. 예컨대 정부 효율성 분야에서는 기업 관련 법을 적절하게 갖추고 있는지, 공공 재정을 효율적으로 운용하고 있는지 등을 살펴보는 식이다.

평가는 객관적으로 나와 있는 통계 수치를 분석하고, 각국의 전문가를 대상으로 설문조사를 한 후 점수를 더하는 방식으로 이뤄진다. 전 세계 2,500여 명의 전문가가 260여 개의 설문 항목에 응답한 결과를 객관적 통계 수치와 합하는 것이다. 한국에서는 산업연구원이 IMD의 의뢰를 받아 설문조사를 대행한다.

4대 분야별 평가 항목의 설문조사 비중은 경제 성과(11%), 인프라 구축(37%), 정부 효율성(66%), 기업 효율성(63%) 등으로 나뉜다. IMD 외에 국가 경쟁력을 평가하는 곳으로는 세계경제포럼(WEF)이 있다.

WEF는 하버드 경영대학원의 도움으로 1996년부터 매년 국가경쟁력 순위를 발표했다. WEF는 국제통화기금(IMF), 국제결제은행(BIS) 등 국제기구가 낸 각국의 통계와 업계 지도자들에 대한 설문조사를 통해 경쟁력 순위를 정한다. IMD가 철저하게 기업 관점으로 어느 나라에서 기업을 하는 게 좋은가를 따진다면, WEF는 정부의 강점과 약점을 따지는 데 중점을 둔다.

IMD와 WEF의 국가경제력 보고서에는 금융산업에 대한 항목이 포함돼 있다. 세계 61개국에 대한 2006년 IMD 조사 평가에 따르면 한국의 은행 규제 효율성은 4.68(최고치: 덴마크 9)로 비교 국가 중 54위에 랭크됐다.

은행 등 금융서비스 수준은 52위(4.99, 최고치: 홍콩 8.7), 주식시장을 통한 자본화(Capitalization) 수준 27위(62.97%, 최고치: 홍콩 519.37%), 주주권 보호는 53위(5.19, 최고치: 핀란드 8.67) 등이다.

또한 금융 관련 숙련 근로자 61위(4.26, 최고치: 아이슬란드 8.32), 금융회사 투명성 47위(5.14, 최고치: 핀란드 8.32), 벤처캐피털 활성화 37위(4.40, 최고치: 미국 7.88), 은행의 자금 대출 역량 49위(4.83, 최고치: 홍콩 8.74) 등으로 대부분 최하위권에 머물렀다.

전 세계 125개국에 대한 평가를 실시한 2005년 'WEF평가보고서'에서는 금융업의 바탕이 되는 회계감사 수준 57위(4.9, 최고치: 영국 6.5), 은행 건전성 82위(5.1, 최고치: 영국 6.9), 금융시장의 정교성(Sophistication) 42위(4.4, 최고치: 영국 6.8) 등으로 나타났다.

이어 소액주주 이해에 대한 보호 76위(4.1, 최고치: 스웨덴 6.4), 주식발행을 통한 자본 조달 용이성 61위(5.0, 최고치: 인도 6.5), 은행 대출의 편의성 89위(2.7, 최고치: 덴마크 5.6)였다. 이는 한국이 금융 선진국으로 가기 위해서는 근본적인 금융시장 개혁이 필요하다는 사실을 보여주고 있다.

경제규모에 비해
미발달된 자본시장

자본시장 비중과 규모 비교

• 참고: 단위 = 10억 달러
  자본시장 비중 = (주식 + 채권) / GDP

Appendix 1

고수익 금융산업이 성장하기 위해서는 그 터전이라고 할 수 있는 자본시장(주식+채권)이 규모와 질적 측면에서 뒷받침돼야 한다. 또한 투자대상을 투자자가 직접 평가해 투자여부를 결정할 수 있는 자본시장이야말로 자금을 끌어 쓰는 기업 입장에서 보면 가장 이상적인 자금 조달원이라는 점에서 자본시장 발달이 절실하게 필요하다.

한국의 자본시장은 미국, 영국, 스위스 등의 금융선진국은 물론이고 말레이시아 자본시장보다 GDP 대비 규모가 작은 실정이다. 세계은행에 따르면 지난 2000년부터 2004년까지 한국의 국내총생산(GDP) 대비 연평균 자본시장 규모는 49%, 채권시장은 63%에 불과했다.

더욱 걱정인 것은 자본시장의 성장 속도가 매우 느리다는 사실이다. 주식과 채권을 발행해 기업이 자금을 조달하는 절대 규모와 비중이 매년 줄어들고 있다.

대한상공회의소가 2007년 3월 발표한 〈주요 선진국 경험으로 본 자본시장 발전방안〉 보고서에 따르면, 대표적 자본시장인 주식시장의 시가총액은 2005년 말 기준 7,180억 달러로 GDP 대비 91.2% 수준이지만 미국(136.5%), 영국(139.5%), 일본(167.4%) 등에 비하면 상대적으로 규모가 영세한 것으로 나타났다. 채권시장 발행잔액은 2005년 말 6,556억 달러로 GDP의 83.2% 수준이지만, 미국(164.9%), 일본(185.8%) 등에 비하면 절반 수준이었다.

그러나 모든 상황이 비관적인 것은 아니다. 금융투자상품의 포괄주의 도입, 업무범위 확대 등을 주요 내용으로 하는 자본시장통합법(자통법)이 시행되면 한국 자본시장의 성장이 가속될 것이기 때문이다.

영국, 호주 등의 금융선진국 역시 시장개방 등 금융산업의 획기적인 개혁을 통해 자본시장 규모를 키웠다. 영국은 1986년 주식시장부터 금융산업 개혁(빅뱅)을 단행한 결과, 개혁 한 해 만에 외국인 증권투자가 372억 달러에서 591억 달러로 1.6배 급증했다.

이어 호주도 2001년 '금융서비스개혁법'을 제정해 금융시장 개혁에 나섰다. 그 결과 자본시장 규모가 2000년 419억 호주달러에서 2004년 824억 호주달러로 급신장했다.

미국의 경우 앞서 자본시장 활성화 등을 이유로 1999년 '금융서비스현대화법'을 제정해 상업은행과 투자은행 사이의 업무영역 제한을 폐지했다. 그러나 엔론(Enron), 월드컴(WorldCom) 등 대기업의 부정회계 사건으로 인해 '사베인스 옥슬리(Sarbanes-Oxley)법'이 만들어지면서 오히려 시장상황을 냉각시키는 부작용을 낳기도 했다.

2002년 7월 제정된 미국의 이 기업회계개혁법은 회계부정에 대해 강력한 제재를 가할 수 있도록 하는 내용을 담고 있다. 회계감시를 강화하기 위한 회계감독위원회(PCAOB) 설립은 물론, 기업경영진이 기업 회계장부의 정확성을 보증하고 잘못이 있으면 처벌을 받도록 규정하고 있다. 위원회는 대기업들의 재무제표를 감사할 수 있으며, CEO들은 고의적으로 사실과 다르게 재무제표를 조작할 경우 형사처벌을 받게 된다.

자본시장은
차세대 성장산업의 밑거름

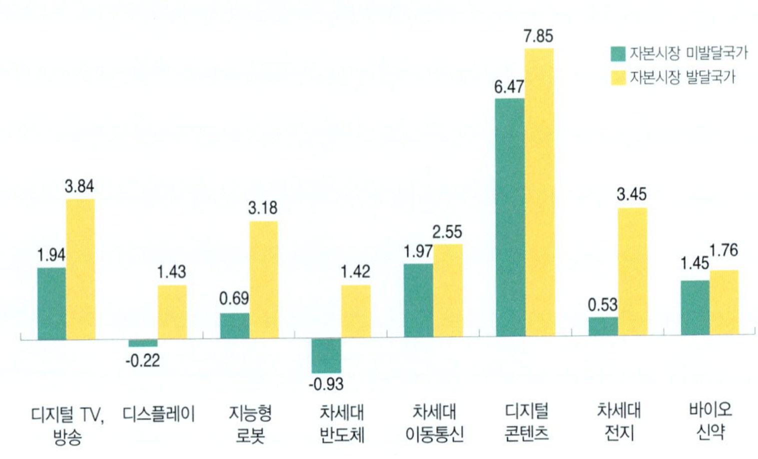

• 출처: 2004년 기준 OECD 산업 분류에 근거한 연간 실질 부가가치 성장률

지난 2000년부터 2004년까지 평균 기준으로 금융선진국인 스위스의 주식시장과 채권시장 시가총액은 GDP의 3배가 넘었다. 미국도 자본시장 규모가 GDP의 2.87배다. 말레이시아 자본시장 시가총액은 GDP의 2.28배, 네덜란드는 2.22배, 일본은 2.19배 순이다. 영국이 1.94배로 뒤를 잇고 있고 한국과 경제 규모가 비슷한 이탈리아와 스페인은 각각 1.78배와 1.47배다. 하지만 한국은 1.12배에 머물고 있으니 자본시장 규모가 턱없이 낮은 수준이다.

한국이 차세대 성장동력 산업으로 선정한 반도체, 디스플레이, 이동통신, 디지털콘텐츠, 바이오신약, 지능형로봇 등을 발전시키기 위해서는 은행보다 자본시장이 훨씬 효율적이다. 은행은 전통적이고 안전한 사업에 대한 자금 제공에 적합한 반면 자본시장은 혁신적이고 모험적인 사업에 대한 자금 제공 경쟁력이 있다.

은행이 성장 잠재력은 크지 않아도 위험이 적은 사업, 잘 알려진 보편적인 기술에 의존하는 전통적인 산업에 쉽게 자금을 제공하는 반면 자본시장은 실패위험이 상대적으로 높아 위험을 부담하더라도 성공 시 보상이 큰 산업을 선호하기 때문이다.

따라서 많은 R&D(연구개발)를 필요로 하고 고도의 기술력을 요구하는 사업일수록 은행보다는 자본시장 위주의 금융시장에서 효율적으로 성장하고 높은 수익을 내는 것으로 밝혀졌다.

OECD 기준 산업분류에 근거해 한국의 차세대 성장동력산업의 부가가치 성장률을 조사한 결과 지능형로봇이 은행 중심 국가에서는 0.69%에 불과했으나, 자본시장 중심 국가에서는 3.18%를 기록했다. 이동통신 역시 은행 중심 국가에서는 1.97%의 부가가치 성장률을 보였으나 자본시장 중심 국가에서는 2.55%를 기록했다.

차세대전지와 바이오신약 또한 은행 중심 국가에서는 부가가치 성장률이 각각 0.53%와 1.45%였으나 자본시장 중심 국가에서는 3.45%와 1.76%로 현저한 차이를 보였다. 디스플레이와 차세대반도체는 은행 중심 국가에서 부가가치 성장률이 마이너스를 기록한 반면 자본시장 중심 국가에서는 1.43%와 1.42%를 기록했다.

한편 은행은 자금을 제공한 기업의 사업이 성공해 기업가치가 크게 높아지더라도 원금과 이자 이상의 과실은 가져갈 수 없는 반면 자본시장에서는 사업 성공의 정도에 비례해 높은 수익을 챙길 수 있어 금융산업 자체 수익성을 높이는 데도 자본시장 확대가 절실하다.

자본시장 국제화,
갈 길이 멀다

증권거래소의 해외기업 상장 현황

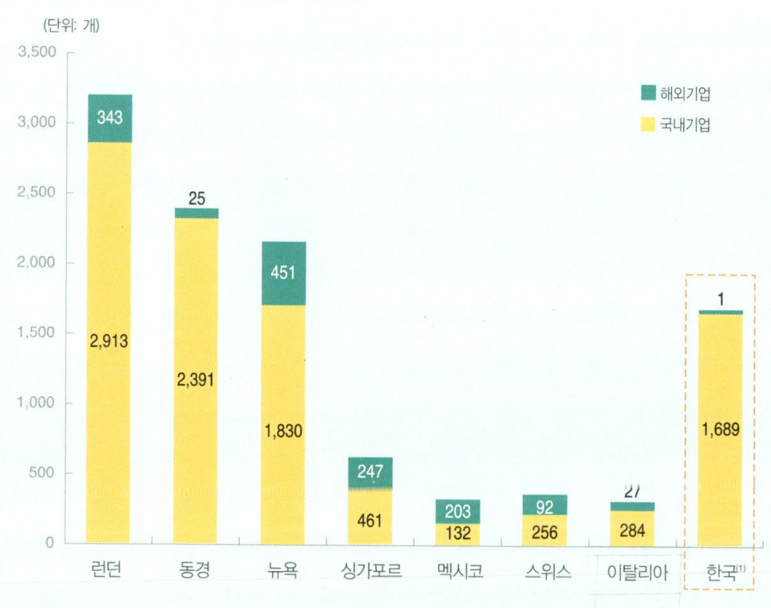

(1) 2007년 3월 해외기업 1곳 상장 예정
• 출처: World Federation of Exchanges members(2007년 1월 말 현재)

한국 자본시장이 국제화되지 못한 점도 가장 큰 낙후성의 하나로 지적되고 있다. 실제로 한국 금융시장은 1992년 자본시장 개방과 1996년 경제개발협력기구(OECD) 가입, 1997년 외환위기를 거치면서 표면적으로는 개방됐지만 아직 국제화와는 거리가 먼 실정이다.

대표적인 예로 외국기업이 한국 주식시장에 상장을 한 사례가 전무하다. 상장기업 시가총액은 2006년 9월 말 기준 7,840억 달러로 세계 15위, 상장기업 수는 1,664개로 세계 8위라는 점을 고려할 때 한국 자본시장의 국제화 수준은 너무나 초라하다.

겨우 중국 섬유회사 화평팡즈가 유일하게 한국 증권거래소 상장을 추진하고 있을 뿐이다. 이에 비해 멕시코, 싱가포르, 이탈리아 등은 20개 이상의 해외기업이 자국시장에 상장돼 있다.

최근 거대 제조업으로 한국을 파상 공세하고 있는 중국정부도 자본시장의 경쟁력을 키워야 한다는 인식을 갖기 시작했다. 고도 산업화를 위해서는 자본시장의 역할과 기능이 중요하다는 사실을 깨달은 것이다.

중국 〈증권저널〉은 2007년 2월 중국증권감독위원회(CSRC)의 보고서를 인용해 '중국 기업들이 해외 증권거래소로부터 상장과 관련해 끊임없이 러브콜을 받는 등 중국 자본시장이 심각한 도전에 직면해 있다'라고 보도했다. 저널은 이와 관련 당국이 규제 완화를 통해 우량주를 홍콩 증권거래소와 본토 거래소에 동시 상장하는 방안을 적극 검토해야 한다고 주장했다.

채권의 비중이 절대적으로 높은 일본 자본시장에서도 일본 내부적으로 국제경쟁력을 높여야 한다는 목소리가 높아지고 있다. 일본 금융심의회는

2007년 초 금융자본시장의 국제경쟁력 강화에 대한 구체적 방법을 논의하기 위한 컨퍼런스를 개최하기도 했다.

〈니혼게이자이(日本經濟)〉신문은 관련기사에서 '글로벌 금융허브를 둘러싸고 미국과 영국 등 전통적 강자들에 싱가포르, 홍콩 등이 존재감을 높이고 있어 도쿄 금융시장의 지위가 약해지고 있다는 염려가 이번 컨퍼런스를 개최하게 된 이유' 라고 설명했다.

한국은 이미 이 부분에 대해 위기감을 느끼고 있다. 윤증현 금융감독위원장은 자본시장통합법의 제정이 한국 자본시장 빅뱅의 출발점이 될 것이라고 말했다.

그는 "자통법은 금융규제의 틀을 포지티브 시스템에서 네거티브 시스템으로 바꿔 자율과 창의를 극대화시킬 것이다. 이를 통해 국제경쟁력 있는 자본시장을 육성해야 한다"고 주장했다. 그러나 이 법안은 2006년 말 국회로 넘어갔지만 아직까지 통과도 못한 채 사장될 위기에 놓여 있다.

자본시장 발달을 가로막는 부동산 선호 현상

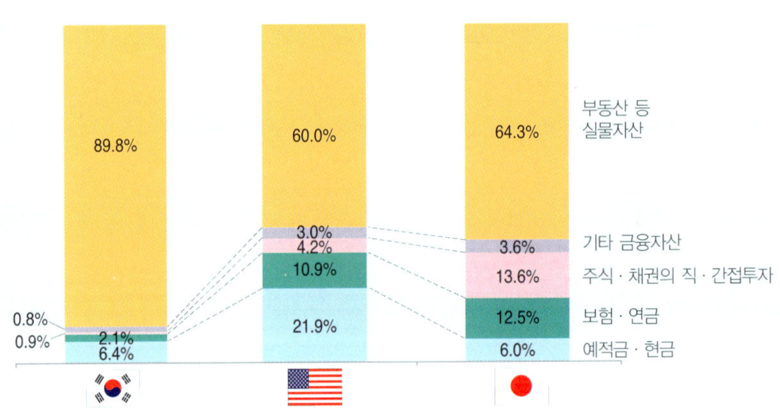

• 참고: 한국은 2006년 3월 기준, 미국은 2006년 2월 기준, 일본은 2005년 3월 기준
• 출처: 대한상공회의소, FRB, Bank of Japan

한국인 대부분이 자신의 재산을 자본시장 등에 투자하기보다는 부동산 등 실물자산으로 소유하기를 선호하는 점도 자본시장 발달의 걸림돌이 되고 있다.

부동산 투자수익률이 과도하게 높고, 투자상품에 대한 인식이 확산되지 못한 점 등이 원인으로 지적되고 있다. 그러나 선진국에 비해 실물자산에 편중된 개인들의 자산 포트폴리오는 자본시장 발달을 어렵게 하는 주요 원인이 된다.

한 나라의 자본이 부동산에 묶이게 되면 자본의 대부분이 부동산 담보대출이라는 단순한 형태로 금융회사에 남게 된다. 그 결과 고수익 금융산업으로 흐르는 유동성 자금의 양이 줄어들고, 그만큼 성장성이 큰 성장산업에 투입될 수 있는 자본여력이 감소한다.

금융감독 당국에 따르면 2006년 우리나라 가계부채는 600조 원에 이르고, 그 가운데 58%가 부동산 담보대출인 것으로 추정되고 있다. 조사기관과 시점에 따라 조금씩 수치가 다르지만 한국인의 자산구성에 있어 지나친 부동산 선호 현상은 분명한 사실이다.

대한상공회의소(2006년 3월 기준 조사)는 한국인들의 자산 포트폴리오에서 부동산의 비중이 89.8%에 이른다는 조사 결과를 발표했다. 미국 60%, 일본 64.3%와 비교하면 30% 가깝게 높은 수치다.

통계청이 2007년 3월 공식발표한 '2006년 가계자산조사'에서도 비슷한 결과가 나왔다. 한국정부가 공식적으로 가계자산보유 현황을 조사한 것은 이때가 처음이다.

이 조사에 따르면 가계자산 중 76.8%가 주택·토지·건물 등 부동산 자산이었다. 저축액과 전·월세 보증금 등 금융자산이 20.4%, 자동차·회원권 등 기타 자산은 2.7%에 불과해 우리나라 국민들의 부동산 선호 풍토를 여실히 보여주었다. 49세 가장과 가구원 2.8명으로 구성된 우리나라 평균 가계의 총자산은 2억 8,112만 원, 평균 부채는 3,950만 원이었다.

주목되는 것은 소득 수준이나 가구주의 성별, 연령, 교육 수준, 직업을 불문하고 부동산 자산 보유율이 매우 높다는 점이다. 연소득 6,000만 원 이상 가구는 평균 3억 3,000만 원짜리 주택과 2억 8,500만 원짜리 토지나 건물 등을 소유해 부동산 자산이 총자산의 78.5%(6억 1,500만 원)에 달했다. 이같은 비율은 미국(36.0%), 캐나다(50.0%), 일본(61.7%) 등에 비해 매우 높은 것이다.

통계청 조사 결과가 2006년 5월 말 시가 기준으로 집계된 것이기 때문에 2006년 하반기 아파트값 폭등분을 감안하면 부동산 비중은 더욱 클 것이라는 게 통계청 전문가들의 분석이다.

부동산 소유 여부는 자산 격차를 가르는 결정적 요인이기도 하다. 부동산을 소유한 가구가 소유하지 않은 가구보다 총자산은 평균 9.2배, 순자산(총자산-부채)은 평균 10.3배나 돼 자산 격차를 크게 벌린 것이다. 특히 부동산 중 주택을 소유한 가구는 토지나 건물을 소유한 경우보다 순자산 평가금액이 1.7배 많다고 조사됐다.

앞서 2005년 말 삼성경제연구소가 2003년에 이어 두 번째로 조사한 '가계금융이용 실태조사'에서도 1가구 당 총자산 중 금융자산이 차지하는 비중이 21%로 선진국에 비해 현저히 낮은 것으로 나타났다.

당시 가구 당 총자산 규모는 2억 7,912만 원, 가구 당 총부채는 3,027만 원으로 조사됐다. 이 가운데 가구 당 금융자산은 5,977만 원으로 총자산의 21%를 차지하는 데 그쳤다. 반면에 부동산자산은 79%로 높은 비중을 보였다. 이에 비해 일본의 총자산 대비 금융자산 비중은 1999년 이미 50%를 넘어섰고 미국도 60%를 상회했다.

한국인의 금융자산 중에서도 저축은 61.2%로 압도적이었다. 보험은 24.0%, 펀드 등 투자상품은 14.8%였다. 투자위험을 계산한 고수익 상품에 투자하기보다는 안정적인 목돈 마련을 중시하는 한국인들의 성향이 여실히 확인됐다.

> 한국은 GDP 대비 금융비중이 매우 낮다.
> 특히 한국 가계자산의 80% 이상이 부동산에 몰려있다.
> 소액주주의 비중이 늘어 주식을 통해
> 새로운 중산층이 탄생했으면 하는 바람이다.
>
> 박현주 미래에셋그룹 회장

금융시장 주도하는
외국인 투자자

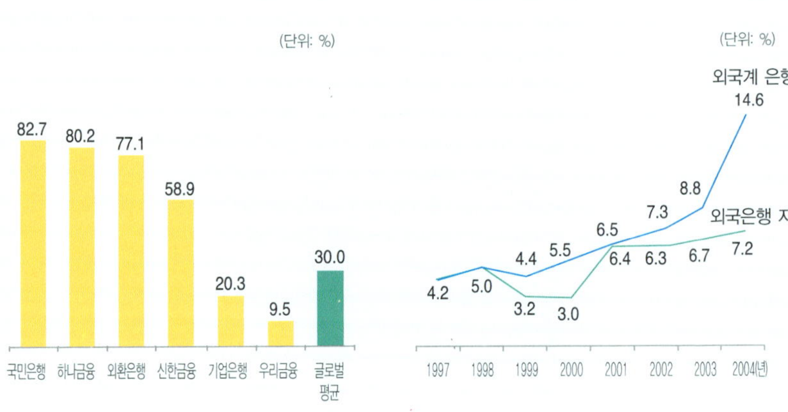

(1) 2006년 12월 말 기준
(2) 자산 연평잔 기준
(3) 씨티, 제일, 외환
 • 출처: 금융감독원, 증권선물거래소

외국계 은행의 국내 금융시장 진출이 활발해지면서 외국계 은행의 국내 현지법인과 외국은행 국내 지점의 시장 점유율이 갈수록 높아지고 있다. 또한 우리나라 대표은행의 주주들은 대부분 외국인들이다. 세계적으로 은행들의 외국인 지분율은 평균 30%에 불과하나 국민은행, 하나금융지주의 외국인 지분율은 80%가 넘어 금융시장 주도권을 사실상 외국인에게 내주었다.

우여곡절 끝에 정상화에 들어선 한국 은행산업의 결실을 모두 외국인들이 거두어 가는 것이 못내 아쉬운 일이 아닐 수 없다. 더욱이 금융산업에 대한 국민 일반의 무관심과 불안감은 국내 금융회사 지분의 저하, 외국인 주주들의 이해와 입맛에 편중된 회사 경영, 금융산업의 위기 도래 시 투자회수 썰물현상 등을 낳을 수 있어 정부와 국민 모두의 근본적인 인식 전환이 필요하다.

중국처럼 법적으로 외국인의 은행 지분 한도를 25%로 제한하자는 일부 주장도 있으나 금융시장 개방이라는 대세를 거슬러 올라가기보다는 연기금 등 국내 자본의 활용을 통해 국내 금융산업을 위한 최소한의 안전장치 마련이 이뤄져야 한다. 특히 2007년 실시된 시중은행들의 주주 배당은 '재주는 곰이 부리고, 결실은 주인이 따가는 현국'을 저니괴히게 보여 주있다.

2007년 3월 국내 시중은행들의 주총에서 외국인 주주들에게 돌아간 배당액이 무려 2조 2,000억 원에 달한 것으로 잠정 집계됐다. 시중 은행들에 따르면 국민, 외환, 하나, 우리, 대구, 부산, 전북은행 등 2007년 배당액을 확정한 7개 은행의 배당 총액은 2조 6,098억 원에 이른다.

이들 은행의 외국인 지분율을 감안할 때 외국인에게 돌아갈 몫은 1조 7,700억 원이 넘는다. 여기에 아직 배당 규모를 결정하지 않은 신한, 기업, 한국씨티은행이 2006년 수준의 배당을 실시할 경우 국내 은행들이 외국인에게 지급하는 배당 규모는 모두 2조 2,000억 원에 이를 것이다.

은행별로는 2006년 말 기준 외국인 지분율이 82.7%인 국민은행이 전해보다 6배 이상 늘어난 1조 154억 원을 배당했다. 10년 만에 첫 배당을 실시하는 외환은행은 대주주인 론스타를 비롯한 외국인 주주들에게 5,011억 원을 지급했다.

국민은행과 외환은행이 외국인에게 지급하는 배당 규모는 2006년 한 해 동안 두 은행이 거둔 순익의 41.1%와 49.8%를 차지한다. 하나금융은 2006년 실시한 중간 배당을 포함해 약 1,343억 원을 외국인에게 지급했으며, 한국씨티은행도 씨티그룹에 900억 원대 배당을 한 것으로 알려졌다.

2007년 배당액을 지난해 수준 이상으로 지급한 신한금융은 2,300억 원 이상을 외국인에게 배당하고, 이 가운데 재일교포 지분을 포함하면 해외로 빠져나갈 배당액이 3,000억 원 이상 된 것으로 추정됐다.

단일한 외국 자본(최대주주)이 은행 경영 전체를 좌지우지하는 외국계 은행들의 시장 점유율이 크게 증가하고 있는 것도 의미심장하다. 금융연구원 이병윤 박사가 2005년 12월 발표한 〈외국자본 진출 확대의 영향과 대응방안〉 보고서는 외국계 은행의 국내 은행시장(특수은행 제외) 점유율이 2004년 6월 말 기준 33.7%에 달했다고 밝혔다.

이 보고서는 외국자본이 최대주주로 경영권을 갖고 있는 SC제일은행, 한국씨티은행, 외환은행과 외국은행의 국내지점을 외국계 은행으로 분류했으며, 이들의 총자산 말잔을 기준으로 이 같은 수치를 얻었다. 외국계 은행의 국내 은행시장 점유율은 지난 1998년 6.0%에 불과했다. 그 후 1999~2002년 11.8~19.3%로 높아진 뒤 2003년 31.9%로 2배 가까이 껑충 뛰면서 30%를 넘어선 것이다.

이병윤 연구위원은 "외환위기 이후 금융 구조조정 과정에서 특히 은행부문으로 외국자본 진출이 빈번하게 일어나 외국인 지분율이 크게 증가한 결과"라고 말했다.

이 같은 외국 자본의 시장점유율이 보험, 증권 업계 등 한국 금융산업 전반으로 확대되고 있다. 물론 외국사의 점유율이 늘어나는 것이 모두 부정적인 결과를 빚은 것은 아니다. 그러나 이들 외국 자본이 한국 금융산업과 일부 금융회사의 일시적 취약점을 노려 자본이득이나 챙기려는 숨은 의도가 있다면 이에 대한 대응책 마련을 한시도 늦춰서는 안 된다.

고수익 금융산업은
외국회사 독차지

2006년 국내 Top 3 Deal 사례

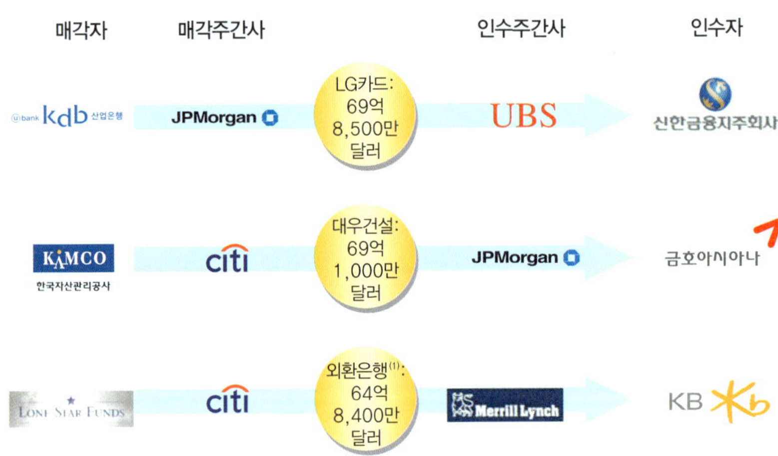

(1) 2006년 11월 국민은행의 외환은행 인수는 무효되었으나 당시 제시되었던 인수가격 기준임
· 참고: 2006년 거래 총액 기준 Top 3 M&A 딜
· 출처: 예금보험공사, 자산관리공사, 국내외 증권사

Appendix 16,17

한국 금융회사(특히 증권사)들이 IB(Investment Bank, 투자금융) 등 국내 고수익 금융시장을 외국회사에게 거의 내주다시피 한 것도 한국 금융산업의 낙후된 현실을 극단적으로 보여주는 예다.

산업은행이 신한금융지주에 LG카드를 매각하고 자산관리공사가 대우건설을 금호아시아나그룹에 매각하는 등 한국 금융회사 간에 국내 대기업을 사고팔 때도 매각주간사와 인수주간사는 외국계 투자은행이 독차지했다.

인수합병(M&A)주간사는 매각규모에 따라 거액의 수수료를 챙기는 것은 물론이고 자신의 자금으로 직접 지분까지 인수해 되팔 수 있어 거액의 시세차익까지 거둘 수 있는 투자금융 사업의 노른자위와 같은 영역으로 여겨져왔다.

사고 파는 금융회사들은 외국회사를 주간사로 선정하는 나름의 이유를 들고 있다. 무엇보다 한국 증권회사들은 인수합병주간사로서의 트랙레코드(경험)가 부족하다는 것이다. 그러나 처음부터 트랙레코드가 있는 회사가 어디 있겠는가.

황영기 전 우리금융지주 회장은 "외국계가 글로벌 네트워크와 노하우 측면에서 앞선다는 것은 인정한다. 그러나 기회를 줘야 국내 증권사도 IB를 키우든지 말든지 할 것 아니냐"고 말하기도 했다.

외국계 독점 현상의 진짜 이유는 다른 데 있다고 볼 수 있다. 한 시중은행 IB 담당 부행장은 "폭넓고 다양한 경험, 대외 네트워크, 뛰어난 분석능력 등 외국계가 한수 위인 것은 사실이지만 국내 금융기관도 지금은 충분한 역량이 있다"고 하면서도 "외국계를 선정하는 데는 매각과정과 매각가격 등에서 불공정성 시비를 제거하고, 금융감독기관 등 관계 당국의 간섭을 배제하려는 데 목적이 있다"고 말했다.

한국 금융당국 역시 외국계 주간사들의 독점 현상을 인식한 듯 2004년 말 대책을 내놓기는 했다. 정부는 2005년부터 IB부문에서 국내 증권회사를 우대하기로 하고 외국 대형증권회사의 인수합병(M&A) 주간시장 '싹쓸이'를 더 이상 방치하지 않겠다는 뜻을 분명히 했다.

이를 위해 정부는 국내 증권산업 기여도를 주관회사 선정의 주요 기준으로 삼았다. 이대로라면 M&A나 채권 매각 때 해외기업의 단독입찰이 사실상 불가능해 국내 증권사와 짝을 맺을 수밖에 없다. 재정경제부 관계자는 당시 "대우건설 매각 주관 컨소시엄인 씨티, 삼성의 경우 5대 5 수준까지 올라왔다"며 "향후 국내 증권사의 몫이 늘어나길 기대한다"고 말했다.

그러나 현실은 그리 나아지지 않았다. 외국계 IB 회사들의 독점현상은 아직 변함이 없다. 공동 주간사로 참여한 국내 증권회사는 대부분 그저 이름만 올려놓고 외국계 IB 회사들의 허드렛일이나 해주는 수준을 벗어나지 못하고 있다. 외국계 IB 회사들이 자신들의 노하우를 전수할리 만무할 뿐더러 주간사를 선정하는 국내 매각·매입 주체들의 인식이 전혀 개선되지 못했기 때문이다.

하나의 예가 있다. 분식회계 파문으로 2003년 워크아웃(채권단 공동관리)에 들어갔던 SK네트웍스가 워크아웃 조기졸업을 위해 2007년 1월 말 주채권은행인 하나은행을 찾았다. 채권단이 바쁘게 움직였다.

당시 주가가 출자전환하면 주식가치보다 2배가 넘어 채권단이 지분을 매각할 경우 엄청난 시세 차익을 올릴 수 있는 시점이 왔기 때문이다. 아무리 싸게 팔아도 1조 원대 이상 막대한 차익을 손에 쥘 수 있는 기회였다. 채권단은 SK네트웍스 워크아웃 조기졸업과 함께 당장 보유지분 매각 절차를 밟기로 했다.

먼저 매각주간사를 선정해야 했다. 아무런 이견이나 논의 없이 주간사는 외국계가 맡는 쪽으로 간단하게 결론이 나버렸다. 곧바로 골드만삭스, 크레디트스위스, 맥쿼리, 씨티글로벌, UBS, 모건스탠리, 리먼브러더스, 메릴린치 등 내로라하는 8개 외국계 IB 회사에 지분 매각을 위한 RFP(제안요청서)를 발송했다.

2007년 2월 리먼브러더스를 제외한 나머지 7개사가 참가 신청을 했다. 이 가운데 채권단은 메릴린치와 UBS를 매각주간사로 선정했다. 국내 증권사는 처음부터 고려대상이 아니었다.

채권단 관계자는 "매각 규모가 1조 원대 이상으로 워낙 크기 때문에 주간사를 국내 증권사에 맡기기에는 부담스러운 측면이 많았다"고 설명했다. 국내 증권사를 주간사로 선정했을 때 채권단과 이해가 상충하는 문제도 제기됐다. 그는 "국내 증권사가 맡았을 때 파는 쪽 채권금융기관과 관련된 회사들이 많아 정보유출 등 문제가 있다"며 "그렇다고 누구는 참여기회를 주고 누구는 주지 않을 수도 없어서 처음부터 국내 증권사는 배제했다"고 말했다.

〈매일경제〉가 조사한 바에 따르면 1998년 이래 국내에서 이뤄진 대형 M&A 43건 중에서 외국계 IB가 33건(국내 공동 주간사 포함)으로 거의 대부분을 차지했다. 국내 회사가 단독으로 주간사를 맡은 사례는 9건에 불과했다. 특히 캠코, 예금보험공사 등 정부기구에서 주도한 부실기업 M&A는 외국계가 싹쓸이하다시피 했다.

2006년 국내 인수합병(M&A)시장은 최대 황금기였다. 외환은행, LG카드, 대우건설 등 굵직굵직한 매물이 잇따라 시장에 나왔다. 건 당 인수금액만 6~7조 원에 달했다. 거래 성사 때 주간사가 500~600억 원에 달하는 엄청난 성공보수를 받은 것으로 알려졌다.

국내 중소형 증권사가 1년 동안 애써 번 수익을 단 '한방'에 해결하는 셈이다. 그러나 M&A 중개 과실은 모두 외국계가 차지했다. 산업은행이 LG카드를 신한금융지주에 69억 8,500만 달러에 매각할 때 주간사는 JP모건이 맡았다. 인수자측 주간사는 UBS였다.

69억 1,000만 달러 규모의 대우건설 매각자(캠코)와 인수자(금호아시아나) 측 주간사는 각각 씨티그룹과 JP모건이었다. 최종 성사가 된 것은 아니지만 64억 8,400만 달러 규모인 외환은행 매각작업도 매각자측 주간사는 씨티그룹, 인수자측 주간사는 메릴린치였다.

국내 기업의 해외발행 채권시장도 사실상 외국계가 독점했다. 블룸버그에 따르면 2006년 국내 기업 해외발행 채권시장에서 상위 20위까지 국내 증권사는 우리투자증권(14위), 산업은행(15위) 단 2곳에 불과했다. 나머지는 씨티, 바클레이스, 도이치뱅크, 골드만삭스 등 전부 외국계가 차지했다. 국내 기업이 발행한 채권을 외국시장에 내다파는 일을 외국계 IB 회사가 거의 도맡고 있는 셈이다.

국내 기업의 국내외 기업공개(IPO)시장 역시 마찬가지다. 상위 5개 증권사 중 국내 증권사는 대우증권이 유일했다. 골드만삭스, 노무라, 맥쿼리, 메릴린치 등이 시장을 휩쓸었다.

2006년 국내 인수합병(M&A) 자문시장에서 상위 20위 증권사 중 14개를 JP모건, 씨티, UBS, ABN암로 등의 외국계가 차지했다. 그나마 산업은행이 2005년 3위에서 1위로 올라섰다. 그것도 산업은행이 지분을 보유하고 있던 LG카드를 매각했기 때문에 가능한 일이었다는 게 금융권의 시각이다.

국내시장에서 푸대접을 받고 있는 국내 증권사들이 외국시장에서 경쟁력을 발휘할리 만무하다. 국내 한 증권회사 대표는 "예금보험공사나 자산관리공사 등 국책 금융기관들마저 국내 증권회사를 외면하고 있는 마당에 언제 경험이나 실적(트랙레코드)을 쌓을 수 있겠느냐"며 푸념한다.

트랙레코드(Track Record)
금융에선 과거 성적 또는 운용성과로 해석된다. 어떤 딜(Deal, 거래)을 어떻게 했는지를 나타내는 일종의 이력서인 셈이다. 국내 금융회사들은 트랙레코드가 부족해 큰 딜에 참여하지 못하고 있다는 지적이 있다.

국제 평균에도 못 미치는
금융회사 수익성

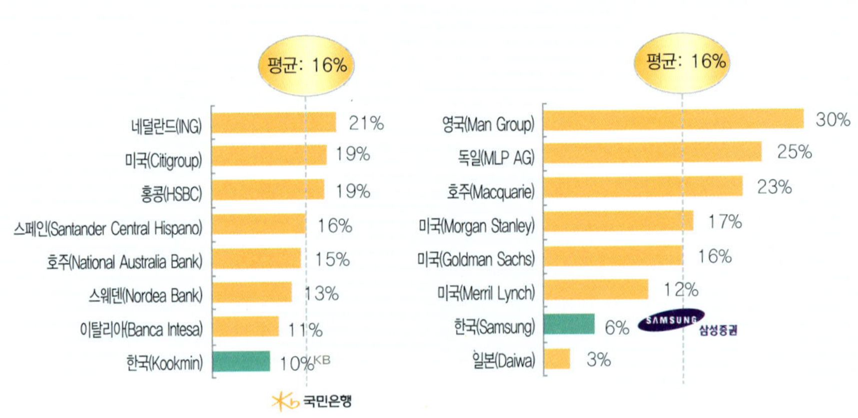

- 참고: 2001~2005년 ROE 평균
- 출처: 은행별 Annual Report

열악한 시장 환경이나 외국계 경쟁사만 탓해서는 안 된다. 국내 금융회사들의 실력이 외국회사보다 뒤처져 있는 것이 사실이기 때문이다.

같은 자기자본을 갖고도 국내 시장에만 의존해 온 한국 금융회사들의 한계가 확인된다. 네덜란드 ING그룹이 21%의 자기자본이익률(ROE)을 거두는 동안 우리나라 대표은행인 국민은행의 ROE는 10%에 불과했다. 금융선진국의 대표적인 금융회사들의 평균 ROE 16%에도 못 미치는 수치다.

증권부문의 사정도 크게 다르지 않다. 영국의 Man그룹과 독일의 MLPAG, 호주의 맥쿼리 등이 20% 이상의 ROE를 거둘 때 삼성증권은 겨우 6%에 불과한 ROE에 만족하고 있다. 금융선진국의 대표 증권회사 평균치는 16%로 조사됐다.

금융감독원은 2006년 국내 은행의 순익이 13조 4,948억 원으로 2005년의 13조 6,343억 원과 큰 차이가 없는 것으로 집계했다. 시중 은행들이 2조 5,000억 원 가량 대손충당금을 추가 적립한 것을 감안하면 은행 순익이 크게 늘어난 것이다.

그러나 앞으로도 은행들이 이처럼 높은 순익을 거둘 수 있을지는 의문스럽다. 주택담보대출 급증, 부실채권 정상화에 따른 시세차익 등의 효과라는 점을 들어 지난 2~3년간의 일시적인 착시현상일 뿐이라는 게 금융전문가들의 염려스런 분석이다.

무엇보다 은행들의 수익성 지표인 총자산이익률(ROA)은 2005년 1.27%에서 2006년에는 1.12%로 0.15%포인트 하락했다. ROA가 감소한 것은 은행 간 영업 경쟁이 심해져 순이자마진(NIM)이 줄어들었기 때문인 것으로 분석된다. 수익성이 영국(0.99%)이나 일본(0.78%)의 은행보다는 다소 높아 보이지만 미국(1.39%)에 비하면 낮고, 이마저 앞으로도 계속 지속될 수 있는 핵심 수익(Core Earning)인지는 미지수다.

이에 따라 금융당국은 은행의 경영 건전성이 계속 유지될 수 있도록 수익 다각화와 경영 효율성을 높이는 업무 지도를 강화해 나가겠다고 밝혔다. 특히 2006년 하반기 이후 더욱 강해지고 있는 금융당국의 주택담보 대출 규제와 정상화된 부실채권 물량의 감소는 2007년 은행들의 자산 외형은 물론 당기순이익에도 부정적인 영향을 미칠 것이 확실하다.

사정이 이렇다보니 은행들은 단기적으로 중소기업과 소호 대출에 전력할 것으로 보인다. 이들 부문에 대한 시중은행들의 대출금이 2007년 2월 사이 각각 1조 원 안팎으로 늘어나는 등 대출시장의 풍선효과가 두드러지고 있다.

증권사의 수익성도 낙관적이지 않다. 2006년 상반기(4~9월) 국내 증권사 순이익은 지난 반기(2005년 10~2006년 3월)에 비해 절반 가까이 감소했다. 금융감독원에 따르면 3월 말 결산법인인 국내 증권사 2006회계연도 상반기(2006년 4~9월) 순이익은 1조 1,847억 원으로 직전 반기(2005회계연도 하반기) 2조 1,408억 원보다 45%나 줄었다. 반면 14개 외국 증권사 국내 지점 당기순이익은 2,787억 원으로 지난 반기 3,116억 원보다 11% 감소하는 데 그쳤다.

주주 수익성을 의미하는 ROE도 순이익 감소 여파로 지난 반기 11.9%에서 6.4%로 뚝 떨어졌다. 이에 비해 외국 증권사 국내 지점 ROE는 전반기 16.5%에서 16.1%로 조금 감소했을 뿐이다.

한마디로 국내 증권회사의 이 같은 수익성 하락은 주식위탁매매 의존도가 지나치게 높아서 생긴 결과라는 게 증권업계 관계자들의 한결된 의견이다.

따라서 은행, 증권사 등 금융회사들의 근본적인 수익 개선과 지속을 위해서는 무엇보다 국내 시장에서의 땅 따먹기식 영업 관행을 지양해야 한다. 아울러 해외시장 진출과 국내 고수익 금융사업에서의 영역확대가 필수적이라는 사실을 다시금 일깨워준다.

은행 호황은
모래성

은행의 수익성 분석

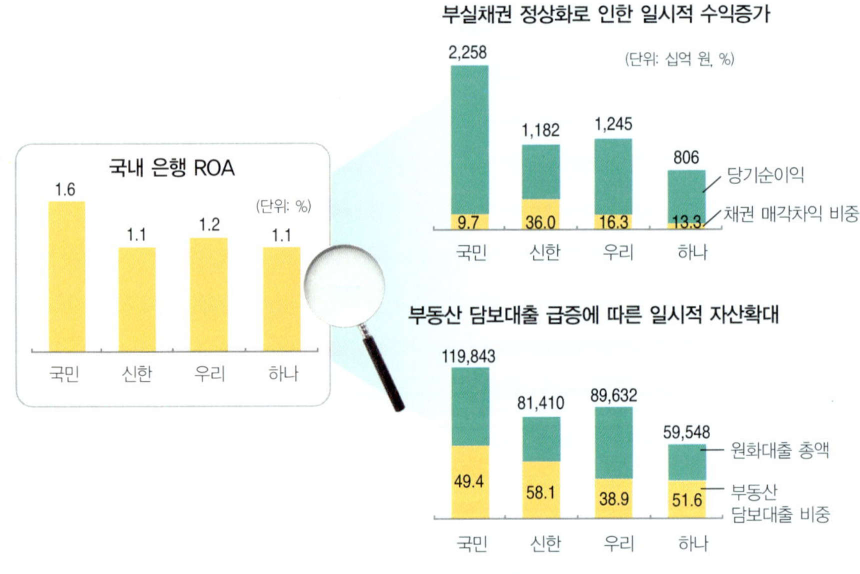

• 출처: 금융감독원 사업보고서 2006년 3분기 말 누적 기준

하이닉스반도체, 현대건설, LG카드….

한때 최악의 자금난을 겪으며 은행 부실의 결정적인 원인이 됐던 기업들이다. 그러나 이들은 수년간의 경영정상화 과정 끝에 2005년 이후로 은행들의 부실자산을 건전자산으로 돌려놓는 데 큰 기여를 했다.

문제는 국내 은행들이 이 같은 일시적인 수익성 개선에 만족하고 현실에 안주하려는 태도를 보이고 있다는 사실이다.

2006년 국내 주요 은행들은 각종 연체율이 0%대에 진입하고, 비이자부문 이익이 증가하는 등 어려워진 경제 여건에도 불구하고 돋보이는 성적을 거뒀다. 신한, 우리, 하나 은행 등 국내 주요 은행들의 2006년 3분기 말 누적 기준 총자산순수익률(ROA)는 1.1~1.2 수준으로, 선진국 은행 수준까지 올라섰다. 국민은행 ROA는 1.6에 달했다.

연체율도 일제히 0%대에 진입해 사상 최고 수준의 건전성을 기록했다. 국민은행의 2006년 말 기준 연체율은 0.95%로 3분기 말의 1.28%에 비해 0.33%포인트 하락했다. 우리은행 연체율도 0.8%로 낮아졌고, 신한은행 연체율은 0.65%를 기록했다.

그러나 은행 수익 중 상당부분은 부실채권 정상화에서 기인한 것이다. 국민은행의 경우 2006년 3분기 말 누적 당기순이익이 2조 2,580억 원이었으나 이 중 9.7%가 부실채권 매각 차익이었다.

우리은행과 하나은행도 같은 기간 각각 1조 2,450억 원과 8,060억 원 당기순이익을 거뒀으나 16.3%와 13.3%가 부실채권 매각차익이었다. 신한은행은 1조 1,820억 원의 당기순이익 중 36%가 부실채권 정상화에 따른 것이었다.

금융가 일각에서는 이렇게 일시적인 수익성 개선에 만족하다가 향후 급격한 수익률 하락에 직면할 수 있다는 경고의 목소리가 쏟아졌다. 급격한 수익성 개선은 부동산 담보대출 급증에 따른 것으로 분석됐다.

부동산 담보대출이 빠른 속도로 늘어나면서 2006년 말 우리금융지주의 총자산은 세계 77위로 올라섰다. 신한금융그룹 총자산 순위도 83위를 기록했다.

국민은행의 2006년 3분기 말 현재 원화대출 총액은 119조 8,430억 원이었으나, 이 중 절반에 가까운 49.4%가 부동산 담보대출인 것으로 집계됐다. 신한은행과 하나은행은 각각 81조 4,100억 원과 59조 5,480억 원의 원화대출을 보유하고 있지만, 이 중 58.1%와 51.6%가 부동산 담보대출이었다. 원화대출 89조 6,320억 원을 확보한 우리은행도 38.9%가 부동산 담보대출이었다.

그러나 정부의 잇따른 부동산 대책과 대출 규제가 이어지자 아니나 다를까 일부 은행들의 ROA가 하락하기 시작했다. 국내 6개 주요 은행의 2006년 평균 ROA는 1.2%로 2005년에 비해 0.24%포인트 하락했다.

물론 은행들의 비이자수익이 증가하면서 이자수익 감소를 만회하고 있기는 하다. 신한은행의 비이자부문 이익은 2006년 9,303억 원으로 2005년보다 13% 증가했다.

펀드판매 수수료도 76.4% 증가했다. 하나은행의 비이자부문 이익은 2005년 8,350억 원에서 2006년 9,190억 원으로 10% 증가했다.

그러나 OECD 회원국 은행들의 비이자부문 이익 비중이 2003년 평균

37.9%에 달하는 것과 비교하면 우리 은행들의 비이자부문 이익 비중 13%는 여전히 낮은 수준이라고 할 수 있다. 각국 은행의 비이자부문 이익 비중을 살펴보면 핀란드는 58.6%, 미국은 44.6%, 우리와 경제규모가 비슷한 스페인은 30.3% 수준이다.

총자산순이익률(Return On Asset, ROA)
주어진 총자산 범위에서 한 회사가 얼마나 수익을 올리고 있는가를 보여준다. (당기순이익/총자산)×100으로 계산한다. 특정 회사가 자산을 얼마나 효율적으로 운용했느냐를 나타내는 만큼 한 회사를 경쟁사와 비교할 수 있는 도구로 활용된다.

한국 금융,
글로벌 플레이어가 없다

'포천 500대 기업' 산업부문별 순위

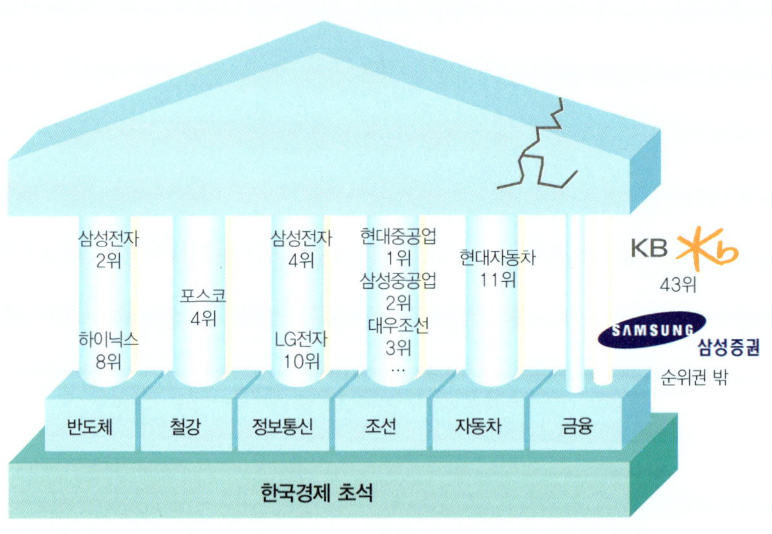

• 출처: '포천 500대 기업' (2006년)

Appendix 15,18,19,20,21

"국민은행 임직원 여러분! 오늘은 우리 은행의 역사가 새로 시작되는 날이자, 우리나라 금융산업 역사에 커다란 획을 긋는 날입니다.(중략)

서민금융기관으로 출발한 두 은행이 합쳐져 이제 한국은 물론 아시아를 대표하는 은행으로 다시 태어나게 되었습니다. 자산 건전성과 수익성 면에서도 아시아는 물론 이미 세계 일류 수준에 올라섰습니다. 우리는 더 이상 국내 은행이 아닌 것입니다.(중략)

경영의 최우선 목표를 주주가치 극대화에 두고자 합니다. 그동안 국내 금융산업의 낙후로 인해 턱없이 낮은 서비스를 받아 온 고객에게 기여도에 상응하는 수준 높은 서비스를 제공하겠습니다. 성과중심주의 조직문화를 정착시켜 나가겠습니다.(이하 생략)"

2001년 11월 옛 국민은행과 주택은행이 합병한 통합 국민은행 초대 행장인 김정태 행장의 취임사 중 일부다. 당시 통합 국민은행의 총자산은 180조 원. 자산규모로 일약 세계 68위로 뛰어올랐다. 국내외 언론들은 중국과 일본을 제외하면 아시아 1위 은행이라고 떠들어댔다. 정부 관료들은 국민은행이 우리나라를 대표해 세계 시장에서 당당히 제 역할을 할 것으로 기대했다.

그러나 6년이 흐른 2007년, 국민은행은 여전히 국내 최대 은행일 뿐 글로벌 은행으로는 인정받지 못하고 있다. 존 필메리디스 SC제일은행장은 "한국경제의 양팔 중 제조업의 팔 근육은 발달돼 있지만 금융산업의 근육은 아직 미숙해 양팔의 균형이 맞지 않는 기형적인 모습을 하고 있다"고 일침을 가했다. 제조업 성장을 금융이 받쳐주지 못하면서 한국경제의 성장이 둔화되고 있다는 주장이다.

〈포천〉이 선정한 500대 기업을 살펴보자.

반도체부문에서는 삼성전자가 세계 2위, 하이닉스반도체가 8위에 랭크돼 있다. 철강 분야에서는 미탈과 아르셀로의 합병 등 철강회사의 글로벌 대형화 추세 속에서도 포스코가 신일본제철에 이어 4위 자리를 지키고 있다.

조선은 세계 선박수주 물량을 국내 빅3 업체가 싹쓸이하면서 현대중공업과 삼성중공업, 대우조선해양이 나란히 1, 2, 3위를 차지했다.

그러나 금융산업은 국내 최대 은행이자 금융회사인 국민은행이 영업수익 기준으로 43위에 오른 것이 고작이다. 삼성증권은 아예 순위권 밖이다. 시가총액을 기준으로 하면 국민은행은 89위로 밀려난다. 세계 시장에서 국내 1위 은행의 위치가 이 정도라면 나머지 금융회사들은 굳이 거론할 것도 없다. 세계 금융시장에서 선진 금융회사들과 어깨를 나란히 하고 경쟁할 플레이어가 없다는 푸념이 허튼 소리가 아니다.

우리나라 금융회사 중 글로벌 100대 금융회사에 속하는 건 국민은행 하나뿐이다. 가까운 중국은 3개, 일본은 7개의 글로벌 100대 금융회사를 갖고 있다. 호주 5개, 이탈리아 5개, 네덜란드 3개, 영국 7개, 독일 4개, 캐나다 8개 등이다.

군이 세계 최고의 금융선진국인 미국에 글로벌 100대 금융회사가 34개나 있다는 것을 들먹이지 않더라도 스위스에 4개, 스페인과 오스트리아에 2개씩 세계 100위권 금융회사들이 포진하고 있다는 사실은 우리 금융산업의 낙후성을 한눈에 보여주는 현실이다.

금융한국
희망은 있다

늘어나는
잉여자금

개인과 기업부문의 현금성 자산

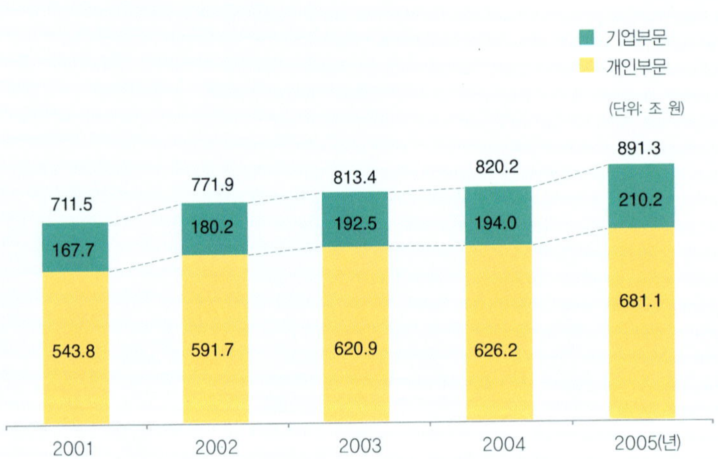

• 출처: 한국은행 자금순환표

일본 최대 경제신문인 〈니혼게이자이〉는 일본경제가 이에노미('가정'을 뜻하는 '이에'와 '경제'를 뜻하는 '이코노미'의 합성어)시대에 접어들었다고 보도했다.

일본 가계가 보유하고 있는 1,400조 엔에 달하는 현금이 일본의 경제를 좌지우지할 수 있다는 설명이다. 2006년부터 국내 자산운용사들이 일본시장에 주목하는 것도 일본 가계자금을 유치하면 높은 수익을 낼 수 있다는 기대 때문이다.

우리나라도 일본과 마찬가지로 잉여자금이 점점 늘어나고 있다.

기업들의 현금 자산이 늘어나면서 지난 2005년 말 현재 기업의 현금성 자산은 210조 원을 넘어섰다. 개인들도 700조 원에 육박하는 금융자산을 보유하고 있는 것으로 집계됐다. 전국경제인연합회가 조사한 바에 따르면 매출액 상위 500대 기업을 대상으로 설문을 실시한 결과 응답 업체의 71%가 여유자금이 있다고 했다.

1990년대 한국 기업은 선진국 기업에 비해 현금 보유비율이 크게 낮았다. 그러나 2002년 이후 국내 기업의 현금 보유비율은 선진국 수준에 근접했다. 외환위기 이전의 기업들이 보유 현금보다 2배나 많은 돈을 투자하곤 했던 것과는 달리, 현재 기업의 투자규모는 보유 현금의 60～70% 수준에 그치고 있다.

과거 경제 고성장을 견인하던 국내 기업들의 과감한 투자가 지금은 선진국보다 낮은 수준이다. 기업들이 이처럼 현금보유액을 늘려 온 것은 외환위기 이후 위험회피 성향이 높아졌기 때문이다.

자본시장 개방으로 외국인 지분율이 높아지면서 적대적 M&A에 대한 위협이 커졌다. 이 또한 기업의 현금 선호를 증폭시켰다. 구조조정 지연으로 인한 부실기업 증가는 중소기업의 현금 선호도를 높였다.

이유야 어찌됐든 기업과 가계의 잉여자금은 추후 금융시장 발달의 밑거름이 될 수 있어 금융회사들에게는 '청신호'로 받아들여진다. 기업이 보유한 과도한 현금성 자산이 자본시장으로 유입된다면 국내 자본시장이 커지면서 새로운 사업에 자금이 쉽게 흘러갈 수 있다.

기업들은 보다 저렴한 비용으로 자금을 조달할 수 있으며, 금융회사들은 자금 중개기능이 활성화돼 운용수익률이 높아진다. 높아진 운용수익률을 바탕으로 기업은 현금 보유를 줄이고 투자를 늘리면서 금융시장 발달의 선순환 구조에 진입할 수 있다.

궁극적으로 늘어나고 있는 국내 잉여 현금성 자산이 한국 금융산업 성장의 든든한 바탕이 될 수 있다는 얘기다.

늘어나는 공공연기금

국민연금 조성 규모(좌)와 Top 10 글로벌 연기금 순위(우)

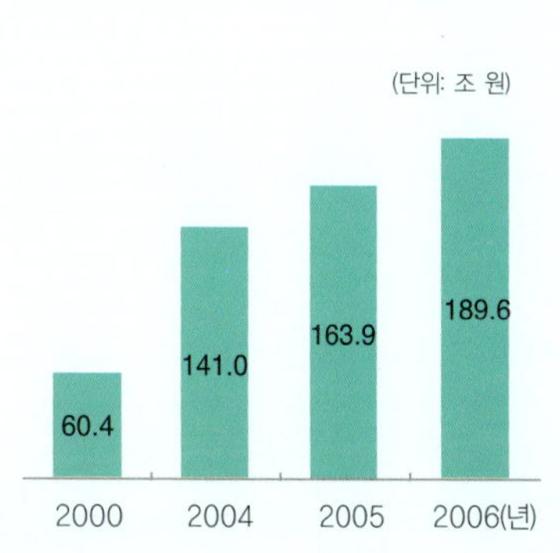

	글로벌 연기금	국가	총자산
1	Gov't Pension Inv.	일본	870.6
2	Gov't Pension	노르웨이	235.8
3	ABP	네덜란드	227.1
4	National Pension	한국	214.2
5	CalPers	미국	196.1
6	Pension Fund Association	일본	183.4
7	Federal Retirement Thrift	미국	167.2
8	Local Government Officials	일본	137.2
9	California State Teachers	미국	134.1
10	New York State Common	미국	131.9

(단위: 10억 달러)

• 출처: 국민연금

• 출처: Watson Wyatt(2005년)

연기금은 자본시장 발달의 기폭제가 될 수 있다. 특히 급격히 불어나고 있는 국민연금을 십분 활용할 필요가 있다.

국민연금 규모는 지난 2000년 60조 4,000억 원에서 2005년 163조 9,000억 원, 2006년 189조 6,000억 원으로 증가했다. 왓슨 와이어트(Watson Wyatt)에 따르면 국민연금 규모는 세계 4위 수준이다.

국민연금의 규모가 이처럼 막대하지만, 아직까지 자본시장 발달에는 큰 역할을 하지 못하고 있다. 기금운용이 주로 채권 위주로 되어 있기 때문이다. 2006년 기준으로 국민연금의 주식, 채권 투자 비중은 각각 11.7%, 87.2%다. 또 11.7%의 주식투자 비중 중 국내 비중이 11%이며, 해외 비중은 0.7%로 매우 낮다.

증권연구원은 국민연금 운용에 있어 주식 투자확대가 필요한 이유를 다음과 같이 밝히고 있다.

첫째, 규모 팽창에 따른 불가피성과 자본시장 환경의 변화다. 높은 신용도의 채권 물량은 급속도로 증가하는 국민연금 규모를 소화하기에 부족하다.

둘째, 안정적인 수익성 추구다. 전 세계적인 저금리 기조 확산은 채권 투자 매력을 감소시키고 있다. 따라서 국민연금 전체 투자위험 한도를 정해놓고, 적정 수준으로 주식에 투자한다면 안정성과 수익성을 동시에 추구할 수 있다는 것이 증권연구원의 주장이다.

아울러 해외 분산 투자도 확대해야 할 것이다. 국내 투자와 해외 분산 투자가 적절히 조화를 이룰 때 변동성을 줄이면서 안정적인 수익을 달성할 수 있기 때문이다. 이와 관련 금융선진국의 연기금은 자본시장의 '큰손'으로 통하고 있다.

예를 들어 미국 캘리포니아 공무원퇴직연금(캘퍼스)의 자산규모는 2006년 10월 말 시가기준 2,235억 달러로 전체 자산의 22.5%를 해외주식에 투자하고 있다. 이에 따라 캘퍼스의 일거수일투족이 국제 금융가의 비상한 관심을 모으고 있다. 또 그런 만큼 국제 금융가의 고급 투자정보가 이곳으로 모인다.

2,500억 달러 규모의 노르웨이 NBIM은 글로벌시장을 대상으로 자산운용을 하고 있으며, 투자대상은 대부분 주식과 채권이다. 자산별 투자 비중은 주식 40%, 채권 60%이며, 지역별 투자 비중은 유럽 55%, 미주중동아프리카 36%, 아시아오세아니아 9% 등이다.

동북아에서 발생하는 천문학적 금융 수요

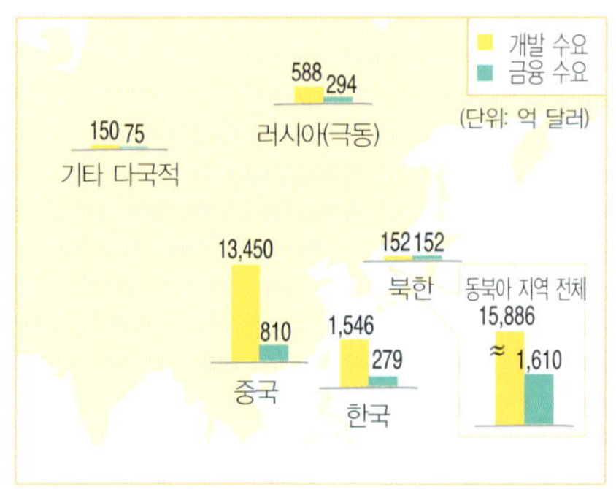

금융기관 내 귀속되는 개발금융 수익 추정

(단위: 억 달러)

구분	수수료 수입	대출 수익 누계	수익 총계
10년간	32	629	661
20년간	64	1,862	1,926

• 출처: 한국산업은행(동북아 개발금융과 민간자본 활용 방안)

가까운 동북아지역에 금융수요가 증가하고 있어 한국 금융산업 발달의 좋은 기회가 되고 있다. 연내 주요 개발사업으로는 중국의 서부대개발 사업, 동북 3성 노후공업기지 개발사업, 북한의 사회간접자본(SOC) 구축(남북철도와 도로 연결사업, 경제특구 건설사업 등), 극동러시아 가스전 파이프라인 건설사업 등이다.

특히 중국은 향후 안정적 경제성장을 위해 인프라의 계속적인 확충이 반드시 필요하며, 도시와 농촌의 가스·상하수도, 환경 투자 등 기반시설부문에서도 막대한 수요가 발생할 것으로 예상된다. 2008년 베이징올림픽, 2010년 상하이세계박람회 등을 유치하며 그 준비과정에서 막대한 개발수요를 발생시킬 것으로 추정된다.

산업은행에 따르면 동북아지역 개발이 활발히 진행될 예정이어서 2004년부터 향후 10년간 동북아 개발금융 수요액은 대체로 1,610억 달러 수준으로 추정된다. 국가별로는 중국 810억 달러, 한국 279억 달러 등이다. 또 이에 따른 금융시장 수익은 10년간 661억 달러, 20년간 1,926억 달러로 막대한 개발금융시장을 형성할 수 있을 것으로 전망됐다.

동북아지역은 면적과 인구에서 세계 전체의 약 1/4~1/5 정도를 차지하고 있을 뿐 아니라, 국내총생산(GDP)과 수출액 등 경제규모에 있어서도 약 20%를 점하고 있을 정도로 매우 큰 시장이다.

산업은행 조사에 따르면 연평균 160억 달러의 개발금융 수요가 있음에도 불구하고 세계은행이나 아시아개발은행(ADB) 등의 국제금융기구 지원과 양국 간 공적개발원조(ODA)를 포함한 국제공적자금의 조달 가능액은 약

30~40억 달러 내외에 불과할 것으로 추정된다. 이에 따라 동북아지역의 거대한 개발금융 수요를 충족시키기 위해선 역내 민간자본의 역할이 보다 중요한 의미를 갖게 된다.

그중에서도 개발금융 노하우가 있는 금융기관의 역할이 중요하다. 대규모 개발금융 수요는 자금동원능력, 외자조달, 개발금융 경험, 프로젝트 파이낸싱 등의 능력이 필수적이다. 성장잠재력이 큰 역내지역의 금융수요를 감안해 이들 지역에 직접 진출하거나 업무제휴 등으로 네트워크를 구축하는 작업이 진행되어야 할 것으로 지적된다.

용어설명

프로젝트 파이낸싱(Project Financing)
은행을 비롯한 금융기관들이 특정 사업을 담보로 대출해주고 그 사업의 수익금으로 되돌려 받는 금융기법. 예를 들어 석유탐사나 탄광채굴, 조선, 발전소, 고속도로 건설 등과 같은 미래의 대규모 투자사업이 벌어들일 수익을 보고 무담보 신용으로 거액을 대출해주는 것이다.

빠르게 성장하는
아시아 금융시장

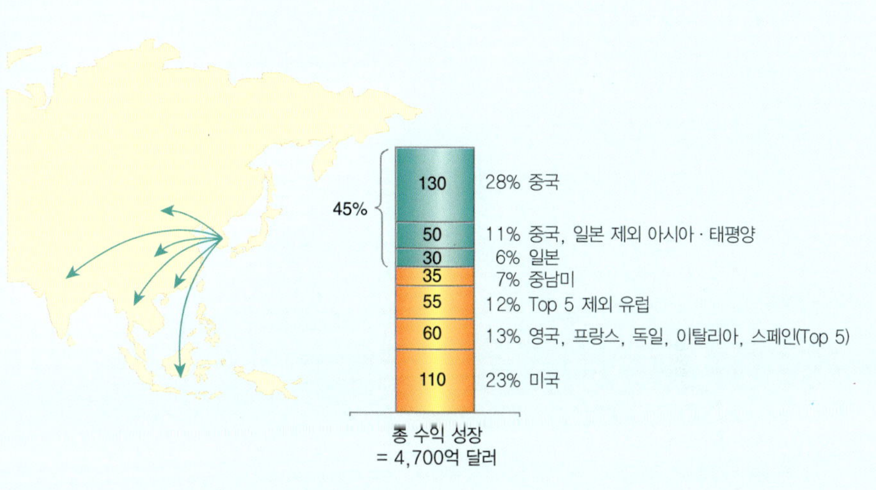

• 출처: BCG Database

국내 금융산업이 선진국 수준으로 발달하면 가까운 동북아 금융시장에 진출해 수익을 낼 수 있다.

보스턴컨설팅그룹(BCG)에 따르면 2004년부터 2010년까지 전 세계 금융회사의 영업수익 성장치가 4,700억 달러에 이를 것으로 예상된다. 이 중 28%가 중국시장에서, 11%는 중국과 일본을 제외한 아시아태평양지역에서, 6%는 일본에서 발생할 것으로 추정됐다. 그만큼 한국 금융산업에 좋은 기회가 될 것으로 기대된다.

실제로 2006년 이후 한국 금융회사의 화두는 해외진출이다. 은행이나 보험회사, 증권자산운용사들은 국내 경쟁이 한계에 달해 새로운 시장 개척을 위해 밖으로 나간다는 전략을 세우고 있다.

특히 2007년은 한국경제가 맞았던 가장 참담한 경험, 외환위기 10년째다. 어렵사리 기력을 회복한 금융권이 뭔가 새로운 시도를 할 시점이다. 소버린, 론스타, 칼아이칸이 들어와 한국 증시를 좌지우지하는 동안 금융전문가들이 몰려 있는 국내 자산운용사와 기관투자가들은 도대체 뭘 했느냐는 질책도 있다.

그래서 금융권에는 그동안 수십조 원의 수업료를 치르고 배운 노하우를 동남아, 넓게는 아시아권에 활용해야 할 때라는 공감대가 형성돼 있다. 과거 일본에서 제조업을 배워 아시아와 동유럽 등 개발도상국이나 체제전환국에 공장을 이전해 시장을 개척한 것처럼, 이제는 금융회사들이 나서야 한다는 주장이다.

그렇지만 경쟁은 치열하다. 중국, 인도 등 아시아지역 신흥경제국들의 경

제성장세가 두드러지면서 이 시장을 선점하기 위한 전 세계 대형 금융회사
들의 진출도 본격화되고 있기 때문이다.

아시아 신흥시장 중 가장 두드러진 성장세를 구가하고 있는 중국의 경우,
진출 확대와 시장 선점 등을 위한 외국계 대형은행들 간 경쟁이 격화되고
있다. 특히 중국경제의 급속한 성장세로 다양한 투자기회, 수익창출 가능성
이 증대됨에 따라 외국계 은행들의 투자운용부문 진출이 활발해지고 있으
며, 부유층 증가에 대처해 프라이빗뱅킹부문(PB)에 대한 관심도 고조되고
있다.

골드만삭스, 메릴린치 등 세계적인 투자은행들도 인도 경제성장에 따른
수익창출 기회 확보 등을 위해 인도 진출을 확대하고 있다.

이러한 치열한 경쟁에서 뒤지지 않기 위해서는 한국 금융회사들의 대형
화 등이 하루 빨리 이뤄져야 할 것이다.

한국 · 한국인의 금융 DNA

한국인의
금융 DNA

세계 주요 지수선물 · 옵션의 거래량 비교

앨런 그린스펀 전 FRB 의장
**"한국 옵션시장은 세계 1위,
미국이 본받아야 한다"**

(단위: 백만 계약)

순위	선물			옵션		
	국가	대상지수	계약 수	국가	대상지수	계약 수
1	미국	E–Mini S&P500	207	한국	KOSPI200	2,535
2	독일	DJ EURO STOXX50	140	독일	DJ EURO STOXX50	91
3	미국	E–Mini NASDAQ100	73	대만	TAIEX	80
4	인도	S&P CNX NIFTY	47	미국	ETF	77
5	한국	KOSPI200	44	미국	S&P500	72

· 참고: 2005년 기준
· 출처: 국가별 파생상품 시장 통계

미국의 경제 대통령으로 불렸던 앨런 그린스펀 전 미국 FRB 의장이 2006년 봄 'FT 아시아 금융센터 컨퍼런스'에서 기조연설을 통해 "동방의 작은 나라 한국이 불과 수년 만에 옵션시장 규모를 세계 1위로 성장시켰다. 미국이 본받아야 할 점"이라고 강조했다.

한국 증권선물거래소에는 2006년 현재 13개의 파생상품이 상장돼 있고, 이 중 주가지수 선물과 옵션 거래가 가장 활발하다. 2005년 기준 코스피200 지수 옵션 거래량은 세계 1위로 독일, 대만, 미국을 앞질렀다. 주가지수 선물거래량은 미국, 독일, 인도에 이어 5위를 기록했다.

한국 선물옵션시장의 성공요인을 분석한 결과, 선진국에 비해 우리나라 주식시장의 변동성이 높아 선물과 옵션을 통한 헤지와 투기수요가 많다는 점을 들 수 있다. 또한 높은 인터넷 보급률과 온라인 거래 활성화로 투자자에게 신속하고 편리한 투자환경을 제공하고 있다는 점이 꼽혔다. 게다가 개인 투자자들의 위험선호 성향이 높아 적은 돈으로 높은 수익을 올릴 수 있는 옵션과 선물의 인기가 높은 것으로 분석됐다.

이는 한국이 금융산업 발전의 잠재력을 충분히 갖추고 있고 금융허브로 발전할 가능성도 높음을 시사한다. 글로벌 금융회사가 없고 자본시장 규모가 작음에도 불구하고 새로운 선물옵션시장을 형성할 수 있으며, 선물거래 시스템을 수출하고 해외 선물상품을 국내 거래소에 상장하는 등 선진국 시장과 교류할 수 있는 기반이 조성됐기 때문이다.

한국인에게 금융을 잘할 수 있는 우수한 DNA가 풍부하다는 점은 다른 데서도 찾을 수 있다.

약간 비켜난 얘기지만 국내 모 은행장은 "수많은 골프경기 규칙을 새로 만들어 내는 능력, 고스톱에서 다양한 규칙이 새로 등장하고 변형되는 과정에서 위험과 확률을 직감적으로 계산해 내는 능력이야말로 한국인만이 갖고 있는 DNA"라고 얘기했다.

과거 '금융'이라는 단어조차 생소하던 시절, 글을 모르는 주부들이 위험과 수익률을 정확히 계산해 '사금융'의 일종인 '계'를 운영한 것도 한국인만이 갖고 있는 문화다.

얘기가 잠시 어긋났지만 금융전문가들이 반드시 갖춰야 할 수학능력에서도 한국의 청소년들이 발군의 실력을 발휘하고 있다. 매년 열리는 수학 올림피아드에서 한국의 중고생들이 상위권을 지키고 있다. 2006년에 열린 47회 국제 수학 올림피아드에서는 금 4개, 은 2개를 획득해 종합성적 3위로, 2005년 5위에 이어 역대 최고성적을 거뒀다.

미국 경영대학원 입학 조건인 GMAT 점수도 한국 학생들이 세계 선두권을 유지하고 있다. 한국 출신의 다우 킴은 세계적인 증권사인 메릴린치의 2인자로 올라서 월가의 촉망받는 금융인으로 자리매김했으며 하루 봉급만 1억 원에 달한다.

금융산업 발달 계량 분석

금융발달지수 모형

출처: 한국금융연구원, 매일경제 공동 작업

Appendix 22,23

한국 금융산업의 현 위치를 파악하기 위해 금융발달지수를 개발했다. 금융산업의 현재 발전 정도를 측정하기 위한 현상지수와 금융산업 발달 가능성을 나타내는 잠재력지수를 산출했다.

금융현상지수는 금융산업의 발전 정도를 가늠할 수 있는 지표들로 구성했다. 우선 금융산업이 GDP에서 차지하는 비중을 투입했다. OECD 기준 금융산업의 부가가치 비중을 각 나라 GDP로 나누어 사용했다.

금융회사의 경쟁력을 평가하기 위해 각국에 본점을 두고 있는 글로벌 100대 금융회사의 시가총액을 변수에 포함시켰다. 100대 금융회사만 조사한 것은 자료수집이 가능한 범위이기 때문이며, 100위권 밖의 금융회사들은 자산이나 수익 규모가 금융산업의 발전 정도를 평가하는 데 결정적 영향을 미치지는 않는 것으로 판단했다. 다만 100대 금융회사 간의 형평성을 고려해 해당 금융회사의 총자산을 100대 금융회사 자산 총계로 나눈 수치를 이용했다.

자본시장 접근성도 고려했는데 미국의 밀켄 연구소가 매년 발표하는 자본시장 접근성지수를 사용하였으며 1~10 범위 이내에 있다.

금융산업에 종사하는 인력의 수준을 평가하기 위해 각국 시가총액 1위 금융회사의 임금을 변수로 활용했다. 단순 급여만을 변수로 투입할 경우 나라마다 생활수준이 다른 점을 반영할 수 없으므로 시가총액 1위 금융회사의 임금을 그 나라 1인당 GDP로 나눈 수치를 활용했다.

금융잠재력지수는 현재로써는 금융 발달에 기여하고 있지 않으나 향후 금융산업 성장에 기여할 수 있는 요소들을 감안했다. 각국 대기업들이 다국적화되고 기업 자금조달의 국경이 사라지고 있는 점을 고려해 무역의존도를 잠재력지수를 산정하는 데 포함시켰다. 대외의존도는 수출량과 수입량이 GDP에서 차지하는 비중으로 처리했다.

향후 금융수요의 기반이 되는 반경 1,000km 이내 주요 도시 인구도 변수로 설정했다. 반경 1,000km는 항공교통으로 2시간 이내에 도달할 수 있는 거리로 금융수요를 흡수할 수 있는 범위에 해당한다.

2000년대 이후 전자금융이 금융산업에서 차지하고 있는 비중을 감안해 각국 인터넷 가입자 수를 독립변수로 설정했으며, 앞으로 모바일뱅킹 수요가 늘어날 것을 고려해 휴대전화 이용률을 변수에 포함시켰다.

앞으로 금융산업에 종사하게 될 인재의 수준과 양을 가늠할 수 있는 GMAT 신청자 수와 점수를 고려했으며 경제규모를 뜻하는 1인당 GDP와 금융산업에 직접적으로 영향을 미치는 국가투명성과 국가신용등급 등을 감안했다.

지수산출은 단순평균에 의한 산출방식과 각 기준별 순위에 의한 단순평균 방식 그리고 회귀분석에 의한 추정 등을 동시에 진행한 후 상관관계를 분석해 가장 설명력이 높은 방식을 선정했다.

그 결과 각 기준별 등수를 산출한 후 이를 회귀분석 모형에 투입해 현상지수와 잠재성지수를 구하는 것이 가장 현실을 잘 반영한 것으로 나타났다.

따라서 현상지수는

$$Y1 = \alpha + \Sigma\beta iYi + \varepsilon$$

Y1 = 금융산업의 부가가치 / GDP

Y2 = 금융회사 총자산 / 100대 금융회사 자산총계

Y3 = 자본시장 접근성지수 / 10

Y4 = 금융회사 평균 임금 / 1인당 GDP

를 도출한 후 Yi(i=1,2,3,)과 Zi(i=1,2,3,)의 상관관계를 구해 높은 상관관계를 갖는 변수로 대치해 추정식에 Y1 값으로 대체했다.

잠재력지수는

$$Yi = \alpha + \sum \partial i Zi + \varepsilon$$

Z1 = (수출량+수입량)/GDP

Z2 = 휴대전화 이용률

Z3 = 인터넷 가입자 수

Z4 = 인접도시 인구 순위

Z5 = GMAT 신청자 수+평균점수 순위

Z6 = 국가투명성 순위

Z7 = 국가신용등급 순위

에 따라 산출했다.

잠재력 높은
한국 금융

금융발달지수로 본 한국의 위치

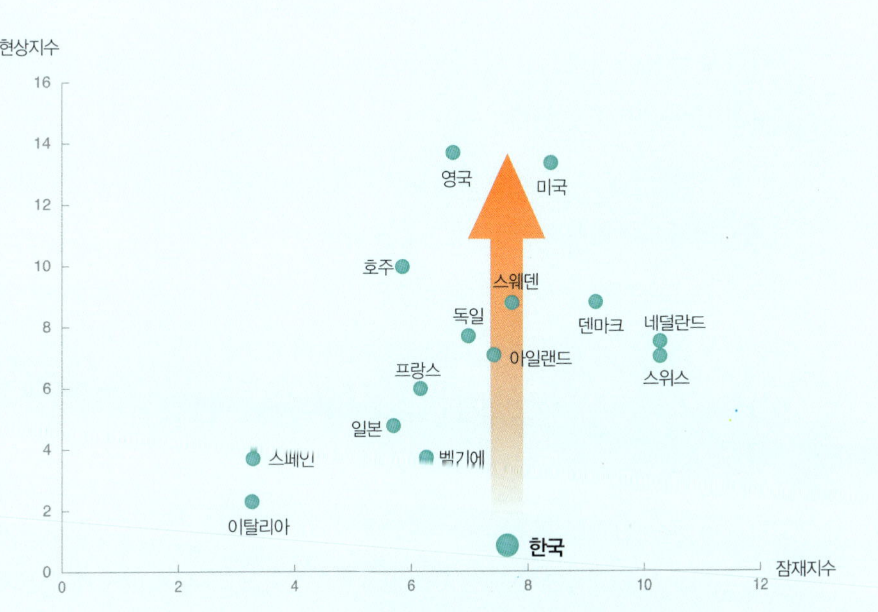

도출한 현상지수와 잠재력지수를 영국, 미국, 네덜란드, 스위스, 독일, 벨기에, 스페인, 이탈리아 등 14개 금융 선진국과 한국에 적용했다. 한국을 제외한 14개국은 1인당 국민소득이 최소 2만 달러 이상이고 GDP에서 차지하는 금융산업의 비중이 20% 이상인 국가 중에서 선택했다.

그 결과 한국은 여타 선진국에 비해 금융산업 발달이 뒤처져 있으나 금융산업이 발달할 수 있는 잠재력은 중간 이상 수준을 갖추고 있는 것으로 나타났다. 지수 분석 결과 2006년 말 현재 한국은 이탈리아, 스페인보다 금융산업이 덜 발달한 것으로 나타났다. 그러나 금융산업이 발달할 수 있는 잠재력은 프랑스와 독일을 앞서고 있는 것으로 분석됐다.

따라서 한국이 잠재력을 잘 계발한다면 아일랜드, 스웨덴, 영국 수준으로 금융산업이 발달할 수 있다는 얘기다.

금융현황지수 측정 결과를 살펴보자. 0점부터 15점까지 범위에서 나타나는 금융현황지수가 한국은 1.3점으로 조사대상 15개국 중 최하위였다. 현상지수가 13.7로 가장 높았던 영국의 경우 100대 금융회사의 시가총액 비중과 자본시장 접근성이 가장 높은 것으로 나타나 국제금융시장으로서의 면모가 유감없이 드러났다. 금융산업이 GDP에서 차지하는 비중도 미국에 이어 두 번째로 높았다.

미국은 세계 최고의 금융센터인 뉴욕을 포함하고 있는 만큼 GDP 중 금융산업의 비중이 가장 높다. 또한 100대 금융회사의 시가총액 비중과 자본시장 접근성에서 영국에 이어 두 번째를 차지해 현황지수 13.3으로 2위를 기록했다.

덴마크는 금융산업의 부가가치 비중은 낮았으나 100대 금융회사 시가총액 비중과 자본시장 접근성이 높아 현상지수 8.7로 스웨덴과 같이 중위권에 위치했다. 자본시장 접근성은 선진국과 인접해 있는 유럽 국가들이 우수했다.

벨기에와 이탈리아는 한국보다 100대 금융회사 시가총액 비중과 자본시장 접근성이 더 떨어지는 것으로 나타났으나, 금융산업의 부가가치 비중은 높았다.

한국을 제외하고 금융산업 부가가치 비중이 가장 낮은 곳은 스페인이었다. 스페인은 100대 금융회사 시가총액 비중과 자본시장 접근성도 낮은 편으로 현상지수가 3.7에 불과했다.

잠재력지수는 15개국 중 한국이 6위를 차지했다. 한국은 상하이, 베이징, 홍콩, 도쿄 등 세계적인 도시와 인접해 있어 반경 1,000km 내 금융수요가 많다는 점에서 가장 높은 잠재력을 보였다. 인터넷 가입자 수는 스웨덴에 이어 2위, GMAT 신청자 수는 미국에 이어 2위를 기록했다. 그러나 1인당 GDP와 금융시장 투명성순위, 국가신용등급은 꼴지 수준이었다. 일본과 이탈리아도 각각 투명성순위와 국가신용등급에서 최하위권에 머물렀다.

잠재력이 가장 많은 곳은 10.3점을 받은 네덜란드와 스위스였다. 네덜란드는 인터넷 가입자 수, 무역의존도, 1,000km 내 인구투명성 등 다방면에서 고른 점수를 받았다.

스위스는 인터넷 가입자 수, GMAT 신청자 수 등은 저조했으나 1인당 GDP와 국가신용등급은 세계적인 수준으로 한국과 대조적인 모습을 보였다.

2005년 영국 그리고 한국

영국과 한국의 여건 비교

산업 구조의 유사성

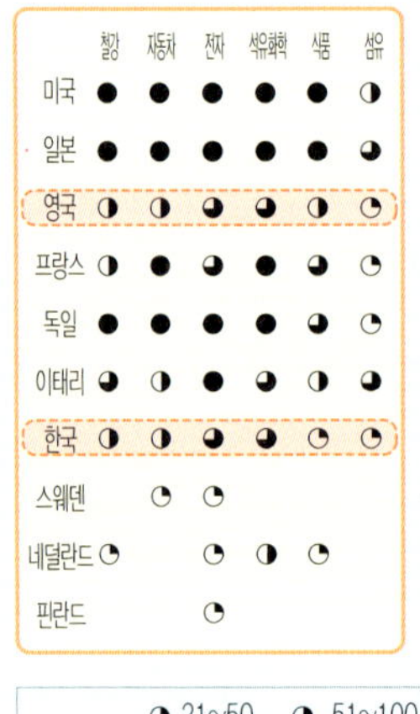

출처: IFS, Bank of England, 각국
통계청, IBM Analysis(2004년)

인구와 대외의존도의 유사성

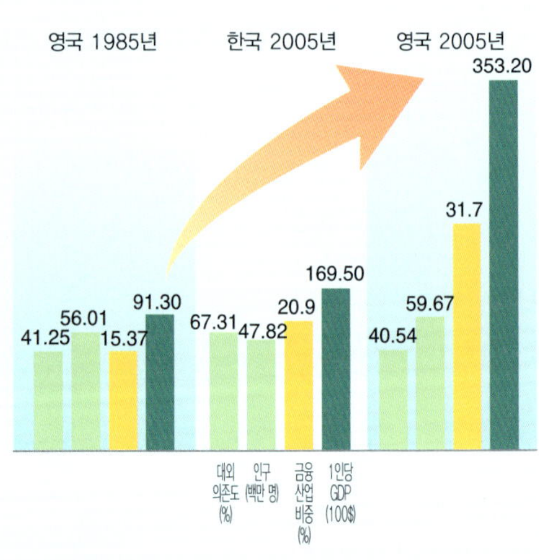

출처: OECD, DSTI(STAN Industrial database),
IBM Analysis(2004년)

오늘날 우리나라는 금융개혁 직전인 1985년의 영국과 비슷한 환경에 처해 있다. 당시 영국의 산업구조는 농업 2%, 건설을 포함한 광공업이 27%, 서비스업 71%로 한국과 비슷했다. 전통적 제조업이 영국경제 성장의 원동력이 됐다는 점도 공통점이다. 1990년대로 접어들면서 제조업 비중이 줄어들고 서비스산업이 늘어나고 있는 점도 유사하다.

산업구조에서는 특히 철강과 자동차, 식품산업이 각각 500~1,000억 달러 규모, 전자산업과 석유화학산업이 1,000~1,500억 달러 규모, 섬유산업이 200~500억 달러 규모가 되는 것도 한국과 영국의 비슷한 점이다.

1985년 영국은 인구와 대외의존도 그리고 1인당 GDP와 GDP에서 금융산업이 차지하는 비중이 현재 한국과 유사했다. 1985년 영국을 보자. 인구는 5,601만 명, 외국과의 교역량을 나타내는 대외의존도는 41.25%였다. GDP는 9,130달러였으며, 금융산업이 GDP에서 차지하는 비중은 15.37%였다.

2005년 한국은 인구 4,782만 명에 대외의존도 67.31%, 1인당 GDP는 1만 6,950달러, 금융산업이 GDP에서 차지하는 비중은 20.9%였다. 영국과 크게 다르지 않다. 그러나 2005년 영국은 인구와 대외의존도가 각각 5,967만 명과 40.54%로 크게 달라지지 않았으나 금융개혁을 거치면서 GDP에서 금융산업이 차지하는 비중은 15.37%에서 일약 31.7%로 떠어올랐고, 1인당 GDP는 3만 5,320달러로 4배 가까이 급증했다.

특히 금융산업이 GDP에서 차지하는 비중은 1980년 17.7%에서 1984년 처음으로 20%를 돌파한 후 2002년 30%를 넘어서며 사람 대신 돈이 일하는 경제를 만들었다. 무엇보다 영국은 미국과 유럽대륙 사이에 위치해 중간조정자 역할을 담당했으며, 그 과정에서 차익을 실현할 기회를 만들어냈다.

미국의 규제가 강화되면 규제완화 또는 규제회피지역으로서의 역할을 담당하며 미국의 자본을 영국으로 끌어들였다. 유럽대륙에 대해서는 자유화와 개방 정책을 통해, 엄격한 규제가 일반화된 독일과 프랑스에 비해 높은 경쟁력을 보이며 금융산업을 견인해 왔다. 유럽대륙과 미국 사이에 낀 넛크래커 상황을 적절히 활용했다는 점에서 우리의 좋은 본보기가 될 수 있다.

대외의존도

수입과 수출 등 대외부문이 차지하는 비중. [(수출+수입)/총공급(=총수요)]×100으로 계산된다. 대외의존도가 높다는 것은 경제구조상 불안정 요인이 크다는 것을 의미할 수도 있다. 대외의존도가 높으면 국제 경제에 의해 국내 경제가 크게 좌우되기 때문이다.

중국과 일본,
새로운 기회

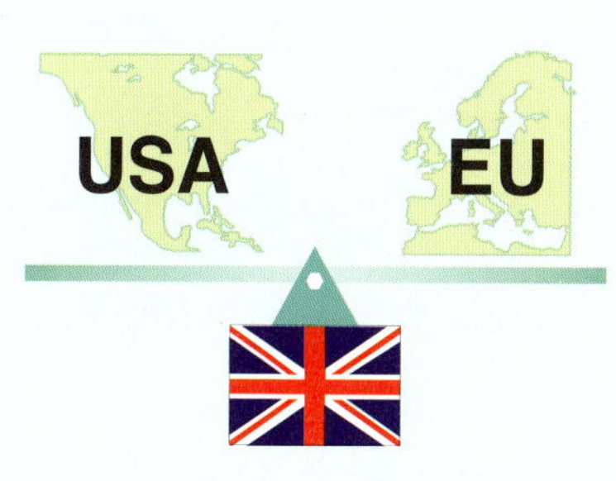

- 미국의 규제강화 → 규제완화로 글로벌 플레이어와 자본 유입 유도
- 독일, 프랑스 사전규제 → 자율, 개방, 사후규제를 통해 경쟁력 유지

- 일본의 넘쳐나는 가계 잉여자금을 국내 시장에 유치
- 급증하는 중국의 금융수요 흡수

영국의 지정학적 위치를 고려해 보면 한국 금융의 성장 가능성도 충분하다는 걸 느낄 수 있다. 일본과 중국 사이에서 자본유치와 금융수요 흡수로 동북아 금융리더가 될 수 있는 것이다.

일본에는 가계자금이 넘쳐나고 있다. 일본 가계가 보유하고 있는 현금이 1,400조 엔을 넘어서며 경제의 중요한 핵으로 부상했다.

2006년부터 국내 자산운용사들이 일본 시장에 주목하고 있다. 일부 국내 증권사는 일본에 진출해 일본의 가계자금을 모집해 국내 주식시장 또는 해외 시장에 투자하는 전략을 모색하고 있다.

미국과 유럽의 자산운용사들도 일본 가계자금 유치를 위해 속속들이 도쿄 사무소를 개설하고 있다. 글로벌 기업들은 도쿄시장 상장 방안을 검토하고 있고, 엔화표시 채권발행을 고려하는 기업도 늘고 있는 것이다.

일본의 가계자금이 늘어나고 있는 것은 가까운 한국에 엄청난 기회로 볼 수 있다. 약간의 경쟁력만 확보한다면 가까운 일본 시장의 자금을 국내로 끌어와 자본시장을 키울 수 있는 것이다.

중국경제의 성장 또한 무궁무진한 성장의 기회를 제공한다. 중국의 동북 3성 개발 프로젝트가 수면 위로 부상했다. 중국 내륙지방 개발이 속도를 내면서 향후 동북아시아지역 금융수요가 폭발적으로 늘어날 것으로 기대된다.

특히 사회주의에서 시장경제로 빠른 속도로 전환하고 있는 중국경제가 급부상하는 상황에서, 한국 금융회사들은 지정학적으로 유리한 위치와 중국에 비해 상대적으로 자유로운 시장규제 등을 무기로 금융산업 수준을 한 단계 높일 수 있을 것이다.

이미 일부 금융회사들은 중국 진출을 위해 현지 합작법인 설립, 현지 사무소 설치 등의 기초 작업에 착수했다. 하지만 중국시장을 노리고 있는 곳은 한국뿐만이 아니다. 미국, 영국 등 금융선진국 금융회사들 모두 중국에 주목하고 있다. 따라서 하루 빨리 중국 진출을 위한 체계적인 준비작업에 착수해야 한다.

한국의 금융회사가 씨티은행, HSBC 등과 같은 글로벌 플레이어로 성장하기 위해서는 아시아지역에서 시장점유율을 확보하는 것이 우선이다. 그 단초는 중국과 일본에서 얻을 수 있을 것이다. 특히 일본의 잉여자금을 중국 금융수요와 연결하는 중개금융 역할은 한국 금융산업의 중요한 기회가 될 것이다.

막 시작된
한국의 금융수출

한국 금융IT 수출 현황

• 출처: 각사 자료

한국이 세계적으로 경쟁력을 인정받고 있는 분야가 바로 IT다. IT 기술을 바탕으로 한 금융IT가 수출품목으로 자리 잡고 있다. 21세기 자본시장의 주요 인프라인 증권거래 시스템을 비롯해 각종 금융 소프트웨어와 IT 기술 그리고 제도까지 아시아지역에 수출하고 있다.

금융IT 인프라 수출이 활발해지면 단순 상품수출에 비해 파급효과가 크고 장기간 지속된다.

개발도상국에 금융IT 인프라를 수출하면 관련 법령은 물론 감독 시스템과 거래 시스템 모두 한국식을 따를 수밖에 없다. 따라서 아시아 개발도상국 금융시장에 코리아 스탠더드가 뿌리내리게 되는 것이다. 이를 바탕으로 국내 기업과 금융회사의 진출이 쉬워지며 향후 시스템을 유지·보수하는 데 따른 부가효과도 얻을 수 있다.

한국증권선물거래소(KRX)는 2006년 말레이시아거래소의 채권매매시스템 구축사업을 수주했다. 채권매매 시스템 구축에 이어 향후 채권매매와 정보관리, 매매보고 시스템과 시스템 백업, 교육훈련, 하자보수, 운영경험 전수, 채권시장 관련 컨설팅 등을 제공할 예정이다. 말레이시아에 이어 2007년에는 다른 동남아시아 국가들을 상대로 추가 증권거래 시스템 수출 협상을 진행 중이다.

이미 캄보디아 정부와 증권시장 설립을 위한 양해각서(MOU)를 체결하고, 오는 2009년 개설을 목표로 진행 중인 캄보디아 증시 인프라를 직접 구축해 운영키로 합의했다. 카자흐스탄과 몽골, 루마니아 등과도 금융IT 인프라 수출을 추진하고 있다.

주식거래 감리 시스템을 도입키로 한 파키스탄 정부는 한국에서 금융IT 시스템을 추가 도입하는 방안을 검토했다. 2007년 3월 현재 인도 LDG 사와 한국증권선물거래소가 막판 경합을 벌이고 있다. 이 같은 성과를 바탕으로 한국증권선물거래소는 아시아 개발도상국 금융IT 시장을 확대해 나갈 방침이다.

증권예탁결제원은 2005년 6월부터 2006년 3월까지 태국증권예탁원(TSD)에 7명의 인력을 파견, 주식대차 시스템을 컨설팅했다. 또 인도네시아와 증권예탁결제 시스템 전수 협약을 맺고 있으며, 베트남 증권청산결제원과도 협력방안을 강구하고 있다.

금융감독원은 2006년 9월 상장기업들의 공시 정보를 인터넷으로 조회할 수 있는 전자공시시스템(DART)에 국제표준 전산언어인 XBRL(eXtensible Business Reporting Language)을 적용하고 현재 수출을 추진 중이다. 앞으로 DART를 인도네시아 등 아시아 개발도상국에 수출해 세계적인 공공부문 혁신 브랜드로 키워나가겠다는 게 금융감독원의 전략이다.

은행권에서도 점차 IT 인프라의 해외 수출이 본격화되고 있다. 농협이 해외 수출을 고려한 차세대 시스템 개발을 추진 중이고, 앞서 외환은행은 자사의 국외전산 시스템을 현대정보기술을 통해 수출한 바 있다.

대신증권의 IT 시스템 수출도 주목받고 있다. 대신증권은 지난 2004년 국내 증권사로는 처음으로 대만 폴라리스증권에 홈트레이딩시스템(HTS)을 수출했다. 대신증권은 이를 계기로 폴라리스증권에 온라인거래 플랫폼인 인포웨어와 홈트레이딩시스템 '사이보스2004' 그리고 관련 컨설팅서비스를 제공하고 있다. 2005년 9월에는 중국 IT 회사인 항주 형성전자주식회사와 중국시장 진출을 위한 양해각서를 체결해 중국시장에도 온라인거래 시스템기술 수출을 추진하고 있다.

2006년 8월에는 대만에 이어 태국에 온라인 선물거래 시스템을 수출했고, 온라인거래 플랫폼과 응용프로그램을 100만 달러에 수출하는 계약을 체결했다. 2007년 6월까지 영어버전으로 시스템 구축을 완료할 계획이며, 온라인 거래에 관한 컨설팅 서비스와 관련기술과 경험도 함께 제공한다.

금융IT 기술뿐만 아니라 소액대출 수출도 고려해 볼 수 있다. 한국 소액대출 시장의 상당부분을 일본계 대부업체가 장악하고 있다. 일본의 저금리 자금을 들여와 상대적으로 금리가 높고 소액대출 수요가 있는 한국시장에 대출해 금리 차익을 챙기는 것이다.

같은 방식으로 한국 대부업체가 개발도상국인 동남아시장에 진출할 수 있다. 2005년 기준 한국의 평균 여신금리가 연 5.59%인 반면 필리핀은 연 10.8%, 베트남이 연 11.03%, 인도네시아가 연 14.05%로 금리차익이 뚜렷하다. 제도적인 여건이 뒷받침되고 현지 금융시장 상황만 충분히 파악된다면 동남아 소액대출시장 진출도 무모한 것만은 아니다.

3만 달러를 향한
금융산업 성장속도

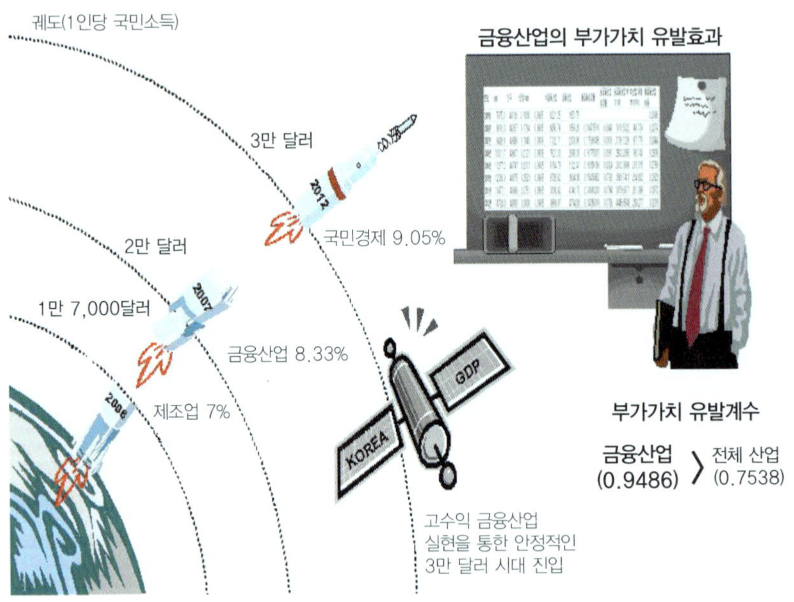

• 참고: 부가가치 성장속도(잠재성장률 + GDP 디플레이터 + 금융산업 유발효과)

Appendix 24

금융산업을 키워 한국의 1인당 GDP를 5년 내 3만 달러까지 끌어올릴 수 있음을 계량적으로 증명했다. 금융산업이 국민경제에 미치는 파급효과를 나타내는 부가가치 유발계수를 이용해, 금융산업의 GDP 부가가치 기여도와 경제성장률과의 관계를 계산할 수 있다.

금융산업의 부가가치 유발계수는 0.9486에 이른다(금융감독원 금융산업 경제기여도 분석 보고서). 금융산업에서 1단위의 부가가치를 창출하면 다른 산업영역에서 0.9486의 추가 부가가치가 생산된다는 의미다. 이는 전체 산업 평균 유발계수인 0.7538보다 높은 수치다.

통계청이 예측한 인구증가율에 따르면 한국 인구는 2010년 4,887만 5,000명을 넘어서 2012년 4,908만 3,000명에 이를 것으로 전망됐다. 따라서 2012년 1인당 명목 국민소득 3만 달러에 이르려면 인구를 감안해 GDP 14억 7,249만 달러를 달성해야 한다.

그리고 GDP 14억 7,249만 달러에 도달하려면 2005년부터 2012년까지 연평균 9.05%씩 성장해야 하고 물가상승률을 나타내는 GDP 디플레이터를 2%로 가정할 때 같은 기간 실질 GDP 성장률이 연평균 7.05%가 돼야 한다.

이 때 전체 산업을 광의의 금융산업과 비금융산업으로 나누어 비금융산업이 매년 잠재성장률 전망치인 5%씩 성장한다고 가정하고, 연평균 실질 GDP 성장률이 7.05%가 되기 위해 금융산업이 얼마나 성장해야 하는지를 분석했다.

그 결과 금융산업이 2012년까지 연평균 6.33%, 즉 비금융산업의 연평균 성장률 5%보다 1.33%포인트 더 성장하면 금융산업의 부가가치 유발효과에 따라 금융산업이 성장하는 것의 0.9배에 해당하는 부가가치가 추가로 생성되는 것으로 나타났다. 2012년까지의 연평균 실질 GDP 성장률은 7.05%에 이르게 된다.

다시 말해 금융산업이 다른 산업보다 1.33%포인트 추가 성장하면 이론적으로 2012년 1인당 명목 GDP가 3만 달러에 도달한다는 것이다.

그리고 금융산업이 GDP에서 차지하는 부가가치 기여도가 32% 수준에 이른다. 금융산업의 GDP 기여도 32%는 2006년 현재 영국 금융산업의 GDP 기여도와 같은 수준이며, 대다수 금융선진국 수준과 비슷하다. 1인당 국민소득 3만 달러를 달성하려면 금융산업의 GDP 기여도를 30%대까지 끌어 올려야 한다는 주장이 다시 한 번 확인된 셈이다.

금융산업은 부가가치 유발효과뿐만 아니라 생산유발효과와 고용유발효과도 크다. 금융산업의 생산유발계수는 1.5987로 측정됐다. 또 10억 원의 매출을 창출할 때 금융산업이 직간접적으로 만들어 내는 일자리 수를 뜻하는 고용유발계수는 14.6으로 전체 산업 평균 12.4보다 높은 것으로 나타났다.

금융한국의 4M 전략 I

글로벌 플레이어가 되자
(Market Maker)

연기금
적극 활용해야

기금조성 규모

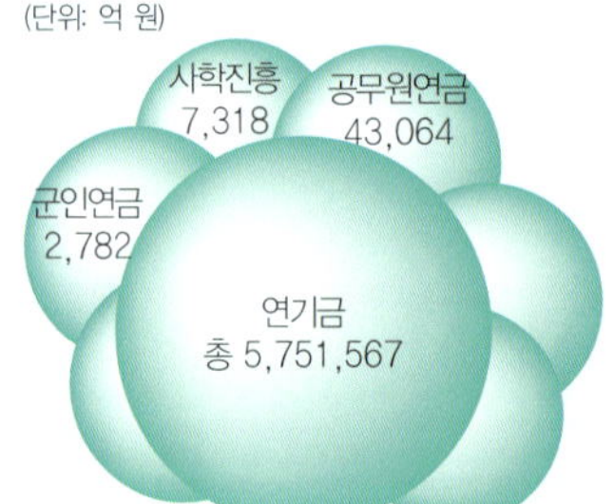

• 출처: 기획예산처

주식시장 확대

Appendix 25,26,27

국민연금은 물론 공무원연금, 군인연금 등 총 61개 기금이 2006년 기준으로 575조 원의 자금을 조성해 놓고 있다. 그만큼 연기금을 활용해 자본시장을 키울 수 있는 잠재력이 매우 높다는 의미다. 물론 연기금의 투자에 있어 수익성과 안정성은 동시에 고려되어야 할 사항이다. 한 쪽을 무시하고 다른 한 쪽을 부각시키는 것은 바람직하지 않다.

그럼에도 불구하고 지나치게 안정성만을 중시해 채권투자만을 고집하는 공적 연기금의 투자 행태는 전 세계적으로 저금리 기조가 계속되는 상황에서 재고되어야 할 것으로 지적된다. 이와 관련 한국 주식시장에서 외국인이 차지하는 비중은 2006년 기준으로 35.1%(유가증권과 코스닥시장)로 매우 높다.

이러한 구조로 인해 한국 증시는 외국인 매매에 따라 일희일비하는 모습을 보이고 있다. 한국 증시가 외국인 영향력에서 벗어나기 위해선 국내 기관들의 역할이 매우 중요하다. 이 때문에 공공기금을 십분 활용해야 한다는 지적이 꾸준히 제기되고 있다.

공공기금의 주식시장 투자가 확대된다면 주식시장이 외부적 충격에 흔들리는 현상이 완화돼 주식시장 변동성 감소에 기여할 수 있다. 또 변동성이 감소되면 기관과 개인의 주식투자를 늘려 전체적인 주식시장이 발전할 수 있다.

이와 관련 증권연구원 분석에 따르면 만약 국민연금이 주식투자 비중을 20%까지 증대시킬 경우, 국민연금이 주식시장에서 차지하는 비중은 10% 이상이 될 것으로 추정됐다.

국민연금과 같이 장기적 채무 관계를 갖는 자금은 장기투자에 적합하기 때문에 장기 채권과 주식시장의 양적 발달에 크게 기여할 수 있다. 경제협력개발기구(OECD) 국가를 포함한 29개국에 대한 해외 연구 결과에 따르면 국민연금과 같이 강제성을 띤 계약형 저축 성장은 주식시장의 발전을 촉진시킨다.

한 증권업계 관계자는 "막대한 규모의 연기금은 자본시장 발전을 위한 잠재적 요소이지만 지금까지는 그 반대로 걸림돌이었다"며 "외국인이 지속적으로 한국 주식을 사서 차익을 누리는 동안 과연 한국의 연기금은 무엇을 했는지 곰곰이 생각해 봐야 한다"고 말했다. 이러한 연기금을 활용해 자본시장을 키운다면 신성장동력 산업 발전에 큰 도움이 될 것으로 기대된다.

> 2006년 말 현재 190조 원에 달한 국민연금기금의 운용을
> 결정하는 최고 기구인 기금운용위원회의 의사 결정
> 구조에 문제가 있다. 국민연금의 (투자운용) 의사결정이
> 경제·금융시장에 맞아야 하지만 노조 대표,
> 음식업중앙회 등 가입자 대표들이 들어와 전문성이
> 제대로 작동을 하지 못하고 있다. 기금을 쪼개는 문제보다
> 의사결정 구조를 보다 효율적으로 바꾸는 방안을
> 마련하는 것이 중요하다.
>
> 장병완 기획예산처 장관

연기금 집행과
운용의 분리

연기금의 효율적 활용방안

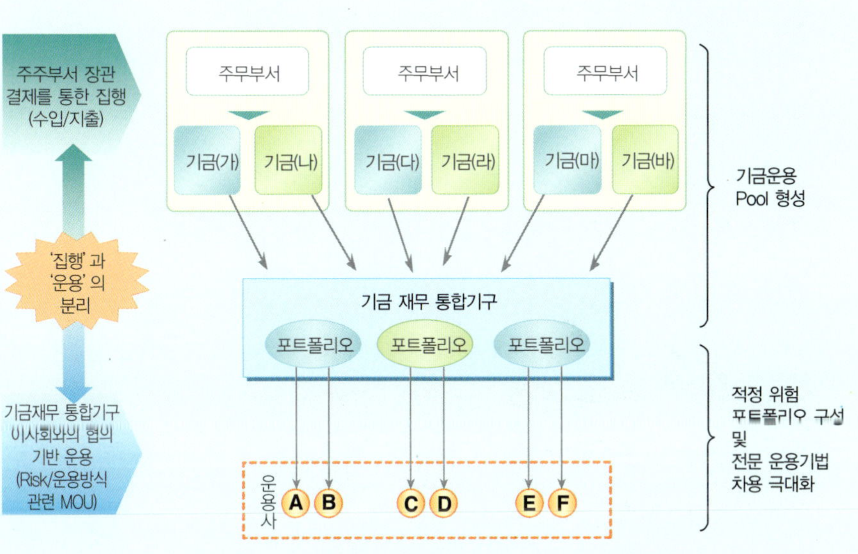

<매일경제>는 연기금을 효율적으로 활용하기 위해 기금의 집행과 운용을 분리할 것을 제안한다. 산재해 있는 61개 연기금은 2006년 기준으로 575조 원 이상 축적돼 있지만 이를 관리하는 주무부서가 서로 다르다. 연기금의 효율적인 운용이 어려운 구조인 것이다.

이에 따라 각종 연기금을 관리하는 복건복지부, 국방부, 교육부 등 관할부서는 연기금 조성과 집행만 담당하고 자금 운용은 별도의 연기금통합관리 기구를 만들어 전문가에게 맡길 것을 제안한다.

연기금 규모가 커질수록 전문성이 더욱 중요해지지만 현재와 같은 연기금 운용 의사결정구조로는 전문성을 확보할 수 없다. 국민연금 기금의 최고 의결기구인 기금운용위원회는 온 국민이 가입자인 국민연금의 특성을 고려해 민주성과 투명성을 제고하기 위해 각계각층의 가입자를 대표하는 위원들로 구성됐다.

총 21인으로 구성된 기금운용위원회는 보건복지부장관이 위원장이고 기획예산처, 재정경제부, 농림부, 산업자원부, 노동부 등 5개 부처 차관이 참여한다. 또 가입자의 대표성을 감안해 총 14명이 민간위원으로 위촉돼 있다.

민간위원들은 한국경영자총협회, 중소기업중앙회, 전국경제인연합회 등 사용자 대표 3명, 한국노동조합총연맹, 민주노동조합총연맹, 전국공공노동조합연맹 등 근로자 대표 3명, 농협협동조합중앙회, 수산업협동조합중앙회, 한국음식업중앙회, 한국소비자단체협의회, 참여연대, 한국공인회계사회 등 지역가입자 대표 6명과 한국개발연구원, 한국보건사회연구원 등의 관계전문가 2명이다.

이처럼 민간위원 주축인 기금운용위원회의 전문성이 떨어질 수 있다는 지적이 나오고 있다.

전문가에게 맡기면 다양한 투자기회를 확보할 수 있어 기금 운용의 안정성과 수익성을 높일 수 있다. 특히 연기금 통합관리 기구가 만들어지면 향후 '큰손(Market Maker)'으로 부상할 수 있다. 그렇게 되면 세계 유수 금융회사들을 국내로 불러 모아 이들 간의 역학관계를 활용해 한국 금융산업의 레버리지효과를 극대화할 수 있다.

연기금의 운용을 통합관리하기 위해선 기금운용 풀(Pool)을 형성해야 하며, 또 기금운용 풀은 전문적으로 자금을 관리하고 위험요인을 감안해 적절한 포트폴리오를 구성해야 한다.

한편 이 같은 〈매일경제〉의 제안은 2001년 12월 도입된 연기금투자 풀과는 차이가 있다. 기금의 수익성을 높이기 위해 도입된 연기금투자 풀은 연기금들이 개별적으로 운용하던 금융자산을 통합펀드를 통해 일괄 운용하는 제도다. 큰 규모에도 불구하고 전문적 자산운용 체계가 미비하다는 데에 착안해 만들어진 제도다. 그러나 기금의 연기금투자 풀 참여는 강제 사항이 아니며 자율적으로 이뤄지고 있다.

한국 증권회사의 오명,
주식복덕방

국내외 증권회사 수익 구조

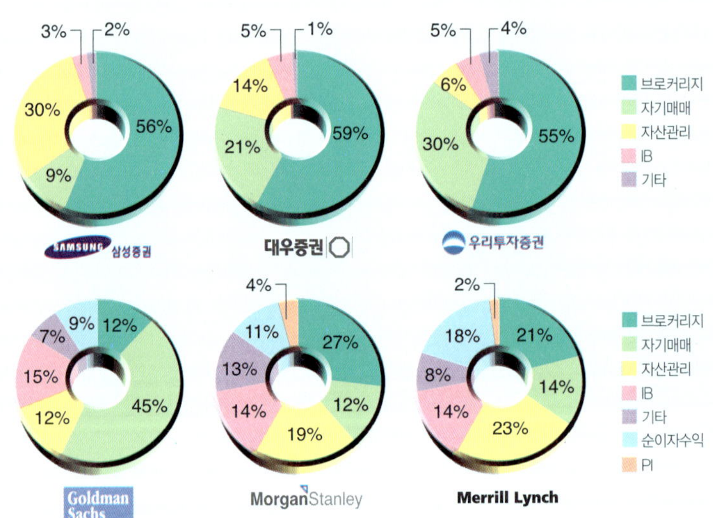

· 참고: Net revenue 기준
　　　　순이자 수익과 Principal Investment 등 포함
· 출처: 금융통계정보시스템, 각사 Annual Report, BCG 분석

주식위탁매매 비중 50%, 한국 증권사들의 현주소다.

주식위탁매매란 고객의 주문을 받아 주식시장에서 주식을 대신 거래해 주고 수수료를 받는 것을 말한다. 부동산으로 말하자면 주택이나 상가에 투자하거나 토지를 개발해 차익을 챙기는 것이 아니고 단지 거래를 대신해 주는 것을 의미한다.

그래서 한국 증권회사 직원들은 스스로를 자책하는 말로 '복덕방'이라고 부른다. 그러나 요즘 부동산 공인중개사는 매물을 찾아 거래를 알선해 주고 가격을 조정하는 일까지 맡고 있으니 우리나라 증권사는 '복덕방'보다도 못한 셈이다. 그러다보니 증시가 좋으면 수익이 늘어나고 증시가 나쁘면 줄어드는 '천수답' 구조에서 벗어나지 못하고 있다.

자기자본 규모가 큰 회사나 중소형 회사, 대기업 계열, 금융지주회사의 자회사나 모두 마찬가지다. IPO(기업공개)나 M&A 등 고수익의 투자은행 업무를 효율적으로 수행할 수 있는 증권회사는 사실상 존재하지 않는다. 그러다보니 대규모 M&A시장은 국제 투자은행에 모두 내 주었다.

일부 M&A 업무를 하고 있다고 항변할 수 있겠으나, M&A 중개와 자문 업무만을 수행할 뿐 투자은행의 핵심 업무인 M&A 투자업무는 수행하지 못한다. 국내 증권사들의 자본금 규모가 M&A로 인한 위험을 부담하기에는 역부족이기 때문이다.

더구나 요즘에는 인터넷 거래가 활발해지면서 주식위탁매매 수수료마저 줄어들고 있는 판국이다. 50개에 육박하는 국내 모든 증권회사가 똑같이 주식위탁매매 위주의 비슷한 수익구조의 한계를 벗어나지 못하고 있어 한정된 시장에서 과열경쟁으로 수익성이 더욱 악화되고 있다. 이대로는 해외시장에서 뿐만 아니라 국내시장에서도 제대로 성장하기 어려운 상황이다.

물론 은행이라고 예외는 아니다. 최근 국내 은행들이 높은 수익을 올리고 있다고는 하지만 부동산담보대출로 대표되는 국내 가계대출에만 치중하고 있어 '우물 안 개구리' 라는 오명을 씻지 못하고 있다. 선진국 은행들의 해외수익 비중이 70% 안팎에 이르는 반면 국내 은행들의 해외수익 비중은 평균 3%에 불과하다.

기업공개(Initial Public Offering, IPO)
외부투자자들에 대한 첫 주식 공매. 기업의 원활한 자금조달과 재무구조 개선을 도모한다. 기업은 기업공개를 통해 주주의 분산투자 촉진과 소유분산, 자금조달능력의 증가, 주식가치의 공정한 결정 등의 효과를 볼 수 있다.

더도 말고 덜도 말고
일본만큼만

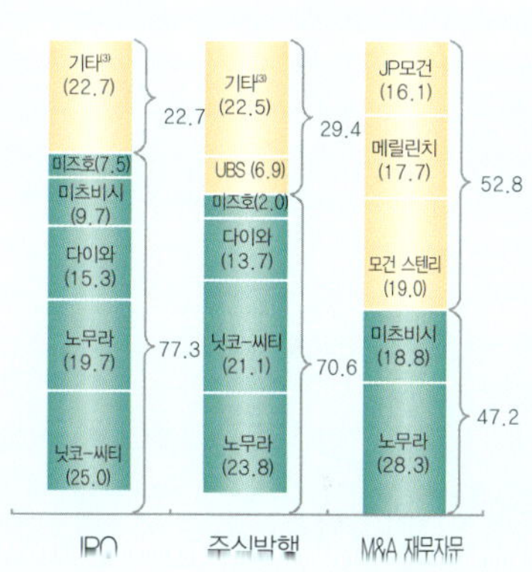

(1) 국내와 해외 IPO 포함
(2) 국내 및 해외시장 주식 발행 포함
(3) 점유율이 작은 일부 국내 IB와 국내 및 해외 공동 증권사가 포함되어 있음
• 출처 : Thomson Financial

한국의 증권사들이 제몫을 하려면 고수익 투자은행부문의 국내시장 점유율부터 높여야 한다. 적어도 일본 증권사 수준은 돼야 한다. 해외시장에서 제 목소리를 내는 것은 그 다음 순서다.

2006년 현재 고수익의 국내 IB시장 점유율은 IPO(기업공개)의 경우 미국계 골드만삭스가 25.8%, 일본의 노무라증권이 24.6%, 기타 해외 증권사들이 15.8%에 달했다. 국내 증권사는 대우증권 12.4%를 비롯해 모두 합해도 33.8%에 불과했다.

주식발행시장은 스위스의 UBS가 한국시장의 23.5%를 차지했고, 그밖에 씨티그룹 등 해외 증권사들이 55.5%를 차지했다. 국내 증권사들은 중소기업과 소규모 주식발행만 챙기다보니 시장점유율이 44.5%에 그쳤다. 한국의 M&A 또는 재무자문은 JP모건과 씨티그룹, UBS 등이 골고루 나눠가지며 61.3%의 시장점유율을 기록했다.

이쯤되면 국내 금융시장 주도권을 사실상 외국계에 내주었다고 해도 과언이 아니다.

일본 역시 글로벌시장에서 증권사들이 힘을 내지 못하고 있는 것은 우리와 마찬가지다. 1990년대 일본의 대형 증권사들이 거대한 자금력을 바탕으로 일제히 월스트리트에 진출했으나 하나같이 고배를 마시고 말았다. 자금력만으로는 오랜 전통과 노하우 그리고 세계적인 네트워크를 갖춘 영미계 증권사들을 따라잡을 수 없었다.

그러나 일본 국내시장에서는 자국 증권사들의 영향력이 막강하다. 초대형 M&A를 제외한 대부분의 IPO와 M&A 투자를 일본 증권사들이 차지하고 있다. 일본 증권사들의 자국시장 점유율은 70%가 넘는다.

IPO는 닛코코디얼그룹이 25.0%의 시장점유율을 차지하고 있는 것을 비롯해 노무라증권 19.7%, 다이와증권 15.3%, 미츠비시 9.7% 등 77.3%를 자국 증권사들이 차지하고 있다.

주식발행 역시 노무라가 23.8%로 1위를 차지하고 있고, 닛코코디얼그룹과 다이와 미즈호그룹 등이 뒤를 이으며 70% 이상의 점유율을 유지했다. 외국계 증권사로는 UBS만이 유일하게 6%대 시장점유율을 지켰을 뿐이다. 이것이 바로 일본과 한국의 큰 차이점이다.

해외시장에서 제대로 일하는 일본 증권사는 노무라증권
정도다. 자기자본 규모는 우리 돈으로 7조 원이다.
우리나라도 금융선진국이 되려면
노무라증권과 같은 증권사가 나와야 한다.
손복조 대우증권 사장

대형화 목표
자기자본 '5조 원'

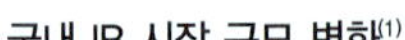

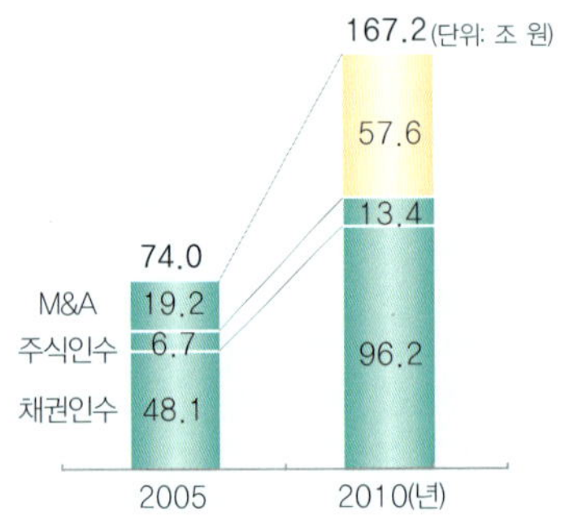

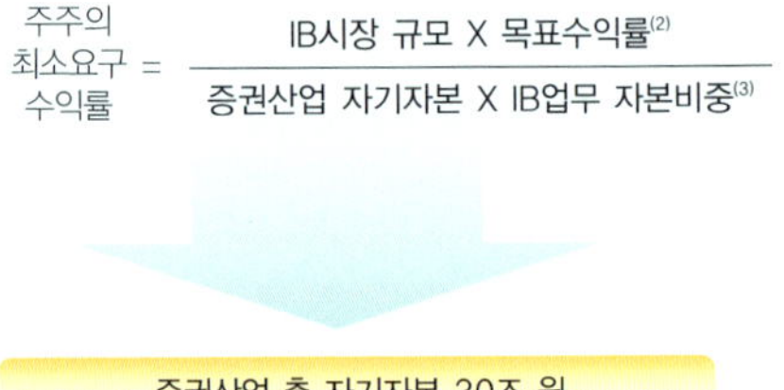

현재 국내 5대 증권사 평균 자기자본 규모는 1조 6,000억 원으로 동아시아 IB 시장 경쟁자인 일본의 5대 증권사 평균 자기자본 규모인 4조 4,000억 원에 미치지 못함

(1) 증권연구원 추정
(2) 목표 수익률: 주식인수 − 2.8%, 채권인수 − 0.3%, M&A 주선 − 1.2%
(3) 글로벌 평균 IB업무 자기자본 비중: 35%
 • 출처: 증권연구원

국내 증권사들이 고수익의 투자은행으로 수익구조를 바꾸기 위해서는 대규모 자본거래에서 경쟁우위를 확보하기 위해 일정 수준 이상의 자기자본이 절대적으로 필요하다.

투자은행 업무는 유가증권발행을 중심으로 이뤄지고, 유가증권발행 업무는 위험부담을 수반하기 때문에 위험부담능력의 제고를 위해서는 일정 수준 이상의 자기자본이 확보되지 않으면 불가능하기 때문이다. 특히 유가증권발행 업무는 시장조성을 수반하므로 투자자 입장에서는 위험부담능력을 갖춘 대형 증권회사를 신뢰하고 선택하게 된다.

글로벌 금융시장의 투자은행 업무는 과거에는 거래를 중개하는 대리인 기능이 주를 이뤘으나 최근에는 증권사들이 직접 투자에 나서는 거래주체 기능으로 전환하고 있어 자본금 대형화가 더욱 시급한 실정이다. 국내 증권사들이 중장기적으로 국제 업무를 확대할 때도 해외시장에서 국제경쟁력을 확보하기 위해 자기자본 확충이 절실하다.

예를 들어 2002년 12월부터 시행되고 있는 중국의 적격금융기관투자자(Qualified Foreign Institutional Investor, QFII) 제도에서는 중국 내 증권거래소에서 업무를 수행할 수 있는 외국 금융회사의 적격 조건을 규정하고 있는데, 국내 증권회사 중에는 이러한 조건을 만족하는 증권사가 전무한 상태다.

QFII에서는 증권사의 경우 증권 업무를 30년 이상 경험했고, 자본금은 10억 달러 이상, 최근 회계연도의 관리대상 증권자산 규모는 100억 달러 이상을 요구한다.

국내 증권사들이 투자은행부문 국내 시장점유율을 높이고 일부 해외에 진출하며 주식위탁매매 중심의 저수익구조에서 고수익구조로 전환하는 목적을 달성하기 위해 필요한 최소 자기자본 규모는 5조 원이다. 자국 시장점유율을 지키고 있는 일본 증권사들도 우리 돈으로 자기자본 5조 원이라는 조건은 거의 충족하고 있다.

현재 국내 5대 증권사의 평균 자기자본 규모는 1조 6,000억 원에 불과하다. 동아시아 금융시장 경쟁자인 일본의 5대 증권사 평균 자기자본 규모는 4조 4,000억 원 수준이다.

이 대목에서 증권연구원의 분석은 많은 시사점을 던져 준다.

증권연구원은 동아시아 금융시장에서 경쟁력을 갖추기 위해 요구되는 금융투자회사의 자기자본 규모를 5조 원으로 추정했다. 증권연구원은 국내 증권사가 투자금융사업에 나서더라도 최소한의 주주 요구수익률을 확보해야 한다고 가정하고 이를 기초로 국내외 IB시장에서 얻을 수 있는 수익률을 고려해 국내 증권사들이 가져야 하는 최소 자기자본 규모를 산출했다.

주주의 요구수익률은 시장위험 프리미엄에 증권업 beta 비율을 무위험이자율로 더해 산출했다. 무위험 이자는 5%로, 시장위험 프리미엄은 6%로 가정했다.

IB시장 규모는 2010년 국내 증권사가 참여할 수 있는 국내외 유가증권 발행시장과 M&A시장이 각각 2005년의 2배와 3배씩 증가한다는 예측치를 활용했다. 목표수수료율은 글로벌 주식인수, 채권인수, M&A시장 수수료를 각각의 거래 규모로 나눈 수치를 이용했다.

톰슨파이낸셜 자료에 의해 도출한 목표수수료율은 주식인수가 2.8%, 채권인수가 0.3%, M&A가 1.2%로 IB시장 규모와 목표수수료율을 곱한 국내 증권산업의 목표수수료는 1조 3,636억 원으로 추정된다.

IB업무 비중은 2004년 미국 증권사들의 IB부문 수익 비중인 35~40%를 사용했다.

$$\frac{\text{향후 IB시장 규모(A)} \times \text{목표수수료율(B)}}{\text{증권산업 자기자본} \times \text{IB업무 비중(C)}} = \text{주주의 요구수익률(D)}$$

A, B:

구분	현재	2010년 예측치	목표수수료율	목표수수료
주식인수 규모	6.7	13.4	2.8%	0.3761
채권인수 규모	48.1	96.2	0.3%	0.3029
M&A 규모	19.2	57.6	1.2%	0.6846
합계	74.0	167.2		1.3636

※단위: 조 원, 목표수수료율은 톰슨파이낸셜 기준

C: SIA Fact Book 기준 2004년 미국 증권사들의 IB 수익 비중, 35~40%

D: CAPM식=무위험이자율(5%)+시장위험프리미엄(6%)×증권업 β(1.325)

모형을 통해 구해진 국내 증권사들의 최소 총자기자본 규모는 30조 원으로 추정됐다. 여기에 향후 국내에 5~6개 대형 투자금융회사가 존재할 수 있다는 가정 하에 증권사의 최소 자기자본 규모를 5조 원으로 추정했다.

자기자본 5조 원 규모의 증권회사가 탄생하면 증권회사 업무영역에 대한 규제완화, 유상증자 및 M&A 등으로 실질적인 투자은행의 대형화가 진전될 수 있다. 나아가 국내 증권회사의 글로벌화가 단계적으로 이뤄질 수 있다.

우선 국내시장에서 국내기업과 관계된 업무에 있어 외국 증권사에 대한 경쟁력을 확보한 후 동아시아시장으로 진출해 지역참가자로서 기능을 수행하고 시장에서 입지를 확고하게 해야 한다. 그후 지역참가자로서의 역량을 기반으로 글로벌 틈새시장을 공략하는 시나리오를 상정할 수 있다.

> 금융시장이 점점 커지고 있다. 개별 기업이 조달하는
> 자금 규모도 훨씬 커졌다. 하지만 증권사 자기자본 규모는
> 제자리다. 리스크를 관리할 수 있을 정도의
> 자기자본 확충이 절실하다.
>
> 김형태 증권연구원 부원장

유일한 돌파구
인수합병

증권사 자기자본과 소유 및 수익 구조

소유구조

자기자본	대기업 계열	금융 지주사 또는 금융계열	독립 증권사
1조 원 이상	삼성, 현대, 한국	우리, 대우	대신
5,000억 ~1조 원	동양종금	굿모닝 신한	미래에셋, 신영
5,000억 원 미만	CJ, SK, 동부, 메리츠, 한화	NH, 교보, 대한투자	서울, 부국, 신흥, 유화, 한양, 키움

• 출처 : 증권업협회

국내 증권사들의 대형화 필요성에 대해서는 어느 정도 공감대가 형성됐다. 증권회사를 대형화하기 위해서는 유상증자를 통한 방법과 M&A를 통한 방법을 고려할 수 있으나, 현실적으로는 증권산업 구조조정과 병행하기 위해서는 M&A를 통한 대형화가 적합하다.

우선 증권사 M&A를 위해 정부가 나설 필요가 있다. 관치를 부활하라는 얘기가 아니라 자극제가 필요하다는 말이다.

국내 대형 증권사들은 대부분 대기업 계열사거나 금융지주회사 자회사여서 합종연횡의 필요성을 느끼지 못하고 있는 것은 물론 사실상 M&A가 불가능한 구조다. 대기업 계열사의 경우 계열사의 금융업무만 처리해도 최소 수익성을 확보할 수 있으므로 생존의 위협을 느끼지 않는다.

금융지주회사 소속 증권사 역시 맏형에 해당하는 은행과의 시너지 효과를 감안하면 국제적으로 성장하지는 못해도 결코 망하지는 않을 것이라는 무사안일에 빠져있다. 그래서 정부가 과감히 채찍과 당근을 쓸 필요가 있다는 것이다.

또 하나 고려해야 할 점은 현재 증권산업 구조에서는 앞서 논의한 M&A를 통해 증권산업이 구조조정된다 하더라도 단기적으로 증권사 업무역량이 강화된다고 기대하기는 어렵다는 것이다.

국내 증권회사의 수익구조가 서로 비슷하기 때문에 M&A를 통해 대형화를 이뤘다 하더라도 기존 국내시장에 대한 지배력 강화와 고객네트워크 확장 정도에 머물 수밖에 없다.

국내 증권사들에게 필요한 것은 단순한 대형화가 아니라 기존 위탁매매

수수료 중심의 증권회사 수익구조를 바꿀 수 있는 방식의 대형화가 필요하다는 것이다. 따라서 외국계 소형 투자은행을 인수해 체질을 바꾸는 것을 고려해야 한다.

유럽계 증권사는 미국 투자은행을 인수해 글로벌 투자은행으로 성장한 사례가 많다. 크레딧스위스는 1998년 미국의 퍼스트보스턴을 인수해 IB부문 입지를 구축하기 시작했다. 2000년에는 DLJ마저 인수해 경쟁력을 강화했다.

스위스의 PB 중심 은행이었던 UBS는 1995년 영국의 SG 워버그를 인수해 투자은행시장에 뛰어들었으며, 1997년에는 미국의 딜론 리드를 인수해 미국시장 진출의 발판을 마련했다. 이어 2000년 미국 페인웨버를 인수해 경쟁력을 키웠다.

독일의 도이치뱅크는 1999년 미국의 뱅커스트러스트를 인수하면서 월스트리트에 본격 진출했다. 미국의 대형 은행 체이스맨해튼도 2000년 JP모건을 인수하면서 투자금융회사로 체질을 바꿨다.

대우증권은
증권산업 M&A 도화선

대우증권 처리 3가지 시나리오

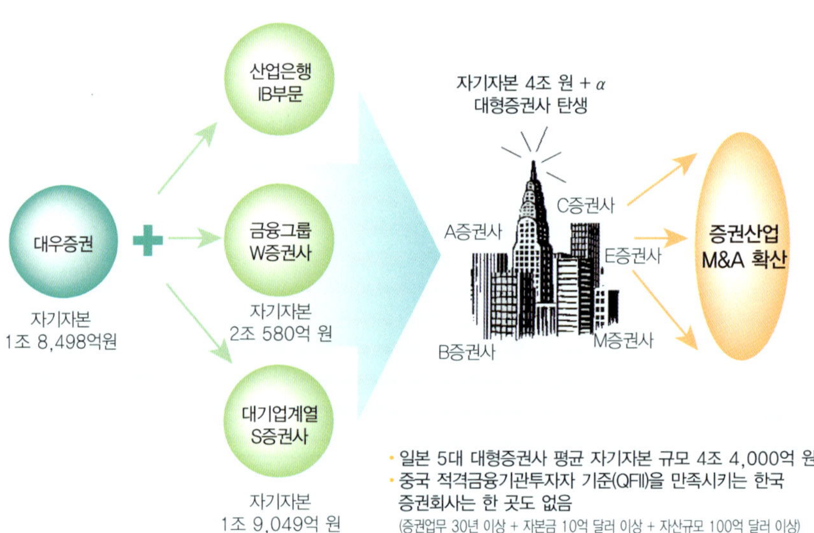

- 일본 5대 대형증권사 평균 자기자본 규모 4조 4,000억 원
- 중국 적격금융기관투자자 기준(QFII)을 만족시키는 한국 증권회사는 한 곳도 없음
  (증권업무 30년 이상 + 자본금 10억 달러 이상 + 자산규모 100억 달러 이상)

· 참고: 자기자본 2006년 9월 말 기준

아시아지역에서 발생하는 세계적인 금융거래에 참여하기 위해서는 적어도 일본 증권회사 규모의 대형 증권회사가 있어야 한다. 이를 위해 빠른 시기에 자기자본을 늘리기 위한 방법이 바로 인수합병(M&A)이다. 그렇지만 국내 증권사들의 수익구조가 대체로 유사하기 때문에 M&A에 따른 큰 시너지 효과를 기대하기는 어려운 상황이다.

국내 증권사들은 대체로 브로커리지(Brokerage) 수입에만 의존하는 '천수답' 식 영업에서 벗어나지 못하고 있다. 그렇기 때문에 M&A를 통한 대형화의 장점이 기존 시장에 대한 시장점유율 확대와 고객확장 정도로만 제한되어 있다. 결국 국내 증권사들이 자발적으로 M&A에 적극적으로 나설 이유가 별로 없다고 할 수 있다.

그런 만큼 정부의 적극적인 역할이 중요하다. 대우증권 처리문제는 향후 증권산업 M&A의 도화선이 될 수 있기 때문이다. 처리 방법으로는 크게 3가지 시나리오를 고려할 수 있다. 모회사인 산업은행 IB부문과 합치는 방안, 금융그룹 산하 W증권사와 합병하는 방안, 대기업계열 S증권사와 합병하는 방안 등이다.

3가지 시나리오는 모두 자기자본 '4조 원+α'의 대형 증권사 탄생을 목표로 하고 있다. 일단 자기자본 '4조 원+α' 증권사가 탄생하면 2위와의 격차를 크게 벌리며 업계 선두자리를 확실히 유지할 것으로 예상되는 만큼 이를 견제하기 위해 여러 증권사들이 자발적으로 M&A를 모색할 것으로 전망된다.

산업은행,
투자금융 회사로

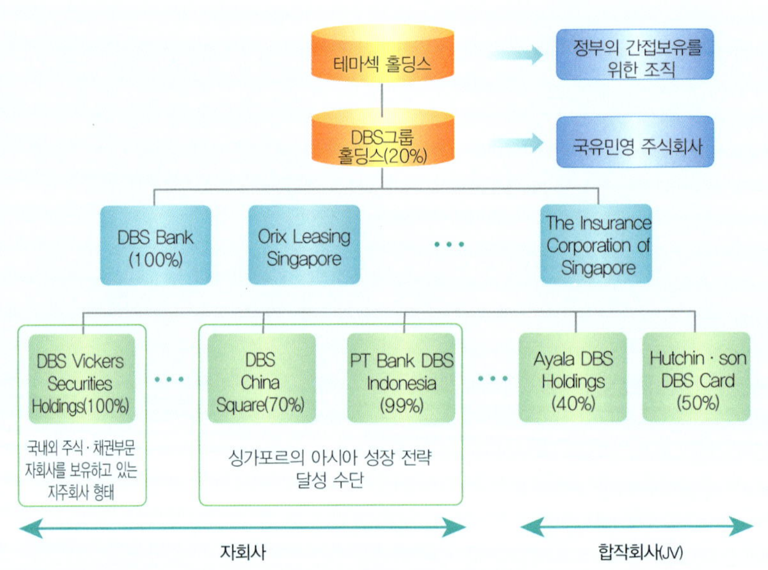

- 참고: ( )안의 숫자는 상위 조직이 보유하고 있는 해당 조직의 지분율
- 출처: DBS Group Holdings 사업 보고서(2005년)

아시아지역에서 인정받는 글로벌 투자금융회사를 만들기 위해서는 산업은행이 제 역할을 하는 것이 무엇보다 중요하다. 국책 금융기관의 역할이 끝났다는 무용론보다는 그동안 축적된 지식과 네트워크 자산을 어떻게 활용할 지가 산업은행 조직개편의 핵심이 돼야 한다.

싱가포르 DBS그룹의 민영화는 산업은행의 조직개편을 고려할 때 벤치마킹 대상으로 고려해볼 만한 사례다. DBS그룹 민영화의 핵심은 정부가 최종적인 신용 리스크를 보장하면서도 민간 금융회사처럼 시장에 유연하게 대응하는 지배구조를 만드는 것이다.

국가가 금융산업을 일일이 챙기는 나라로 싱가포르를 빼놓을 수 없다. 금융이야말로 도시국가 싱가포르의 최고 기간산업이기 때문이다. 동남아시아 시장 최대의 금융센터를 자부하며 성장해온 싱가포르는 1965년 독립 직후부터 정부가 직접 나서 국영은행을 설립해 발전시켜 왔다. 그리고 그 정점에 싱가포르개발은행(DBS)그룹이 자리를 잡고 있다.

DBS그룹은 법적으로 순수지주회사(DBS Holdings) 형태를 띠고 있지만 은행을 중심으로 리스, 보험, 카드, 증권 및 투자금융, 해외은행, 부동산신탁 등이 하나의 조직으로 이뤄진 종합금융회사(Universal Bank)이다.

DBS그룹의 지배구조를 보면 싱가포르 정부 소유 금융회사인 테마섹, 마주, 라플스 등이 합쳐 46%에 조금 못 미치는 지분을 소유하고 있다. 마주는 사실상 테마섹의 자회사여서 지분의 28%가 테마섹의 것이라고 보면 된다.

그리고 자사주가 23.86%이며, 22%의 지분을 씨티그룹, 메릴린치, 모건스탠리 등 17개 대형금융회사들이 조금씩 나눠 보유하고 있다. 소액주주는 전체 지분 8%를 조금 넘는 수준이다. 한마디로 핵심 경영권은 정부에 있으면서 시장으로부터 감시와 통제를 받는 '국유민영'의 지배구조인 셈이다.

DBS은행 그룹의 역사는 지난 1968년 재무부 경제개발국의 산업개발지원 부분을 분리해 은행으로 독립시키면서 시작됐다. 출범 때부터 민간 자본의 참여를 허용한 뒤 지금까지 그 폭을 점진적으로 넓혀 왔다.

DBS은행은 1970년대 전성기를 구가했던 개발금융기관의 역할이 축소되면서 1980년대 들어서는 상업적인 기능이 확대·강화됐다. 특히 지난 1998년 증권 및 투자금융, 주택금융 등을 취급해 오던 우편저축은행(POSBank)을 합병한 뒤 금융지주회사로 전환하면서 싱가포르를 대표하는 금융회사로 탈바꿈했다.

이 같은 정부의 집중적인 육성정책 덕분에 1990년대 DBS은행은 홍콩, 태국, 인도네시아 등 아시아를 중심으로 10여 개 금융회사를 인수하는 등 해외 인수합병(M&A)에서 괄목할 만한 성과를 거둘 수 있었다.

DBS은행 그룹의 국유민영적 특성이 장점으로 작용할 수 있었던 것은 독특한 이사회 구조에서 찾을 수 있다. 최고의사결정기구는 지주회사 운영위원회지만 상임이사회, 리스크관리위원회, 평가보상위원회, 감사위원회 등이 각각 존재해 그룹 경영에 있어 견제와 균형을 유지한다.

최대주주인 테마섹의 경우 전체 이사 14명 중 3명을 파견하고 있다. 눈에 띄는 것은 이사 중 무려 6명이 외국인이라는 점이다.

아울러 정부가 최대주주임에도 불구하고 다른 민간 금융회사들과 동일하게 싱가포르 금융감독원(MAS)의 감독만을 받을 뿐 경제부처나 의회, 감사원 등 어떠한 정부기관으로부터도 감사를 받거나 보고 의무를 지지 않는다.

국유민영의 핵심은 정부가 최종적인 신용리스크를 보장하면서도 민간 금융회사들처럼 시장에 유연하게 대응하고 신속한 의사결정을 할 수 있는 지배구조를 만드는 점이라는 것이 DBS 관계자들의 설명이다.

아울러 회장을 비롯한 모든 간부와 직원은 개별적으로 PSP와 SOP라고 불리는 엄격한 기준에 따라 업무성과를 평가받고 현금과 주식배당으로 매년 인센티브 보상을 받는다.

용어설명

금융지주회사(Financial Holding Company)
금융회사를 자회사로 거느리는 지주회사(Holding Company). 지주회사는 타기업의 주식 소유를 통해 상대기업의 경영을 지배하는 것을 목적으로 하는 회사이며, 지배받는 회사가 금융기관인 경우 금융지주회사라고 한다.

'제2의 은행 빅뱅'으로
덩치 키워야

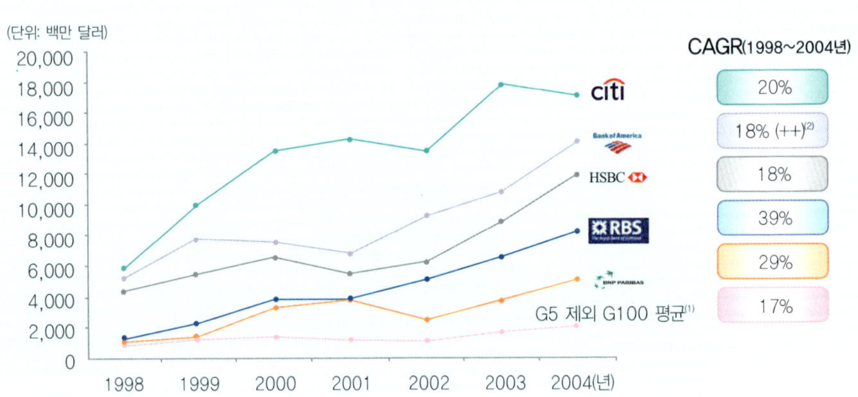

(1) G5 - 2004년 Market Capitalization 기준 상위 5개사
    업계 평균 - G5 제외한 100대 은행 평균치
(2) 최근 MBNA 등의 인수 감안 시 추가 상승 가능
 • 출처: BCG Value Science Center

글로벌 은행들의 자산키우기 경쟁이 한창이다. 덩치를 키우고 순이익을 늘리는 것만이 글로벌 경쟁에서 살아남는 유일한 해법이라고 여기는 듯하다. BCG 가치과학센터에 따르면 1998~2004년까지 씨티은행의 연평균당 기순이익성장률(CAGR)은 20%에 이른다.

뱅크오브아메리카(18%), HSBC(18%), RBS(39%), BNP파리바(29%) 등 시가총액(2004년 기준) 상위에 속하는 미국, 유럽 은행들 역시 같은 기간 급성장해 왔다. 이들 은행을 제외한 시가총액 100대 은행의 CAGR도 17%에 이른다. 특히 2000년 들어 미국, 유럽의 글로벌 은행은 M&A를 통해 덩치를 키우고 중국 등 신흥시장에 진출하는 전략을 펴고 있다. 국내에서 성장한계에 부딪히자 국외에서 돌파구를 찾고 있는 것이다.

HSBC는 중국 진출의 발판을 마련하기 위해 2004년 중국 교통은행 발행주식 19.9%를 인수했다. RBS는 미국 지역은행인 차터원을 인수했다. BNP 파리바는 2003년 인터내셔널뱅크오브파리스앤상하이(IBPS) 지분을 인수해 순수외자은행으로는 처음으로 중국에서 영업을 시작했다. 2004년에는 러시아 소매은행인 러시안스탠다드뱅크 지분 50%를 인수했다.

중국 은행의 급성장은 놀라울 정도다. 2006년 말 기준으로 중국 공상은행(ICBC)의 시가총액은 2,510억 달러로 뱅크오브아메리카(BOA, 2,409억 달러)를 누르고 세계 2위에 올랐다.

2006년 10월 홍콩과 상하이에 상장된 공상은행은 3개월이 채 안되는 기간에 HSBC를 따돌린 데 이어 BOA마저 넘어섰다. 덩치가 경쟁력인 시대에 접어들고 있는 것이다.

아시아 10위권
초대형 은행

자산 기준 아시아 은행 순위

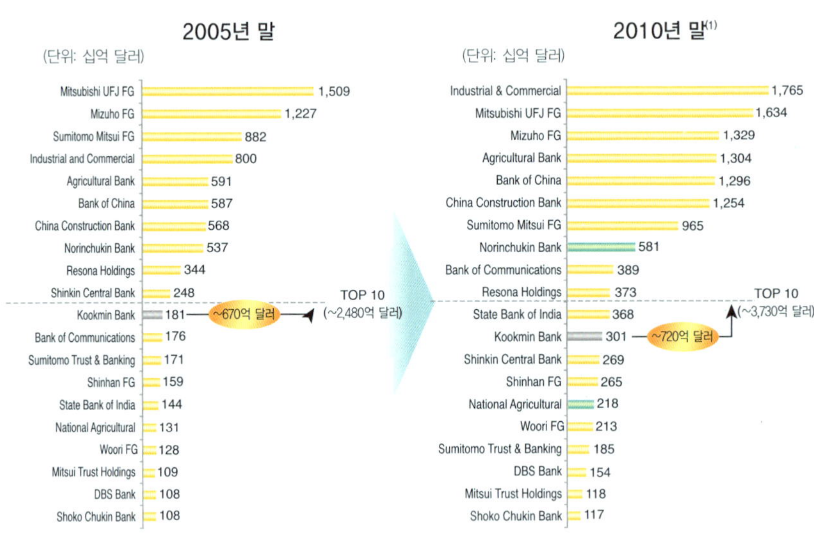

(1) 2002~2005년의 국가별 은행산업 성장률 적용 시 – 한국 11%, 일본 2%, 중국 17%, 싱가포르 10%, 인도 21%

Appendix 28

국내 은행이 국외 금융시장에서 경쟁하기 위해서는 자산규모가 적어도 아시아 10위권은 돼야 한다는 것이 전문가들의 의견이다.

2005년 말 자산 기준으로 아시아 은행순위를 따져보면 국내 은행 가운데서는 국민은행이 1,810억 달러로 아시아 11위에 머물고 있다. 10위인 신킨 중앙은행의 자산규모 2,480억 달러와 비교하면 670억 달러의 격차를 보였다. 일본 최대 은행인 미쓰비시UFJ는 1조 5,090억 달러로 자산 기준으로 보면 아시아에서 가장 높은 수위를 차지하고 있다. 국민은행과 비교하면 8배 이상 자산규모가 크다.

문제는 각국의 은행산업 성장률을 감안하면 국민은행의 자산규모 순위가 2010년에는 더 밀려날 가능성이 높다는 데 있다. 뱅크와 EIU에 따르면 2010년에 국민은행의 자산규모 순위는 현재 11위에서 12위로 떨어질 것으로 관측됐다.

2002~2005년 국가별 은행산업 평균 성장률은 한국 11%, 일본 2%, 중국 17%, 싱가포르 10%, 인도 21%로 분석됐다. 이를 기준으로 2010년 자산규모를 추정해 보면 중국공상은행(ICBC)이 1조 7,650억 달러로 아시아 최대은행으로 성장할 것으로 예상됐다. 공상은행은 2006년 말 기준으로 시가총액이 HSBC와 뱅크오브아메리카를 제칠 정도로 급성장하고 있다. 아시아 최대은행인 미쓰비시UFJ는 2위로 내려앉을 것으로 예상됐다. 국민은행은 3,010억 달러로 12위로 밀려날 것으로 관측됐다.

덩치를 키우기 위한 특단의 전략을 펴지 않으면 경쟁국에 밀릴 수밖에 없다는 경고를 던져주고 있다.

국내시장 경쟁은
땅 따먹기

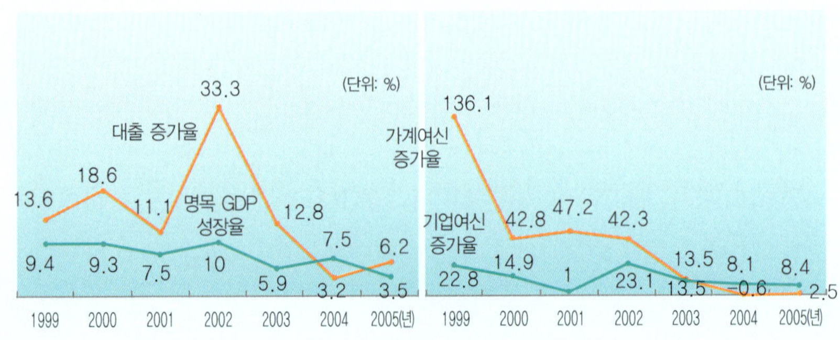

참고: 일반은행 기준
출처: 한국은행, 금융감독원, 은행경영통계

국내 은행이 아시아 10위권 은행으로 진입하기 위해서는 적극적인 M&A를 통해 자산규모를 키우는 일이 절실하다. 이른바 메가 뱅크(Mega Bank)가 나와야 한다는 주장이다.

적극적인 M&A와 국외 진출 전략이 요구되는 이유는 국내시장에서 자산규모를 늘리는 경쟁이 무의미한 시대가 됐기 때문이다.

국내 은행시장은 포화상태에 가까워지고 있다. 외환위기 이후 진행된 구조조정으로 부실은행이 정리되고 우량은행만 살아남았지만 국내시장에 편중된 사업구조로 인해 국내시장 경쟁만 가열됐다.

우선 은행들은 가계와 기업여신 증가율이 둔화되면서 국내시장에서 성장의 한계에 직면하고 있다. 1999년 136%에 달했던 가계여신 증가율은 2005년에는 2.5%에 그쳤다. 새로운 사업 영역을 개척하기보다는 손쉬운 주택담보대출에 의존해 가계 대출을 늘리다 금융감독당국의 강력한 규제가 뒤따르자 가계 대출이 크게 줄었기 때문이다.

기업여신 증가율 역시 8%대 초반에 머무르고 있다. 외환위기 이후 구조조정에 성공한 삼성전자 등 초우량 대기업은 엄청난 순이익으로 은행에 손을 내밀 이유가 없어졌다. 은행 또한 부실 가능성 때문에 중소기업 대출을 크게 늘리기도 쉽지 않은 상황이다.

앞으로 은행이 국내 금융시장에서 자산을 키우기에는 주변 여건도 대단히 불안한 상황이다. 부동산 가격의 급락 가능성이 가장 큰 복병이다. 가계 대출로 덩치를 키워온 은행으로서는 부동산 가격이 갑작스레 떨어지면 건전성이 위협받을 가능성이 크다.

증권산업의 빅뱅을 가져올 올 것으로 예상되는 자본시장통합법이 시행되면 장기적으로 국내 금융시장에서 맏형 노릇을 해온 은행의 입지가 흔들릴 가능성도 배제할 수 없다. 북핵 리스크와 대선, 원화 강세와 선진국 경제성장 둔화 가능성 등으로 기업 환경이 불안해지고 있는 것도 금융산업에 불안 요인으로 작용한다. 건전성 기준을 강화한 신 바젤협약의 도입도 은행에는 악재다.

이처럼 국내 금융시장에 위협요인이 산재해 있는 상황에서 국내 은행의 탈출구는 국외가 될 수밖에 없는 상황이다.

용어설명

신 바젤협약

1988년부터 적용돼 온 '바젤 I'을 대체할 BIS(국제결제은행)의 새로운 자기자본규제제도. 은행 경영에서 발생하는 각종 위험을 정확히 산출해 이를 능동적으로 관리하도록 하는 지침이다. 세계 각국 금융감독의 기본 지침이 되며 '바젤 II'로도 불린다.

아시아 신흥시장에
진출해야

국내외 은행 국외 수익 비중

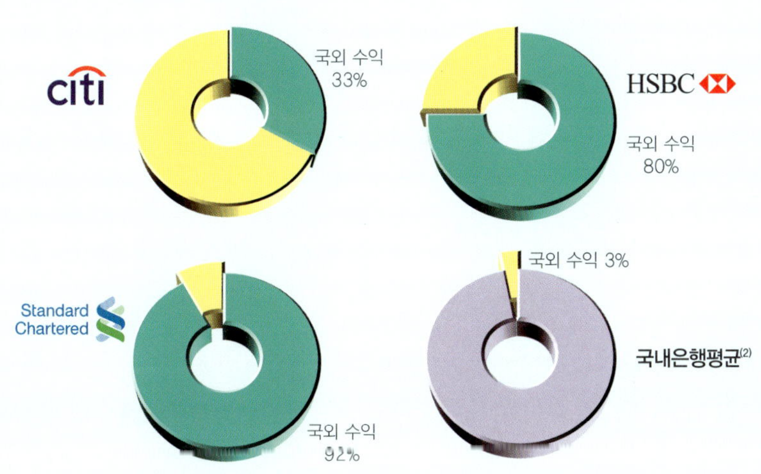

(1) 영업이익 기준
(2) 국내에서 영업 중인 해외 은행을 제외한 국내 은행들의 합산
• 참고: 2006년 세전 순이익 기준
• 출처: 각회사 사업보고서, 금융감독원

Appendix 29

그렇다면 국내 은행은 기업가정신을 발휘해 국외시장에 진출할 의지를 갖고 있을까? 실망스럽게도 국내 은행은 여전히 우물 안 개구리에 머물고 있다. 국외 진출은 말 그대로 구색 맞추기 수준이다.

금융감독원과 각회사 사업보고서를 분석해 보면 2006년 세전 순이익 기준으로 국내 은행의 전체 수익 가운데 국외 수익은 평균 3%에 불과하다. 이에 반해 글로벌 은행은 대부분의 수익을 국외에서 거두고 있다.

씨티은행은 해외 수익 비중이 33%이고, HSBC는 80%의 수익을 국외에서 만들어내고 있다. 스탠더드차터드는 무려 92%가 국외 수익이다.

한국은행에 따르면 2006년 말 현재 국내 은행의 국외 점포 수는 28개국 113개. 국외 점포 자산을 모두 합쳐봐야 320억 달러(약 30조 원)에 그친다. 국내 은행 전체자산의 2.3%에 불과하다. 국외 점포의 영업도 국내 기업의 지사나 현지법인 그리고 해외에 나가있는 동포가 차지하는 비중이 90%를 넘는다.

GDP에서 은행의 해외자산을 나눈 비율을 따져보면 HSBC 38.7%, 도이치방크 33.2%, 미쓰비시UFJ 6.4%에 이른다. 반면 우리은행(0.6%), 신한은행(0.4%), 국민은행(0.2%)은 1%에도 미치지 못하고 있다.

2007년 들어 국내 은행들이 국외에서 새로운 시장, 즉 블루오션을 찾겠다며 한 목소리를 내고 있는 점은 비록 늦은감은 있지만 다행인 일이다. 한국 금융이 영국, 프랑스, 독일 등의 선진국 못지않다는 점을 감안해 전략만 제대로 세우면 충분히 가능성이 있다는 낙관적인 견해도 있다.

전문가들은 우선 성장가능성이 큰 중국과 동남아 금융시장에 적극적으로 진출하는 것에 초점을 맞출 것을 주문한다. 한류 덕분에 문화적인 거리가 가깝고 지리적으로 가까운 곳을 먼저 공략함으로써 단기간에 시장 진입이 가능하다는 것이다. 또 현지 은행을 적극적으로 인수해 해당 국가에서 단기간에 인지도를 높이는 전략을 펴야 한다는 의견도 많다.

결국 한국 금융산업의 맏형격인 은행의 글로벌화는 앞으로 10년이 최대 고비가 될 것으로 보인다.

강정원 국민은행장

보험산업
고비용 구조 개선

보험산업 현실

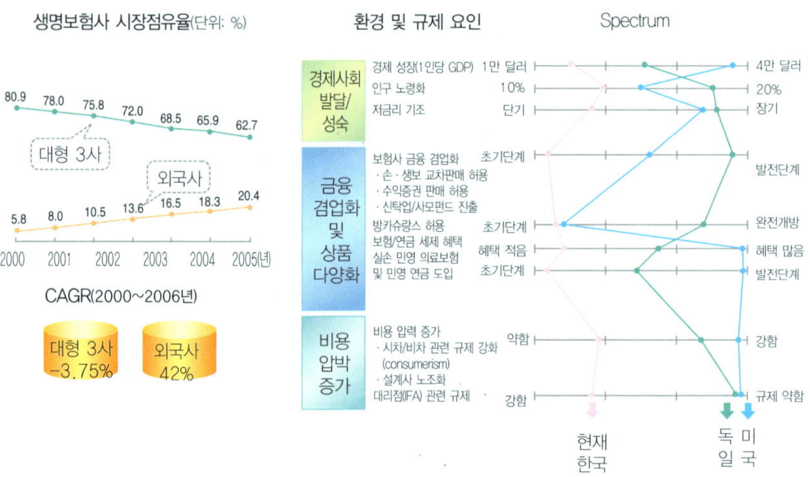

보험은 은행, 증권과 함께 금융시장을 지탱하는 3대 축이다. 하지만 은행과 증권에 비해 상대적으로 소외돼 있는 상황이다. 은행은 외환위기 이후 구조조정을 거쳐 나름의 경쟁력과 건전성을 키워나가고 있고, 금융지주회사로 거듭나고 있으며, 증권 또한 자본시장통합법이 시행되면 대형화와 업무 확대를 위한 기틀을 마련하게 된다.

이와 비교하면 보험은 여전히 많은 규제와 고비용 구조, 이전투구(泥田鬪狗)식 영업과 영세한 규모로 어려움에 빠져있는 상황이다. 조금 나아질 조짐을 보이고 있긴 하지만 제 살 깎아먹기식 영업으로 부실 경고등이 켜진 자동차보험은 보험산업의 열악한 환경을 보여주는 대표적인 사례다.

고령화시대에 접어들면서 보험의 역할은 커지고 있지만 이에 걸맞은 위상은 찾지 못하고 있는 것이다. 또한 국내 보험시장이 포화상태에서 다다르고 있는 상황에서 외국 보험사들의 약진으로 국내 보험사들이 설 자리는 점점 좁아지고 있다.

보험개발원과 생명보험협회에 따르면 대한생명, 삼성생명, 교보생명 등 국내 빅3 생명보험사의 시장점유율은 2000년 80.9%에 이르렀지만, 2006년 11월에는 62.7%까지 떨어졌다. 반면 2000년에 5.8%에 불과했던 ING생명, 알리안츠생명, AIG생명 등 외국계 10개 보험사의 시장점유율은 20.4%까지 치솟았다.

BCG 분석에 따르면 외국 보험사의 시장점유율은 시간이 갈수록 점차 확대돼 2010년에는 29%에 이를 것으로 관측됐다. 국내 보험사는 내우외환에 빠져 있는 셈이다.

판매조직 종합금융상품 유통회사로 전환

바람직한 보험산업 재편

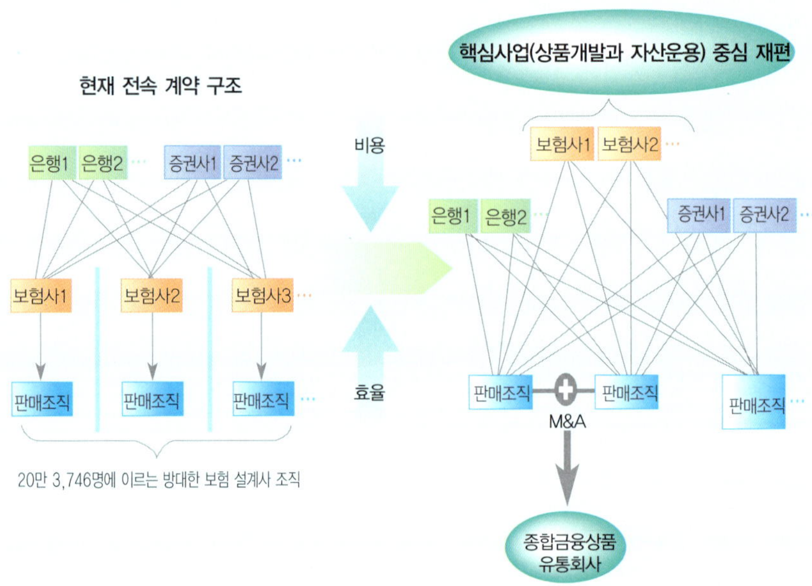

보험산업의 탈출구는 어떻게 찾을 것인가?

금융전문가들은 전통적인 의미의 보험시장이 포화상태에 이르고 있는 만큼 공급자 중심의 획일적인 종합보험사를 추구하기보다는 수요자 중심의 종합금융서비스를 제공하는 방식으로 전략을 짜야 한다고 주문한다.

국내시장이 포화에 이르고 있는 점을 감안해 국외시장 진출이 반드시 필요하고 이에 걸맞는 대형화와 그룹화가 절실하다는 의견이 많다. 이를 위해서는 생명보험사의 상장문제를 빠른 시간 안에 해결해 생보사들이 자본시장에서 자금을 조달할 수 있도록 해야 한다는 지적이다. 생보사 상장문제는 십 수년째 논쟁이 계속되고 있지만 아직껏 최종 합의를 이루지 못하고 이해집단 간에 갈등이 지속되는 양상을 보이고 있다.

아울러 보험사가 은행을 소유하는 어슈어뱅킹과 소액지급결제 기능 문제에 관해서도 심도 있는 연구가 필요한 시점이라는 주장도 나온다. 어슈어뱅킹은 금산분리와 연관된 문제이기 때문에 금융산업 패러다임을 전반적으로 짚어보는 의미가 있다. 보험사가 경쟁력을 회복하기 위해서는 규제의 대폭적인 완화 등 외부적인 환경이 중요하지만 내부적인 혁신 노력도 절실하다.

보험사는 이런 방안의 일환으로 20만 명에 이르는 설계사 조직을 분리해 종합금융상품 유통과 판매회사로 전환시키는 것을 고려해 볼 필요가 있다는 주장이 나온다. 판매 조직을 분사시키면 고비용 구조를 상당부분 깨뜨릴 수 있다는 것이다. 이럴 경우 분리된 판매조직이 자연스럽게 M&A를 하면서 나름대로 역량을 키울 수 있도록 하는 제도적 뒷받침이 필요하다.

M&A를 통해 덩치를 키우지 못하고 영세한 수준에 머물러 있으면 이전투

구(泥田鬪狗)식 영업 관행이 지속될 수밖에 없기 때문이다.

　판매 조직을 떼어 내고 몸이 가벼워진 보험사는 보험상품 개발과 자산운용 등 핵심 역량을 기르는 데 집중해 글로벌 경쟁력을 갖춰야 한다.

어슈어뱅킹(Assurebanking)
보험(Assurance)과 은행(Bank)의 합성어로 은행을 자회사로 두거나 은행 상품을 판매하는 보험회사를 말한다. 은행이 보험사를 자회사로 두거나 은행 창구에서 보험상품을 파는 것을 의미하는 방카슈랑스(Bancassurance)에 상대되는 개념으로 쓰인다.

금융공기업
제 역할 찾아야

금융공기업 개편 방안

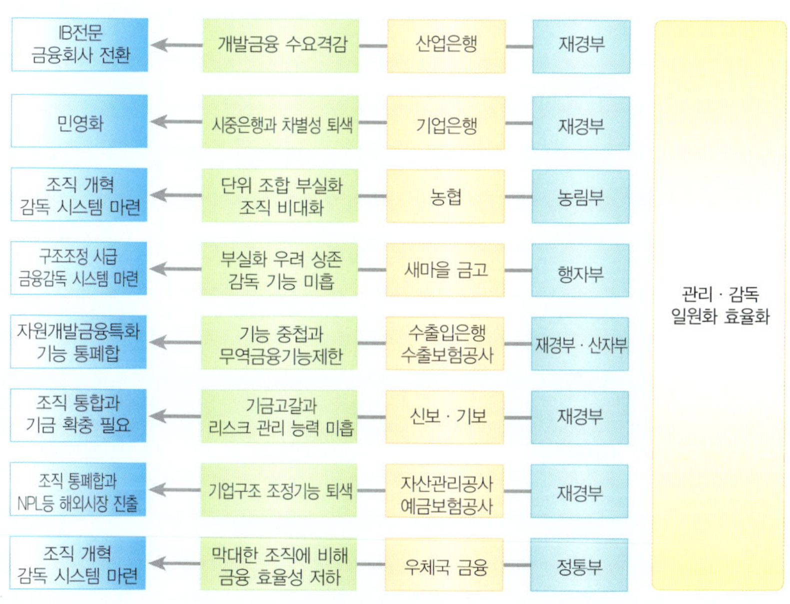

산업은행, 기업은행, 수출입은행, 수출보험공사 등 금융공기업은 개발시대에 한국경제의 급성장을 견인해 온 숨은 일꾼이다. 철강, 자동차, 석유화학, 전자 등 제조업이 한강의 기적을 일군 주역으로 스포트라이트를 받고 있지만 그 이면에는 정부 산하의 금융공기업이 있었다는 것은 부인할 수 없는 사실이다.

하지만 1인당 국민소득 2만 달러를 넘어 3만 달러 시대를 향해 달려야 하는 현재, 금융공기업의 역할 재정립 문제가 화두로 떠올랐다. 민간 주도로 경제가 움직이고 금융이 정책 도구가 아닌 산업으로 육성돼야 한다는 주장이 설득력을 얻으면서 개발시대에 활약했던 금융공기업의 설자리가 점점 좁아지고 있다. 따라서 시대 변화에 걸 맞는 금융공기업의 조직 재정립과 관리 통합이 시급하다는 지적이 나오고 있다.

대표적인 금융공기업인 산업은행은 앞서 언급한 대로 싱가포르 DBS그룹의 민영화를 벤치마킹해 IB 전문금융회사로 키우는 방향으로 조직개편이 시급하게 진행돼야 한다. 점점 기능이 중첩되고 있는 수출입은행과 수출보험공사의 통폐합과 특화된 금융서비스도 해결해야 할 과제다. 게다가 수출입은행의 일부 업무는 산업은행과도 중복된다.

기업은행은 일반 시중은행과의 차별성이 퇴색하고 있어 민영화를 빠르게 추진해야 한다. 대기업은 은행에서 돈을 빌릴 필요가 없을 정도로 현금 자산이 풍부하고 중소기업 육성도 융자보다는 투자의 시대로 넘어가고 있는 점을 고려하면 금융공기업으로서의 기업은행의 존재 이유가 점점 사라지고 있다.

지지부진하게 진행되고 있는 농협중앙회의 신용사업과 경제사업(유통부문)의 분리도 시급하게 처리해야 할 사안이다. 농민을 위해 설립한 당초 취지에 맞게 비대화된 몸집을 분리하고, 군살을 빼야 한다는 비판이 많은 만큼 정부의 결단이 요구되는 사안이다. 막대한 조직에 비해 금융의 효율성이 떨어지는 우체국 금융과 부실 우려가 상존하는 새마을금고의 조직 재편 및 효율적인 감독시스템 마련이 필요하다.

기업구조조정 기능이 퇴색되고 있는 자산관리공사와 예금보험공사는 그동안 갈고 닦은 실력을 해외시장 진출을 통해 발휘하도록 조직을 개편하는 문제도 고려해야 한다. 금융공기업의 개편 필요성을 누구나 공감하고 있지만 쉽게 진행하지 못하는 이유는 '부처 이기주의' 때문이다.

현재 금융공기업의 관리는 해당 부처에 맡겨져 있다. 산업은행, 기업은행, 수출입은행, 기술보증기금과 신용보증기금, 자산관리공사, 예금보험공사의 관리 감독은 재경부가 맡고 있고, 새마을금고(행자부, 각 지자체), 농협(농림부), 수출보험공사(산자부), 우체국금융(정통부)은 관할 부처가 다르다. 금융을 다루는 금융공기업의 관리를 해당 부처에서 하다보니 부처 이기주의 때문에 통폐합이나 조직개편이 쉽지 않고, 노조의 반발도 만만치 않다.

또 새마을금고 등은 금융감독 기구의 직접적인 감독을 받지 않고 있어 부실 가능성도 상존한다. 건전성을 충분히 고려하지 않고 정책 금융을 펴다 부실화되면 결국 국민의 세금으로 부실을 채워야 하는 일이 벌어지게 된다.

따라서 강력한 리더십으로 부처 이기주의와 노조 이기주의를 극복하고 금융공기업의 통폐합을 추진해, 국민소득 2만 · 3만 달러 시대에 걸 맞는 위상을 찾는 것이 시급하다.

금융한국의 4M 전략Ⅱ

세계의 돈이 모이는 시장을 만들자
(Market Place)

아시아
금융센터 경쟁

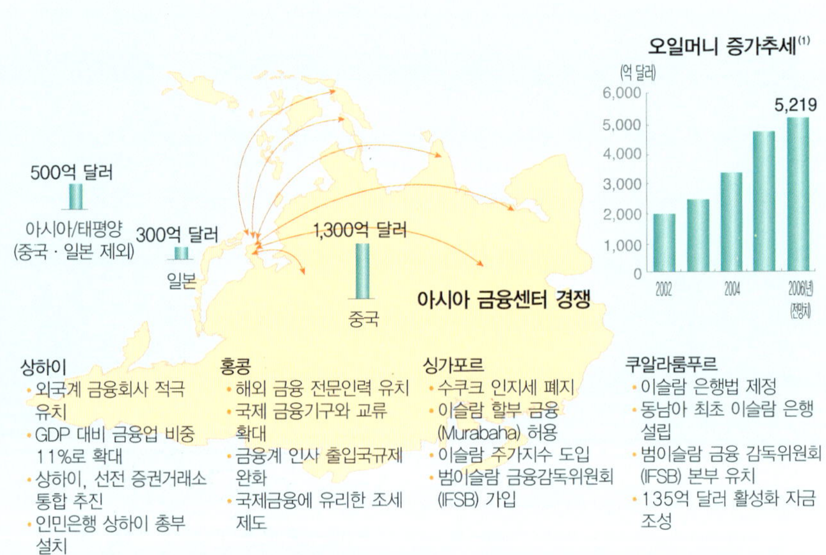

상하이
- 외국계 금융회사 적극 유치
- GDP 대비 금융업 비중 11%로 확대
- 상하이, 선전 증권거래소 통합 추진
- 인민은행 상하이 총부 설치

홍콩
- 해외 금융 전문인력 유치
- 국제 금융기구와 교류 확대
- 금융계 인사 출입국규제 완화
- 국제금융에 유리한 조세 제도

싱가포르
- 수쿠크 인지세 폐지
- 이슬람 할부 금융 (Murabaha) 허용
- 이슬람 주가지수 도입
- 범이슬람 금융감독위원회 (IFSB) 가입

쿠알라룸푸르
- 이슬람 은행법 제정
- 동남아 최초 이슬람 은행 설립
- 범이슬람 금융 감독위원회 (IFSB) 본부 유치
- 135억 달러 활성화 자금 조성

(1) OPEC 회원국 석유수출액 기준
- 출처: 미국 에너지정보청(2005년)

상하이, 홍콩, 싱가포르, 쿠알라룸푸르 등 아시아 주요 도시는 금융센터를 키우기 위해 전쟁에 가까운 경쟁을 벌이고 있다. 남미와 동유럽을 거쳐 아시아로 넘어온 금융수요를 잡을 수만 있다면 아시아의 금융 맹주로 부상하는 것은 시간문제로 여겨진다.

산업은행에 따르면 2004년부터 오는 2010년까지 중국의 금융 영업수익은 1,300억 달러에 이를 것으로 전망됐다. 같은 기간 일본은 300억 달러, 아시아태평양지역(중국, 일본 제외)은 500억 달러에 이르는 영업수익이 금융에서만 창출될 것으로 분석된다.

금융허브를 꿈꾸는 아시아 주요 도시들은 저마다 강점을 내세우며 큰손들을 잡기 위해 혈안이 돼있다.

상하이는 선전 증권거래소와 통합을 추진하고 외국계 금융회사를 적극 유치하는 전략에 집중한다. 국내총생산(GDP) 대비 금융산업의 비중을 11%로 확대하려는 중국 정부 전략의 중심에 상하이가 있다.

상하이와 싱가포르에 앞서 금융중심지 역할을 했던 홍콩은 유리한 조세제도를 등에 업고 금융계 인사의 출입국규제 완화 조치와 함께 국제 금융기구와의 교류를 확대하는 등 네트워크를 강화하는 데 중점을 두고 있다.

싱가포르와 말레이시아의 쿠알라룸푸르는 천문학적으로 늘고 있는 오일머니를 선점하기 위한 전략을 수립하는 데 전력을 쏟고 있다. 미국 에너지정보청에 따르면 석유수출국기구(OPEC) 회원국들의 석유 수출액은 2002년 2,072억 달러에서 2007년에는 5,219억 달러로 151.9% 급증할 것으로 예상된다. 10억 인구가 넘는 중국과 인도의 경제 성장이 지속되는 한 에너지 가격의 상승 역시 지속될 것으로 관측돼 오일머니는 당분간 세계 금융시장을 쥐락펴락할 가능성이 크다.

쿠알라룸푸르는 이슬람 은행법을 제정하고 동남아에서는 처음으로 이슬람 은행을 설립해 오일머니에 구애를 보내고 있다. 범이슬람 금융감독위원회(IFSB) 본부를 유치하기도 했다.

홍콩과 함께 아시아의 허브 노릇을 해왔던 싱가포르정부의 노력도 이에 못지않다. 이슬람 율법을 준수하는 수쿠크(이슬람 채권)의 발행을 쉽게 하기 위해 수쿠크 인지세를 폐지했다. 이슬람식 할부 금융 무라바하를 허용하고 이슬람 주가지수를 도입했다.

국제 금융시장에서 뉴욕을 앞지른 영국 런던이 수쿠크 유통시장을 추진할 정도로 이슬람 금융은 전 세계 금융시장의 화두로 떠올랐다. 한 발 앞서 움직이는 홍콩, 싱가포르 등 선진 금융허브를 따라잡기 위해 한국 금융산업도 특단의 대책이 필요한 시점이다.

송도
금융자유도시

송도의 SWOT 분석

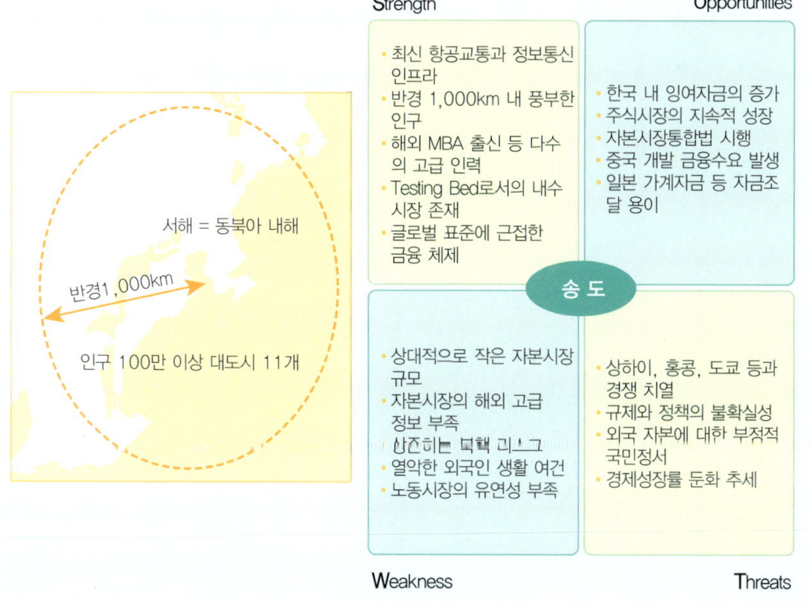

인천 앞바다를 매립해 조성한 송도는 영종도 국제공항 인근 지역 그리고 청라지구와 함께 인천 경제자유구역의 핵심 지역이다. 미국의 부동산 개발업자인 게일과 포스코 건설이 합작한 NSC가 2007년 2월 동북아 트레이드 타워 건설 기공식을 갖고 국제업무단지 개발에 박차를 가하면서 백지 상태였던 송도가 서서히 윤곽을 갖춰가고 있다.

영종도와 송도를 잇는 인천대교가 2009년 말 예정대로 개통되면 인천공항과 송도는 승용차로 15분 이내에 오갈 수 있게 된다. 국제도시로서의 조건을 갖추게 되는 셈이다. 하지만 송도가 홍콩, 싱가포르, 상하이와 경쟁할 수 있는 국제도시로 발돋움하기 위해서는 반드시 필요한 조건이 있다. 바로 금융이다.

송도를 금융자유도시(Finance Free Zone)로 조성해야 한다고 주장하는 이유가 바로 여기에 있다. 송도는 금융자유도시로 거듭나기 위한 충분한 조건을 갖추고 있다. SWOT 분석을 통해 송도의 여건을 살펴보자.

먼저 강점(Strength)이다.

2년 연속 세계 최우수서비스 공항으로 선정됐고 개항 5년 만에 국제화물 기준으로 세계 3위의 공항에 오른 인천공항과 곧장 연결된다. 또한 반경 1,000km 안에 인구 100만 명 이상 대도시가 11개 포진해 있다.

베트남 등 동남아 지역과 중국은 전 세계에서 가장 역동적으로 성장하고 있는 지역이다. 제조업에 이어 무제한 금융수요가 창출될 여력이 있다. 조금 떨어진 카자흐스탄과 우즈베키스탄 등의 중앙아시아는 새로운 광물 에너지자원의 보고(寶庫)로 오일머니가 몰려들고 있다.

인재도 충분하다. 한국, 중국은 미국 경영대학원(MBA)을 휩쓸고 있을 만큼 실력 있는 유학파 인재들이 밀집해 있다. 금융 체계 역시 글로벌 표준에 근접해 있다. 인구 5,000만 명의 한국 내수시장은 금융상품에 대해 테스트베드(Testbed) 역할을 할 만큼 충분한 시장 규모를 갖추고 있다.

기회(Opportunities)도 충분하다.

연기금과 기업의 유보자금으로 잉여자금이 급속히 늘고 있다. 2006년 9월 말 현재 국민연금 규모는 200조 원이 넘었다. 주식시장도 급속히 성장하고 있다.

자본시장통합법이 예정대로 시행되면 은행에 비해 경쟁력이 떨어졌던 증권사들의 이합집산으로 골드만삭스와 같은 글로벌 IB를 키울 기반을 갖추게 된다. 중국의 개발 금융수요와 일본의 가계 자금 증가는 국내 잉여자금과 함께 금융산업에 기회를 던져주기에 충분하다.

물론 극복해야 할 약점(Weakness)도 있다.

자본시장의 규모가 상대적으로 작고 고급 정보가 부족하다는 금융시장 내에서의 약점이 있지만 더 큰 문제는 외적인 약점이다. 무디스, S&P 등 국제 신용평가기관이 한국 국가신용등급 상향을 고려할 때 가장 큰 비중을 차지하는 북핵 리스크가 여전히 존재하고 있다. 2007년 들어 북핵 리스크가 다소 완화되기는 했지만 언제든 불거질 가능성이 있는 상존 변수임에 틀림없다.

외국 고급인력이 생활하기 불편한 생활여건과 전투적인 노사관계도 국제 금융시장 도약의 최대 약점이다. 국내에 거주하는 외국인 CEO와 임원 가운데 자녀의 교육문제로 인해 가족은 싱가포르, 도쿄, 홍콩에 살게 하고 혼자 한국에서 근무하는 기러기 아빠가 적지 않다. 한 외국인 임원은 "애들과 함께 있고 싶지만 국제학교에 입학하기가 쉽지 않아 포기했다"고 토로하기도 했다.

또한 2006년 스위스 국제경영대학원(IMD) 조사에서 한국의 노사관계는 조사 대상국가 61개국 가운데 꼴찌를 기록할만큼 열악한 형편이다.

위협(Threats) 요인으로는 규제와 정책의 불확실성이 꼽힌다.

부와 외국자본에 대한 이중적 시각이 크다는 것은 대단한 악재다. 정부의 정책이 오락가락하면 돈이 썰물처럼 빠져나간다. 경제성장률이 서서히 둔화되고 있는 점도 금융시장의 위협요인이다. 자본시장의 크기는 기업의 성장과 궤를 같이 하기 때문이다. 무엇보다 이미 멀찌감치 앞서있는 상하이, 홍콩, 도쿄와의 치열한 경쟁을 벌여야 한다는 점도 부담이다.

하지만 강점을 마음껏 발휘할 수 있도록 정부가 정책적으로 배려하다면 홍콩, 싱가포르와 경쟁할 수 있는 잠재력은 충분하다는 평가다.

정부 정책 의지가 가장 중요

마카오 사례와 송도 프로젝트

마카오에 대한 정부의 체계적 지원

해외여행 자유지역 지정	인프라 구축	관광개발 프로젝트 추진

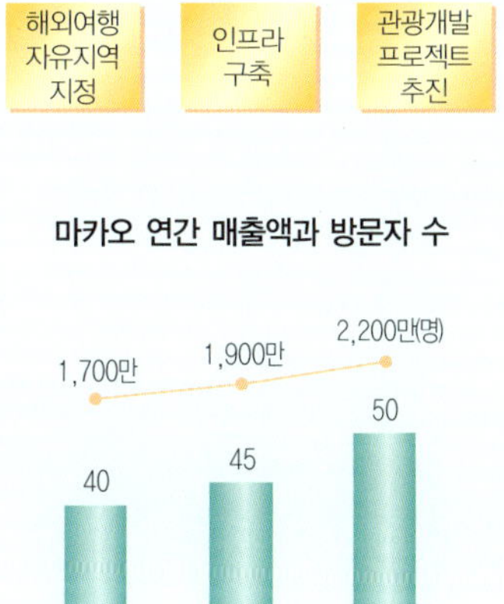

마카오 연간 매출액과 방문자 수

송도 금융자유도시

- 파격적인 행정자치권
- 외국인 시장 임명
- 금융실명제 완화
- 영어공용화
- 금융과학원 설립
- 아시아 통화통합 실험
(원, 엔, 위안 화폐 공용)
- 겨제활동시간 변경 검토

· 출처: 모건스탠리(2007년)

Appendix 31,32

송도가 과연 금융허브 도약이라는 꿈을 이뤄낼 수 있을까. 금융이 오랜 기간 동안의 경험과 고급 두뇌가 필요하다는 점, 그리고 생활 여건과 문화 등의 근본적인 인프라스트럭처가 갖춰져야 한다는 점에서 쉽지 않을 것이라는 회의적인 반응도 적지 않다.

하지만 정부의 정책적인 의지만 있으면 충분히 가능하다는 주장도 많다. 영국 런던의 커네리 워프가 불과 20년 만에 글로벌 금융회사의 본부가 들어선 금융중심지로 발돋움한 것처럼 말이다.

정부의 정책적 의지가 얼마나 획기적인 성과를 이뤄낼 수 있을 지를 보여주는 대표적인 사례가 바로 '마카오'다. 동남아의 음침한 도박도시로만 여겨졌던 마카오의 2006년 카지노 매출이 55억 달러에 이를 것으로 예상된다. 카지노 매출에서는 라스베이거스를 추월했다는 이야기도 나오고 있다.

단순히 돈 놓고 돈 먹는 도박으로 마카오가 성장했다고 생각하면 오산이다. 라스베이거스가 도박을 넘어 가족이 함께 즐기는 종합 엔터테인먼트도시로 거듭나고 있는 것처럼 마카오의 전략도 카지노를 매개로 한 관광 컨벤션허브로의 도약이다.

1999년 중국 정부는 포르투갈로부터 마카오를 넘겨받은 후 고심 끝에 카지노 사업의 개방을 선언했다. 당시까지만 해도 마카오는 토착세력인 스탠리 호가 카지노 독점권을 가지고 있었다. 중국 정부는 공무원 출입 금지 등 안전장치를 마련하면서 마카오를 해외여행 자유지역으로 지정하고 관광개발 프로젝트를 추진했다.

관광컨벤션 중심지라는 치밀한 전략 없이 무턱대고 규제만 풀었다면 마카오는 오히려 음침한 도박도시로 변했을 지도 모른다. 경쟁과 개방은 마카오를 불과 7~8년 사이에 동양의 라스베이거스로 탈바꿈시켰다.

싱가포르도 고심 끝에 카지노를 허용하기로 결정했고, 카지노를 원천적으로 금지시켰던 일본도 조만간 카지노 합법화 추진이 기정사실화되는 분위기다. 마카오는 이를 선점했다는 점에서 의미가 있다.

금융산업을 단순 비교하는 것은 무리지만 마카오는 정부 정책의 중요성을 일깨운 사례로 평가받는다. 송도 국제금융지역 추진을 주장하면서 마카오의 사례를 설명한 것은 1국가 2체제를 인정할 정도로 파격적이고 결단력 있는 조치가 필요하다는 것을 강조하기 위해서다. 말 그대로 진정한 지구촌이 눈앞에 다가와 완전 개방된 시대에 규제는 더 이상 설 자리가 없다.

사실 정부에서 송도와 청라지구, 영종도를 묶어 경제자유구역으로 지정했을 당시의 취지는 규제 제로 지대의 파격적인 조치로 새로운 경제 동력을 이끌어내겠다는 청사진을 염두에 둔 것이었다. 하지만 현실은 그다지 파격적이지 않았다.

수도권 규제의 적용을 받고 있고, 부동산 가격이 급등하면서 오히려 새로운 규제가 더해지고 있는 상황이다. 이대로 가면 당초 계획했던 홍콩, 싱가포르와 같은 도시의 모습이 되기는커녕 분당, 일산과 같은 또 하나의 신도시가 될 뿐이라는 비관적인 혹평도 나온다.

송도에 금융자유지대를 조성하기 위해서는 지금까지와는 전혀 차원이 다른 수준의 규제혁신이 필요하다. 1국가 2체제를 인정할 정도로 파격적인 규제완화가 있어야 송도의 경쟁력을 높일 수 있다는 말이다.

파격적인 행정자치권한은 기본이다. 지금과 같이 지방자치단체 안에 속해 일일이 간섭을 받아서는 경쟁력이 없다는 것이다. 독립적인 행정이 가능하기 위해서는 외국인을 시장으로 영입하는 것과 같은 파격적인 인사조치도 고려해 볼 만하다.

또한 금융경제도시로 부상하기 위해서 영어는 기본이다. 영어 공용화를 선언하고 기업은 물론 모든 관공서와 학교에서도 영어를 동시에 사용하는 것이 필요하다. 금융, 법률 등 서비스산업의 경쟁력은 결국 영어에서 출발한다는 점을 잊어서는 안 된다.

중요한 것은 금융규제다. 현재와 같은 금융규제를 금융자유지대에 그대로 적용하게 되면 경쟁력을 높이기 힘들어진다. 따라서 금융자유지대에는 완화된 금융규제를 적용하는 이원화된 접근 방법이 필요하다. 금융자유지대를 담당하는 별도의 금융감독 기구를 설치해 국제화되고 개방화된 금융감독 시스템을 구축할 필요가 있다.

경제활동기준 시간 변경
적극 검토해야

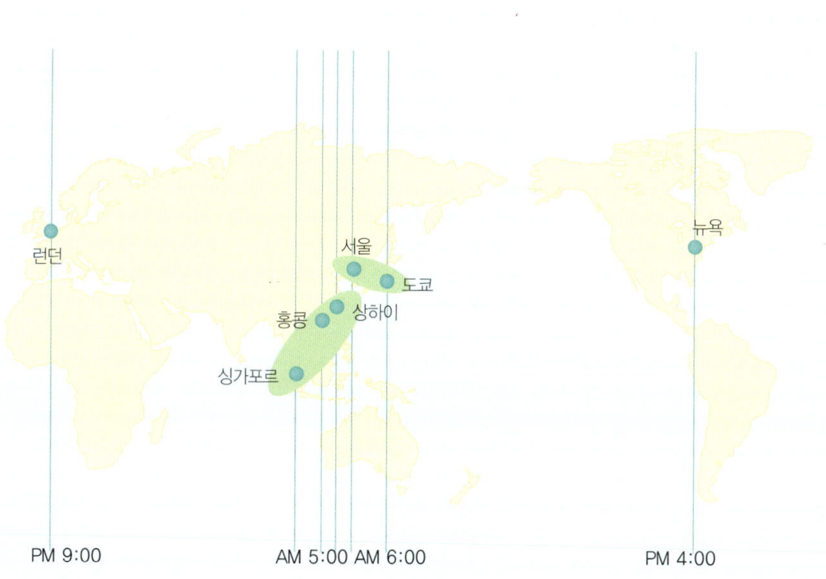

동아시아 지역을 자주 여행한 경험이 있는 사람들은 가끔 의아해 한다. 서울을 떠나 베이징으로 1시간여 날아가면 으레 시계를 1시간 늦춰 조정한다. 이어 상하이와 홍콩으로 가도 시계를 다시 조정할 필요는 없다. 그러다 하노이와 호치민에 가게 되면 또 다시 1시간 늦춰 조정한다.

문제는 싱가포르를 방문할 때다. 분명 비행기를 타고 남서쪽으로 이동을 했는데도 시간을 늦추기는커녕 오히려 베이징 기준시간에 맞춰 시계를 앞당겨 조정해야하기 때문이다. 한국에서 보면 비행기로 1~2시간이면 도착하는 중국 베이징과 6시간 넘게 걸리는 싱가포르 기준시간이 같은 것이다. 한국시간에서 불과 1시간이 늦을 뿐이다.

고개를 갸우뚱거릴 수밖에 없다. 순간, "아하 바로 이것이 중화경제권이구나" 하는 느낌이 머리를 스치게 된다. 싱가포르는 해가 더 빨리 뜨는 베트남 기준시간보다 한 시간이나 더 빠르다. 실질적으로 경제활동 기준시간을 두 시간이나 앞당겨 사용하고 있는 셈이다.

싱가포르는 말레이시아로부터 독립하던 초기부터 기준시간을 베이징 시간에 맞춰 왔다. 아무래도 중화경제권을 활용하는 것이 자국의 이익에 부합한다는 판단 때문이었을 것이다. 특히 이 같은 정책은 1970년대 이후 아시아지역 금융센터를 만들려는 싱가포르의 국가적 야심이 결부되면서 더욱 확고부동해졌다.

한국 역시 인천 송도를 '금융자유도시(Financial Free Zone)'로 키우려는 목적에서뿐만 아니라 국가 경제 전체의 이익을 고려해, 현재 경제활동 기준시간인 일본 도쿄 기준을 계속 사용하는 것이 유리한지 곰곰이 따져봐야 할 시점이 됐다.

만약 도쿄 기준시간이 주는 경제적 이득보다 베이징 기준시간을 사용함으로 얻게 되는 이득이 더 크다면 과감히 기준시간 변동을 검토해야 한다. 상하이와 홍콩 등 중화경제권의 주요 도시와 경쟁하는 데도 베이징 기준시간을 사용하는 것이 더 편리할 수 있기 때문이다.

일부에서는 기준 시간 변경에 많은 비용이 들 것이라는 이유를 들어 반대한다. 그러나 한국은 이미 서머타임을 경험함으로써 기준시간 변경에 그렇게 많은 비용을 지불하지 않아도 된다는 사실을 알고 있다. 뿐만 아니라 지리적 위치 역시 한반도가 도쿄보다 베이징에 더 가깝다는 점을 간과해서는 안 된다.

디지털시대 알맞게 금융실명제 손질

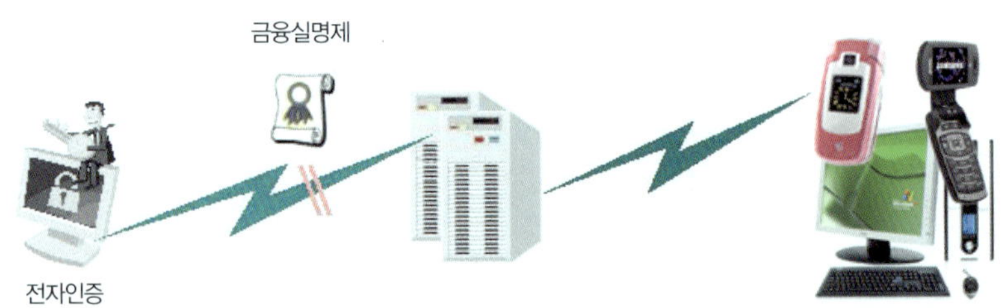

국경과 시간을 초월한 디지털 금융시대에 접어들고 있는 점을 감안해 금융실명제를 개선하는 방안도 고려해야 한다.

현재 금융실명제는 은행의 예금계좌를 개설할 때 예금주가 직접 은행에 찾아가 실명을 확인해야 한다. 이 때문에 창구 없이 인터넷으로만 계좌 개설을 처리하는 인터넷뱅크의 설립이 사실상 불가능하다.

미국, 영국 등에서는 직접 창구에 찾아갈 필요 없이 팩스 등으로 본인을 확인하고 계좌를 개설해주는 인터넷뱅크가 이미 설립돼 있다. 2007년 초 씨티그룹이 인수한 에그(Egg)뱅크가 대표적인 예이다.

인터넷뱅크가 아직 수익을 낼 정도로 활성화되지 못해 어려움을 겪고 있긴 하지만, 디지털 시대에 무시할 수 없는 흐름이란 건 분명하다. 따라서 금융실명제를 개선해 굳이 창구를 찾지 않더라도 계좌 개설 등이 가능하도록 할 필요가 있다는 지적이다.

금융정보분석원(FIU)의 기능이 강화돼 자금세탁 방지와 고액현금 거래 등 자금의 흐름을 철저하게 감시하고 있는 점을 감안하면 '은행 창구에서 실명확인'이라는 절차를 개선할 여지가 충분하다는 것이다.

또 은행에서 시행 중인 전자인증서를 실명확인 장치로 인정하는 제도적인 보완을 고려해 볼 필요가 있다는 주장이 제기된다. 현재 금융결제원 등 전자인증기관에서 전자인증서를 받으면 금융거래를 할 수 있지만 새로운 금융회사에 신규로 거래를 할 경우에는 신상확인을 다시 받아야 한다.

따라서 통합 공인인증기관에서 발급한 인증서로 실명확인을 대체하는 방안도 고려해 볼 필요가 있다는 주장이 나온다.

3일에 한 번
외부감사 받는 금융회사

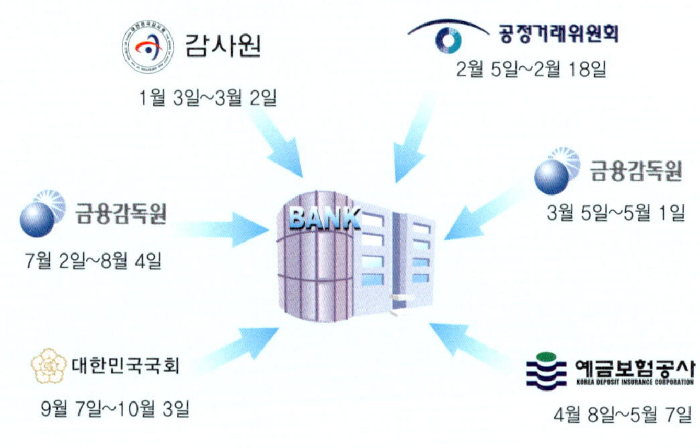

금융한국 도약을 얘기할 때 빠지지 않고 지적되는 이슈는 다름 아닌 감독 기관 문제다. 금융시장의 중요성을 감안할 때 정부 차원에서 철저하게 감독하는 것은 의무지만, 그것이 금융산업 선진화라는 대명제 아래 효율적으로 진행되고 있는지에 관해서는 의문을 제기하는 목소리가 높다.

감독 기능과 관련해 가장 먼저 불거지는 문제는 중복감사 논란이다. 국내 은행은 너무 많은 시어머니를 모시고 산다. 금융시장의 안정성과 공공성을 위해서 철저한 감사가 필요하다는 이유에서다. 하지만 도가 지나치다는 비판도 많다. 감사의 시대라는 말이 나올 정도다.

예를 들어보자. 공적자금이 투입된 A은행의 경우다.

2006년 한 해 동안 이 은행은 감사원(1월 3일~3월 2일), 공정거래위원회(2월 5일~2월 18일), 금융감독원(3월 5일~5월 1일, 7월 2일~8월 4일), 예금보험공사(4월 8일~5월 7일), 국회(9월 7일~10월 3일)에서 외부감사를 받았다. 1년 365일 가운데 114일, 3일에 하루 꼴로 외부감사를 받은 셈이다.

국민의 세금이 투입된 은행이라고는 하지만 업무에 지장을 받을 정도로 지나치게 감사 횟수가 많다는 푸념이 나올 만하다. 감사기관마다 엇비슷한 자료를 요구해 중복감사라는 지적이 나오기도 하다.

A은행만이 아니다. 다른 은행들도 정도의 차이가 있을 뿐 중복감사에 시달리는 건 마찬가지다. 이 때문에 정부의 금융권 감사 체계를 일원화할 필요가 있다는 지적이 나오고 있다.

현재 금융권의 전반적인 검사를 책임지는 곳은 금융감독원(금감원)이다. 외환위기 이후 통합기구로 설립된 금감원은 정기검사 외에도 불법부동산담보대출, 금융사고 등이 터지면 부분검사에 들어간다. 그런데 여기에 공정거래위원회가 금융권의 담합 등 불공정거래에 대해 조사 강도를 높이면서 중복감사라는 지적이 나오고 있다.

중복감사 논란은 감사를 받는 입장인 금융권에서 '불평' 차원으로 제기되는 것만은 아니다. 정부 기관 사이에서도 논란이 불거졌다.

2006년 상반기에 공정위가 은행의 불공정거래와 담합행위 등의 문제점을 공개적으로 지적하고 은행을 제재하겠다는 입장을 밝히자 금감원이 공식적으로 문제를 제기하고 나섰다. 금감원의 고위직이 직접 나서 "금감원이 이미 검사를 마치고 제재까지 한 은행의 행위에 대해 공정위가 다시 제재하는 것은 이중제재"라고 반박했다.

금감원은 미국에서는 경쟁당국(한국의 공정위에 해당)의 업무 범위에 금융 분야는 아예 빠져있고, 영국에서는 경쟁당국이 감독당국의 감독 규정이 적절한지만 따진다는 점을 들어 공정위 조사를 비판하기도 했다. 공정위는 이에 대해 법의 목적이 다르기 때문에 이중제재라고 볼 수 없다며 금융권 조사에 적극적으로 나서겠다는 의지를 굽히지 않았다.

중복감사 논란과 이로 인한 제재의 적정성 여부는 금융권에서만 불거진 것이 아니라 통신회사 등 여러 기관의 감사를 벌이는 곳에서 자주 제기되곤 한다. 하물며 정부 기관 사이에서도 중복감사, 이중제재 논란이 벌어질 정도로 잦은 감사에 시달리는 금융권은 고래 싸움에 새우등 터지는 격이다.

따라서 감독 창구를 단일화하거나 금감원과 공정위가 같은 시기에 공동 감사를 벌여 금융권의 감사 부담을 줄여줘야 한다는 목소리가 높다.

이원화된
한국 금융감독기구

금융선진국의 금융감독기구

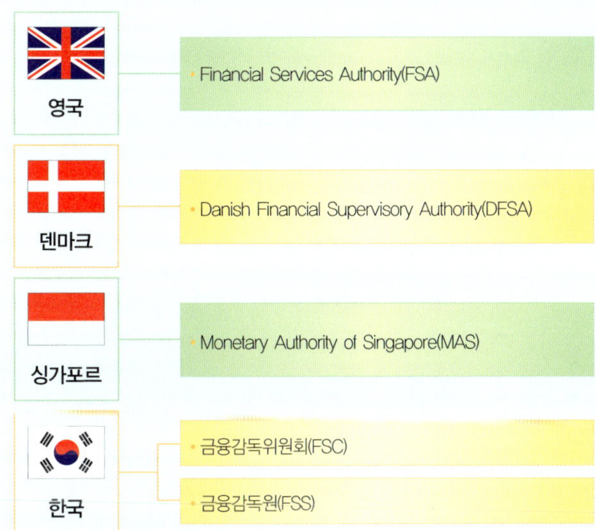

"외국 감독기관 사람들과 만나서 FSC와 FSS의 차이점을 어떻게 설명할 수 있겠는가? 설명해도 이해할 수 있겠는가?" 금융감독 당국의 한 관계자가 내뱉은 말이다. 공무원과 민간인이 혼재된 이원화된 금융감독 기구를 외국인에게 설명하기가 쉽지 않다는 얘기다.

FSC는 Financial Supervisory Commission의 약자로 금융감독위원회를 뜻한다. FSC 사무국에서 일하는 직원은 공무원이다. FSS는 Financial Supervisory Service의 약자로 금융감독원을 의미한다. 이 곳 직원은 민간인 신분이다.

금융감독기구가 이원화된 것은 외환위기 직후다. 금융감독기구의 통폐합과 재경원에 집중된 금융관련 권한을 분산시키면서 나온 결과물인 것이다.

금융감독위원회(금감위)는 감독결과에 대한 의사결정회의를 의미한다. 금감위에 속한 공무원은 정확히 얘기하면 금감위 사무국에 속한 공무원을 의미한다. 현재 70여 명의 공무원이 배치돼 있다.

금융감독원(금감원)은 은행감독원, 보험감독원, 증권감독원, 신용관리기금 등 4개 감독기관을 통폐합해 1999년 1월 2일자로 설립됐다. 직원 수는 1,600여 명에 이른다.

금융감독기구의 이원화가 불필요한 행정 낭비를 초래하고, 독립성을 해친다는 비판이 적지 않게 제기된다. 문제가 발생할 경우 책임소지를 가리기도 어렵다. DJ정부 시절 신용카드 대란의 책임 문제가 불거졌을 때 금감원 직원들 사이에서는 '공무원들은 책임을 회피하고 우리들만 희생양이 됐다'는 불만이 터져 나오기도 했다.

은행을 예로 들어 보자. 은행의 법과 제도와 관련된 사항은 과천정부청사 1동 재정경제부의 금융정책국 산하 은행제도과가 담당한다. 감독규정은 여의도 금감위의 은행감독과에서 맡고 있다. 은행제도과와 은행감독과 직원들은 공무원 신분이다. 실제 은행의 검사는 민간인 신분인 금융감독원의 은행검사국에서 이뤄진다. 금감원에는 은행감독과 관련해 은행감독국이 별도로 조직돼 있다. 민간인인 금감원과 공무원인 금감위의 관계가 애매할 수밖에 없다.

최고의사결정기구인 금감위에 포진된 공무원 수가 점점 늘면서 옥상옥이라는 비판이 제기된다. 조직 확대 문제를 놓고 마찰을 빚기도 한다. 금감원에 조사국과 함께 감독국이 있는데 의사결정기구인 금감위를 보좌하는 공무원들을 굳이 이렇게 많이 배치할 필요가 있느냐는 비판이다.

게다가 공무원 1급인 금감위 상임위원이 공직에서 옷을 벗으면 곧장 금감원의 고위직 가운데 한 자리인 총괄보험 담당 부원장에 임명되곤 하면서 갈등이 표출되기도 했다.

아울러 법과 제도를 다루는 재경부가 시장에서 괴리되어 하루가 멀다 하고 변하는 금융시장 환경 변화를 제 때 반영하지 못한다는 비판도 제기된다. 따라서 영국(FSA), 덴마크(DFSA), 싱가포르(MAS)처럼 금융감독 당국의 일원화를 추진해야 한다는 목소리가 높다.

금융정책과
감독기능을 분리해야

감독기구 개편

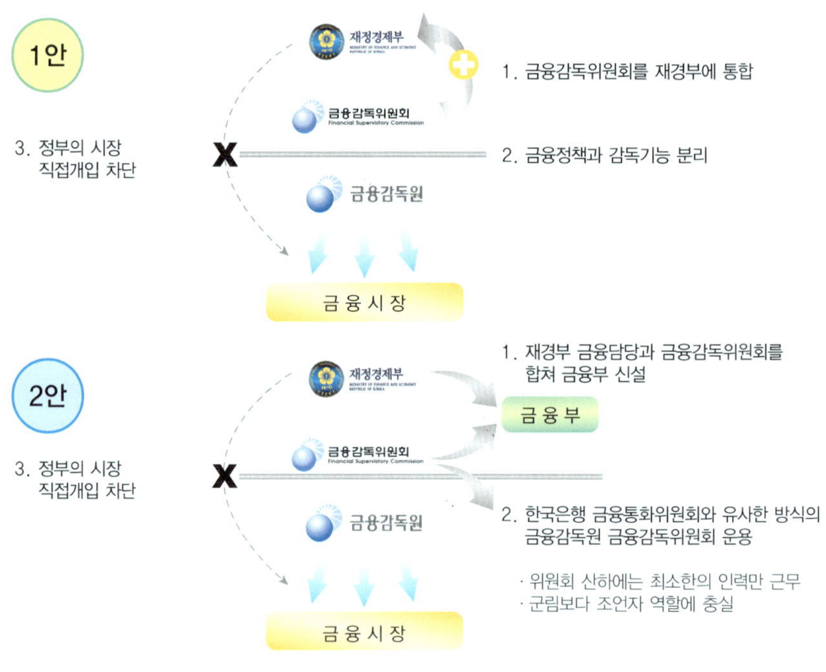

신용카드 책임론이 불거진 2004년 초 감독기구 개편 문제가 정부 조직 개편의 핵심 논란으로 떠올랐다. 재경부, 금감위, 금감원이 제각각 조직개편안을 마련해 로비에 나설 정도로 민감한 사안이었다.

이들 기관은 당시 △재경부, 금융정책국, 금감위, 금감원 통합 후 재경부 산하 금융감독청 신설(재경부 안) △재경부, 금융정책국, 금감위 통합 후 금융부 신설(금감위 안) △금감위, 금감원 통합 후 민간 감독기구화(금감원 안) 등의 방안을 내놓았다.

각각의 방안이 나름대로 장단점이 있어 치열한 논쟁이 벌어졌지만 감독기구 개편 문제는 용두사미로 끝나고 말았다. 금감위와 금감원으로 이원화된 조직은 그대로 유지됐다. 하지만 감독제도 선진화를 위해 감독기구 개편 문제는 반드시 짚고 넘어가야 한다.

대체적으로 금융정책을 다루는 공무원 조직이 금감위와 재경부로 나눠져 있는 것은 효율적이지 못하다는 의견이 많다. 따라서 금감위를 재경부에 통합하거나 금감위와 재경부의 금융관련 조직을 떼어 내 옛 재무부와 유사한 성격의 금융부를 만드는 방향으로 통합할 필요가 있다는 것이다. 그렇지 않으면 금융감독원과 합쳐야 한다는 의견이다. 어떤 식으로든 지금처럼 많은 공무원이 배치된 금감위 사무국과 같은 조직의 존재 이유는 별로 없다는 것이다.

현재와 같이 법과 제도, 감독이 따로 놀면 급변하는 금융시장 변화를 쫓아가기에 한계가 있다는 것이 이 같은 주장이 나오는 배경이다.

문제는 금융권을 직접 검사하는 금감원이다. 금감원의 경우 공무원화해 금융감독청으로 만들거나 한국은행처럼 독립적인 민간기구로 두는 방안이 제시된다. 공무원화해 금융감독청으로 전환될 경우 금융감독이 금융정책에 예속될 것이라는 우려가 제기된다. 중립성이 훼손된다는 걱정이다.

신용카드 부실 문제는 무리한 경기부양을 위해 카드 발급은 남발하면서 감독은 소홀히 했기 때문에 발생한 문제인데 금융감독이 금융정책에 예속되면 추후 이런 사태가 재발하지 않는다고 장담할 수 없다는 비판이다.

이에 대한 대안이 금융정책을 다루는 정부 조직과는 별개로 금융권을 직접 감독하는 금감원을 독립된 민간기구로 남겨둬야 한다는 주장이다. 금감원이 금융권을 검사하고, 의사결정은 한국은행의 금융통화위원회처럼 독립된 의사결정기구에서 하도록 하는 방식이다.

이 경우 금융감독의 독립성이 크게 보장된다는 장점이 있다. 하지만 금감원이 민간 독립기구가 될 경우 권력이 집중된 이 곳을 견제할 수 있는 장치가 충분히 마련해야 된다는 전제조건이 붙는다.

조직 개편의 핵심은 금융정책기능과 검사기능을 철저히 분리해 독립성을 보장해 정부가 금융시장에 직접 개입하는 것을 철저히 막아야 한다는 것이다. 어느 경우라도 이러한 대원칙이 훼손돼서는 안 된다.

금융감독기구의 정치적 독립

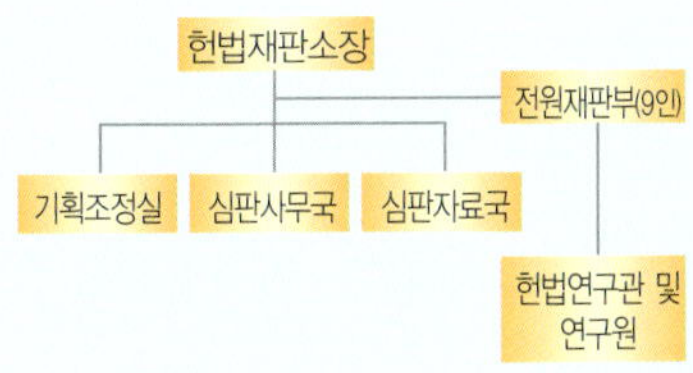

- 헌재 소장 임기 6년(국회동의) 〉 대통령 임기(5년)
- 재판관 선출(지명) = 대통령(3인) + 국회(3인) + 사법부(3인) or 대법원장 = 임기 6년

- FRB 이사 임기 14년(상원동의)
- FRB 의장 임기 4년 연임가능(상원동의)
- FOMC = 이사회(7명) + 뉴욕연방준비은행장(1명 당연직) + 지역연방준비은행장(4명 순환직)

- 정권에 영향받지 않는 임기 보장
- 국회 동의를 통한 권한 보장
- 이원 조직의 단일화를 통한 책임·권한의 일치 (금감위·금감원)

- 독립직 반민반관 규제기구(Independently regulatory committee)의 공권력도 가능, 대륙법 근거인 공권력 지양, 영미법 체계의 도입 필요성(준입법/준사법 권한: 규정제정권, 분쟁조정권, 강제집행권)
- 업계 내 자율적 견제와 균형 → 시장질서 확보의 지름길
- 임기보장 + 정치적 독립성 → 권위 확보의 최선책

(1) 연방준비은행: Federal Reserue Bank

금융감독기구를 정치적으로 독립시키기 위해서는 헌법재판소 또는 미국 연방준비제도이사회(FRB)와 같은 조직을 참고할 필요가 있다. 또한 금융감독기구 수장의 임기를 법으로 보장해 정권이 교체되더라도 영향을 받지 않고 독립적으로 업무를 수행하도록 보장해야 한다.

금융감독기구 수장을 임명할 때는 국민의 대표기관인 국회의 동의를 받도록 해야 정치적 간섭에서 벗어날 수 있다. 헌법재판소장과 재판관 임명 절차를 참고해 외부 간섭에서 벗어나도록 하자는 것이다. 국회의 동의를 얻는 헌재소장의 임기는 6년으로 대통령 임기보다 길다. 국회의 동의를 얻어 보장된 권한이기 때문에 정권의 영향을 받지 않고 임기가 보장된다. 재판관은 대통령, 국회, 사법부가 3명씩 나눠서 지명한다.

미국 FRB 의장의 임기는 4년으로 연임이 가능하다. 반드시 상원에서 여는 인사청문회를 통과해야 한다. 임기 14년인 이사 역시 상원의 동의가 필요하다. 국회 청문회는 FRB의 독립성을 국민에게 다시 한 번 다짐하는 자리다.

앨런 그린스펀 전 FRB 의장에게 2006년 2월 바통을 이어받은 버냉키 FRB 의장은 상원 청문회에서 "의회의 인준을 받게 되면 모든 정치적 영향력으로부터 엄격히 독립을 지킬 것"이라며 "FRB가 의회에서 부여받은 위임과 국민 이익에 따라서만 움직일 것을 다짐한다"고 강조했다. 정부의 입장 대신 국민의 입장에서 독립적인 의사결정을 하겠다는 것이다.

FRB의 공개시장위원회(FOMC)는 이사회(7명), 뉴욕연방준비은행장(1명 당연직), 지역연방준비은행장(4명 순환직)으로 구성돼 독립적인 의사결정이 가능하다. 2006년 미국 중간선거에서 민주당이 승리해 부시 행정부(공화당)의 경제 정책에 변화가 일 것이라는 보도가 넘쳐났다. 그러한 상황에서도 많은 이코노미스트들이 통화정책에 관해서 만큼은 "FRB의 독립성을 감안하면 통화정책은 중립적"이라는 코멘트를 한 것은 FRB의 독립성을 보여준 대표적인 사례다.

이처럼 국회 청문회를 통해 임기 보장과 함께 정치적인 독립성을 부여하는 것이 금융감독기구의 권위를 세우는 최선의 방법이다.

용어설명

FRB

미국 연방준비은행(Federal Reserve Bank) 또는 이 은행의 최고의사결정 기구인 연방준비제도이사회(Federal Reserve Board)를 의미한다. FRB는 미국정부의 재무 대리기관으로 회원은행인 미국 내 수천 개 상업은행들의 준비금을 관리하며 유일하게 달러 화폐를 발권하는 등 중앙은행 기능을 수행한다.

외압에서 자유로운
금융감독 수장

히딩크 신화의 교훈

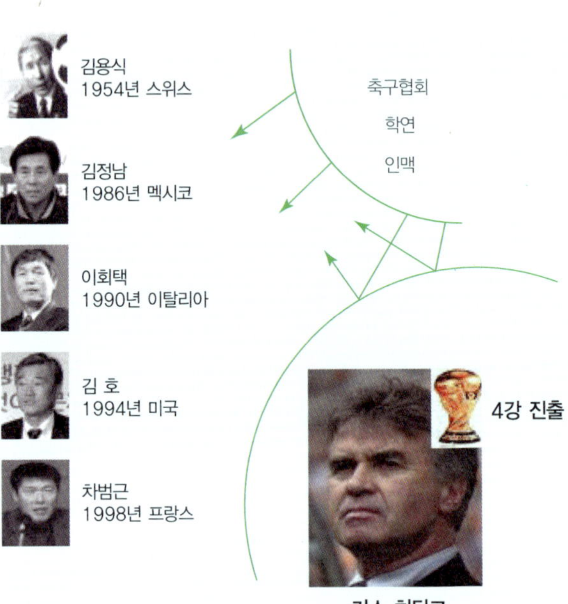

2002년 6월 한국 국가대표 축구팀은 월드컵 4강 신화를 이뤄냈다. 지난 1954년 스위스 월드컵에 처녀 출전한 이후 5차례 월드컵에 출전하여 단 1승도 올리지 못했던 한국 대표팀이 4강에 진출하는 기적을 만들어 낸 것이다. 월드컵 4강 신화를 얘기할 때면 언제나 따라붙는 이름이 있다. 바로 거스 히딩크. 네덜란드 출신 감독인 히딩크는 그 자체로 신화가 됐다.

고정관념과 구태의연한 사고를 벗어던지자는 주장을 펼 때면 히딩크가 한 번씩 언급될 정도로 그가 한국인의 정서에 미친 영향은 컸다.

1986년부터 1998년까지 한국은 4회 연속 월드컵에 진출했다. 그 4번의 월드컵에서 김정남, 이회택, 김호, 차범근이 감독을 맡았다. 모두 한국 축구역사에 한 획을 그은 쟁쟁한 선수 출신 감독들이었지만 월드컵에서는 단 1승도 올리지 못하는 수모만 겪었다. 심지어 월드컵 도중 감독이 경질되는 사태가 빚어지기도 했다.

2002년 히딩크라는 외국인을 감독으로 영입한 것은 당시 한국 축구로서는 파격적인 선택이었다. 4강 신화의 주역이 된 히딩크. 그의 성공을 분석한 수많은 책이 나왔지만, 공통적으로 모두 '독립성'과 '개방성'에 초점을 맞추고 있다.

외국인인 히딩크는 학연, 지연, 혈연으로부터 자유로웠다. 선수 선발에서도 자율성을 보장받았다. 덕분에 국가대표를 선발할 때마다 불거지는 논란을 잠재울 수 있었다. 능력만 있으면 대표로 선발했다. 영국 프리미어리그로 주가를 올리고 있는 박지성은 히딩크가 없었으면 진가를 발휘하지 못했을 것이라는 분석이 많다. 독립성이 보장되자 그 어느 때보다 넓은 시야에서 능력 있는 선수들을 뽑을 수 있었던 것이다.

독립성과 개방성으로 최고의 선수를 뽑은 히딩크는 그 기반 위에 자신이 경험한 선진 축구의 전략과 전술을 구사했다. 이전 월드컵 대표팀에 비해 선수(인재) 개개인의 능력이 결코 뛰어나다고 말할 수 없었다. 하지만 외국인 명장의 지휘 아래 한국 축구의 잠재력을 최대한 끌어내는 데 성공한 것이다.

한국경제의 새로운 성장동력을 꿈꾸는 금융산업도 히딩크 신화에 목말라 있다. 금융회사는 물론 경직돼 있기로 소문난 금융감독기구와 국책 금융기관에서도 고정관념을 깨뜨릴 수 있는 '히딩크'를 발굴하고 영입하는 일이 절실하다.

최운열 서강대학교 부총장(전 금융통화위원)

금융감독 수장에
외국인 영입해야

외국인을 수장으로 영입한 사례

Appendix 34

중동의 금융허브 두바이(Dubai). 무(無)세금, 무(無)제한외환거래, 무(無)스폰서, 무(無)노동쟁의 등 상상을 초월하는 4무(無) 정책은 두바이를 중동의 허브 반열에 올려놓았다.

1970~1980년대에는 넘치는 오일머니가 뉴욕, 런던 등 선진국 금융시장으로 몰렸지만 요즘엔 두바이로 몰려들고 있다. 두바이가 단시간에 중동의 금융허브로 자리 잡게 된 배경에는 타의 추종을 불허하는 개방화가 있었다.

보수적으로 소문난 금융시장이지만 능력만 있으면 외국 전문가도 영입하겠다는 개방적인 자세가 국제금융시장에서 신뢰를 쌓게 했다. 2005년 6월 두바이는 금융감독청(DFSA, Dubai Financial Services Authority) CEO에 호주 출신의 데이비드 노트를 임명했다. 노트는 호주 증권시장(ASIC) 이사회 의장을 지냈다. 은행, 보험, 증권, 감독당국에서 두루 경험을 쌓은 호주인을 금융감독 수장에 임명한 것이다.

이사회도 다국적으로 구성했다. 두바이 금융감독청 이사회에 참석하는 11명의 위원 가운데 외국인이 10명에 이른다. 이사회 의장을 맡고 있는 바비브 알 물라와 위원 1명을 제외하곤 모두 영국과 미국 등 외국인 금융전문가들로 채웠다. 선진 금융을 받아들이기 위해 파격적으로 조직을 구성한 것이다.

한국 축구가 히딩크를 영입해 4강 신화를 이뤘듯이 두바이는 외국인을 금융감독 수장과 고위급에 앉혀 놓고, 세계 금융허브 신화를 위해 뛰고 있다. 그리고 두바이의 신화는 이미 모습을 드러내고 있다.

아시아의 금융허브 홍콩 역시 금융감독 기구를 외국인에게 개방했다. 홍콩 금융관리국(HKMA)의 윌리엄 리벡 부위원장(Deputy chief executive)은 미국 연방준비제도이사회(FRB)에서 경험을 쌓은 미국인이다. 위원(Executive director) 가운데에도 영국과 스위스 등 외국인 위원 3명이 포진하고 있다.

또 홍콩 증권시장을 감독하는 증권선물위원회(SFC, 증선위) 마틴 휘틀리 CEO는 런던증권거래소(LSE)에서 경험을 쌓은 전문가다. 증선위 위원 가운데 영국이나 호주에서 영입한 전문 인력이 시장을 감시한다.

홍콩과 두바이가 외국인 전문가들에게 단순한 자문 업무만 맡기는 것이 아니라 의사결정 과정에 참여하는 실질적인 직함을 주고 있다는 점에 주목할 필요가 있다. 금융감독기구 수장과 고위급에 외국인을 임명한 것은 선진 금융시장의 노하우를 전수받는 직접적인 효과 외에도 그 자체로 의미가 있다. 개방되고 국제화된 모습을 대외적으로 보여주는 상징적인 의미를 갖는 것이다.

금융 서비스시장 선진화를 위해 영어공용화 등 획기적인 발상의 전환을 요구하는 목소리가 높은 시점에서 외국인을 금융감독당국 고위급 또는 수장으로 영입하는 것은 금융시장의 고정 관념을 송두리째 바꿔놓는 효과를 거둘 수 있다.

국내외 자본의 구분이 없어지고 있는 시점에서 시장과 국제적인 시각을 반영하지 못하고 고정관념에 사로잡힌 금융감독은 결과적으로 외국자본을 내쫓는 결과를 가져올 수도 있다.

선진국에 걸맞은
화폐 단위

터키 화폐개혁(2005년 1월)

'000,000' 삭제

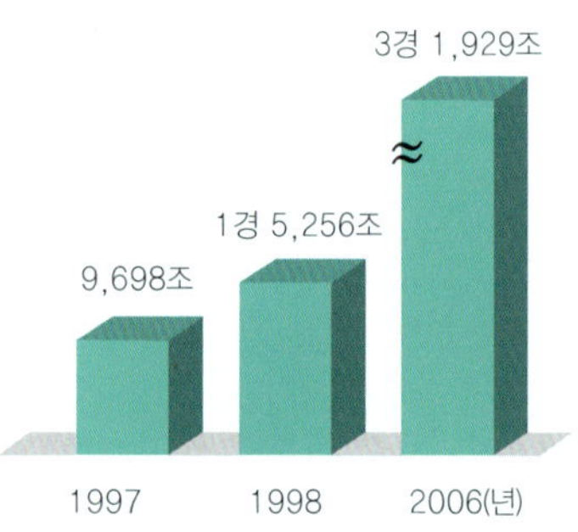

한국은행 연간 결제액
₩30,000,000,000,000,000,000

이르면 2008년 말 고액권이 나올 예정이다. 수표 대신 5만 원 권과 10만 원 권 화폐가 시중에 유통되는 것이다. 이미 국회와 정부의 의견이 모아졌기 때문에 준비기간만 거치면 발행은 일사천리로 진행될 것으로 보인다.

고액권 발행이 가시화되면서 또 하나의 이슈가 제기되고 있다. 바로 화폐 액면단위 변경(Redenomination, 리디노미네이션) 문제다. 좀 더 정확히 말해 액면단위를 낮추는 것이다.

한국은행은 2005년 고액권 문제를 연구하면서 액면단위 변경도 검토한 것으로 알려졌다. 하지만 부작용을 염려하는 반대 의견에 부딪혀 일단 보류됐다.

화폐 액면단위 변경은 고액권 시대에 대처하고 선진국 금융을 하기 위한 기본 요건으로 추진할 필요가 있다. 고액권이 나오면 '0'이 6개 붙은 1,000,000원 화폐가 시중에 유통된다. 선진국 화폐 가운데 이처럼 많은 '0'이 붙은 화폐는 찾아보기가 힘들다. 1,000,000원을 미국이나 유럽 화폐로 교환하면 100달러 또는 100유로 정도의 숫자만으로 충분하다.

단순히 시중에 유통되는 화폐 문제만 거론되는 것은 아니다. 한국의 경제 규모가 세계 11위에 오를 만큼 커지면서 화폐단위가 우리에게 친숙한 조(兆) 단위를 넘어서고 있다. 한국은행의 연간 결제액은 1997년 9,698조 원에서 1998년에는 1경 5,256조 원으로 높아졌다.

화폐 단위가 조를 넘어 이름도 생소한 '경(京)'이 사용되고 있는 셈이다. 2006년 연간 결제액은 3경 1,929조 원에 이르렀다. 2006년 1분기에 금융회사 파생상품 거래 규모는 명목금액 기준으로 1경 2,907조 원으로 집계됐다.

전년 동기보다 두 배 가까이 증가한 수치로 이제 금융회사들의 거래규모도 천문학적으로 커지고 있다.

금융시장의 기법이 날로 복잡해지고 돈의 국경이 없어지면서 화폐단위는 상상을 초월할 정도로 높아질 것이다. 서둘러 화폐 개혁을 하지 않으면 비용과 복잡성 때문에 나중에는 하고 싶어도 하지 못하는 사태가 벌어질 것을 염려하는 시각도 있다.

'1경'을 풀어놓으면 '10,000,000,000,000,000'으로 '0'이 무려 16개나 붙는다. 따라서 선진국 진입을 위해서는 선진국 화폐단위와 근접한 수준으로 액면단위를 낮춰 금융 선진화의 계기로 삼을 필요가 있다는 주장이 거세다.

터키는 2005년 1월 대대적인 화폐 개혁을 단행해 6개의 '0'을 화폐에서 지웠다. 화폐의 액면단위가 컸던 이탈리아와 같은 유럽연합(EU) 국가들은 '유로' 시대를 열면서 자연스럽게 액면단위를 조정했다.

오는 2008년 계획대로 1,000,000원 고액권이 발행되면 액면단위 하향 조정에 대한 논란이 커질 가능성이 있기 때문에 지금부터 준비해 나갈 필요가 있다. 선진국에 걸맞는 화폐 개혁으로 국민들에게 금융 선진화의 필요성을 부각시키는 계기로 삼아야 한다는 목소리가 높다.

미래 금융산업의 핵심,
사이버화폐

린든 화폐의 환율

사이버화폐 거래소 설립

도토리

QQ코인

요즘 가상현실을 다루는 인터넷사이트 세컨드라이프(www.secondlife.com)가 세계적으로 화제를 모으고 있다. 2003년 미국 샌프란시스코의 벤처기업 린든 사가 선보인 이 사이트는 현실세계와 똑같은 가상의 삶을 인터넷 공간에 옮겨놓아 선풍적인 인기몰이를 하고 있다. 인터넷 패러다임을 바꿔놓은 UCC(User Creative Contents, 사용자제작콘텐츠)의 인기를 넘어설 것이라는 전망도 나온다. 사이트 가입자 수도 이미 400만 명이 넘었다.

IBM 등 글로벌 기업들은 회사 차원에서 세컨드라이프에 둥지를 트고 직원회의를 열기도 한다. 가상공간이 무시할 수 없을 만큼 현실세계에 영향을 미치자 글로벌 기업들이 앞다퉈 지점을 열고 광고 마케팅에 나서고 있다.

사정이 이렇다 보니 미국 통신사인 로이터는 가상공간에 본사를 두고 취재기자까지 있을 정도다. '세컨드라이프에서는 모든 것을 원하는 대로 창조할 수 있다. 마치 신과 같다' 라는 말이 나올 정도다. 영화 〈매트릭스(Matrix)〉와 같은 세상이 따로 없다.

이렇듯 세컨드라이프가 주목받는 가장 큰 이유는 현실세계와 똑같은 경제 활동이 가상공간에서 벌어지고 있기 때문이다. 세컨드라이프에서는 린든(Linden)이라는 화폐가 통용된다. 그런데 이 화폐가 미국 달러와 교환되기도 한다. 환율은 1달러에 대략 260~270린든(L$) 정도다. 환율은 거래량에 따라 매일 변경되니 국제 외환시장과 다를 바가 없다. 세컨드라이프에서 하루에 거래되는 돈은 달러로 대략 180만 달러에 이른다. 엄청난 경제 활동이 벌어지고 있는 셈이다.

세컨드라이프는 한 사례일 뿐 사이버공간의 금융시장은 더 이상 무시할 수 없는 수준으로 급성장하고 있다. 국경도 없고(Borderless), 시간의 제약도 없고(Timeless), 정형화되지 않은(Formless) 3세대 금융의 공식이 그대로 적용되는 공간인 것이다.

'아이들에게 세뱃돈으로 돈 대신 도토리(국내 한 인터넷사이트의 사이버머니)를 주는 것이 낫다' 라는 말이 더 이상 우스갯소리가 아닌 시대가 됐다. 아직 세컨드라이프처럼 사이버머니를 돈으로 직접 교환할 수는 없지만 국내에서 유통되는 사이버머니는 대략 1조 원을 넘어선 것으로 추정된다. 돈으로 교환되지 않을 뿐 쇼핑몰 등을 통해 물건을 구입하는 데는 별 지장이 없는 사이버머니가 많다는 점을 감안하면 일종의 금융활동이라고 봐도 무리는 아니다.

중국에서는 'QQ코인' 이라는 사이버머니가 광범위하게 유통되자 중국 정부가 서둘러 규제에 나서기도 했다. '금융시장을 교란할 가능성이 있다' 는 염려가 제기됐기 때문이다. 하지만 가상공간의 성장과 사이버머니의 광범위한 유통이 계속될 경우 무작정 규제에 나서는 데에는 한계가 있을 것이라는 관측이다. 따라서 가상공간의 금융시장을 선점하기 위해 사이버화폐 거래소(Virtual Exchange)를 추진하는 등의 노력이 필요하다.

아직 현실 금융에 영향을 미칠 정도는 아니지만 세컨드라이프는 우리가 생각하는 금융시장의 고정관념이 언제든지 바뀔 수 있고 도전받을 수 있다는 사실을 일깨워주는 대표적인 사례다. 한국의 금융산업이 여의도와 명동의 고정관념에 사로잡혀 안주하고 있을 시간이 없다는 경고를 외국이 아닌 사이버공간이 던져주고 있는 것이다.

Part 9

금융한국의 4M 전략Ⅲ

금융인재를 키우자
(Meister of Finance)

국적 뛰어넘는
전문 CEO 영입

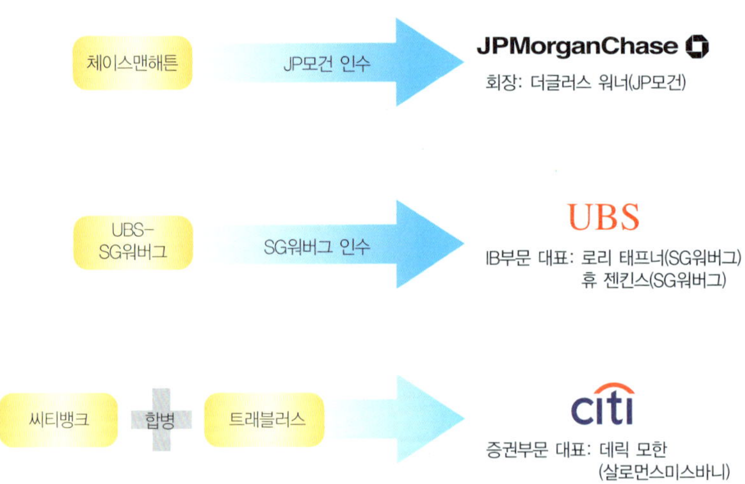

국내 증권사가 고수익의 투자금융회사로 성공하려면 전문가가 회사를 이끌어야 한다. 선진 금융회사의 경우, 전문 CEO 영입사례를 쉽게 찾아볼 수 있다.

2000년 9월 미국 상업은행인 체이스맨해튼은 주식발행, 인수합병 등 투자금융 업무에서 강세를 보이던 JP모건을 인수했다. 당시 기업대출 등 상업금융을 주로 하던 체이스맨해튼은 JP모건 인수를 통해 투자금융 업무를 확대할 계획이었다. 인수자는 체이스맨해튼이었지만 합병회사는 'JP모건 체이스'로 결정됐고, 초대 회장은 더글러스 워너 JP모건 회장이 맡았다. 고수익 투자금융회사로 성공하기 위해 전문가에게 지휘봉을 맡긴 것이다.

SG워버그를 인수한 UBS도 마찬가지다. 1995년 스위스의 대형은행 UBS가 영국의 소규모 투자은행 SG워버그를 흡수·합병했다. 그러나 워버그 출신의 로리 태프너가 합병 후 UBS IB부문 대표를 맡았다. 또한 UBS IB부문 임원 자리 대부분을 워버그 출신들이 차지했다.

이들은 UBS를 세계 5대 투자은행으로 올려놓은 주역이 됐다. UBS가 다른 회사를 흡수·합병한 것은 물론 덩치로 보나 브랜드로 보나 UBS가 당연히 인수 주체였다. 하지만 최고경영진의 자리에는 출신을 막론하고 각 분야 전문가들이 장악했던 것이다.

2006년 10월 채권 전문 자산운용사 블랙록이 메릴린치 자산운용부문을 합병하면서 세계적 자산운용사로 부상했다. 그러나 메릴린치는 이 거래에서 블랙록 지분 49%를 받아 실질적으로 블랙록을 지배하게 됐다. 그런데도 불구하고 로렌스 핑크 블랙록 회장이 합병회사 회장직을 그대로 맡았다. 스탠 오닐 메릴린치 회장은 그저 이사회 멤버일 뿐이다. 브랜드도 2008년까지 메릴린치 대신 블랙록를 사용할 예정이다. 메릴린치가 기관투자가를 상대로 한 채권운용시장에서의 경쟁력을 인정했기 때문이다. 씨티뱅크와 보험사인 트래블러스가 합병했을 때도 통합 씨티그룹의 증권부문 수장은 살로먼스미스바니 출신이 맡았다.

선진 금융회사들은 성장을 위해 외부 전문가 영입에도 인색하지 않았다. 프랑스 크레디아그리콜그룹 자회사인 CA자산운용의 사장, 부사장 등 경영진은 물론 직원 중 절반 이상이 다른 금융회사 또는 다른 나라에서 일하던 전문가들로 채워져 있다.

> 한국에 인재가 없다기보다 인재를 담을 수 있는 틀이
> 아직 형성돼 있지 않은 것으로 보인다.
> 인재가 활동할 수 있도록 보상체계 개편,
> 업무 스타일 변화, 노사문화 개혁 등이 선행돼야 한다.
>
> 김병호 하나금융지주 상무

금융인재 육성을 위한 보상의 차별화

골드만삭스와 삼성증권 비교

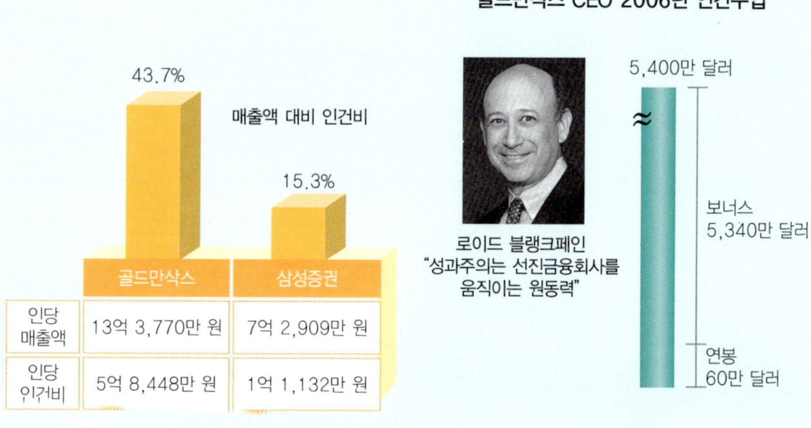

• 참고: 삼성증권 인건비는 급여, 퇴직급여, 복리후생비 등 포함(2005년), 골드만삭스는 compensation & benefit (2006년), 환율 1달러당 940원 기준

금융인재를 키우기 위해선 보상의 차별화가 이뤄져야 한다. 〈매일경제〉
는 세계 최고 투자금융회사(IB)인 골드만삭스와 국내 대표 증권사인 삼성증
권의 인건비를 비교 분석했다.

증권 발행, 기업공개, 자기매매 등 고부가가치 사업 비중이 높은 골드만
삭스의 1인당 평균 인건비(2006년 기준)는 5억 8,448만 원이었다. 이에 비해
삼성증권(2005년 기준)의 1인당 인건비는 1억 1,132만 원으로 조사됐다. 골
드만삭스 직원이 삼성증권 직원보다 5배가량 많은 연봉을 받는 셈이다.

특히 골드만삭스의 경우, 회사 내 핵심 인재에 대한 보상 시스템이 확실
하게 마련돼 있다. 로이드 블랭크페인 골드만삭스 최고경영자(CEO)의 2006
년 연간수입은 직원 평균의 100배가 넘었다.

월가 투자금융회사(IB)들은 '금융산업은 결국 사람이 한다'는 경영철학
을 굳게 믿고 있다. 이에 따라 월가 IB들은 우수한 인재를 끌어들이는 데 투
자를 아끼지 않는다. IB들의 인재관리는 철저하게 능력과 회사 기여도에 따
라 평가하는 성과주의(Meritocracy)로 이뤄지고 있다. 또 직원의 글로벌화된
금융지식과 리스크관리 능력에 따라 IB의 경쟁력이 좌우되는 구조라고 할
수 있다.

골드만삭스가 인건비로 지출하는 금액은 전체 매출액 중 43.7%다. 삼성
증권이 15.3% 수준인 점을 감안하면 골드만삭스가 우수 인력을 붙잡기 위
해 얼마나 많은 돈을 쏟아붓는지 알 수 있다. 성과주의가 월가를 움직이는
원동력이며 한국적 정서로는 쉽게 받아들이기 힘들지만 이것부터 수용해야
최고 인재를 끌어올 수 있다고 전문가들은 충고한다.

존 윙 보스턴컨설팅그룹(BCG) 아시아·태평양 지역 회장은 "한국 금융회사들의 상명하복 정서가 금융산업 발전에 걸림돌로 작용하고 있다"며, "선진 금융회사들의 슈퍼스타들은 대부분 30대 중후반이나 40대 초반의 인재"라고 지적했다.

그는 "한국만큼 해외 유학생이 많은 국가도 없을 것"이라며 "이들이 배운 것을 제대로 활용할 수 있도록 환경을 조성하고 특히 경쟁력 있는 보수를 지불해야 한다"라고 말했다.

용어설명

성과주의(Meritocracy)
실력에 따라 개인의 사회적 지위와 보수가 결정되는 현상. 흔히 성과주의로 해석된다. 영국 사회학자 마이클 영은 1958년 출간된 그의 미래소설 《메리토크라시의 반란(Rise of Meritocracy)》에서 실력이 지배하는 사회를 가리켜 '메리토크라시'라는 용어를 사용했다.

금융 CEO도
기업가정신 가져야

낙하산 인사에 따른 악순환

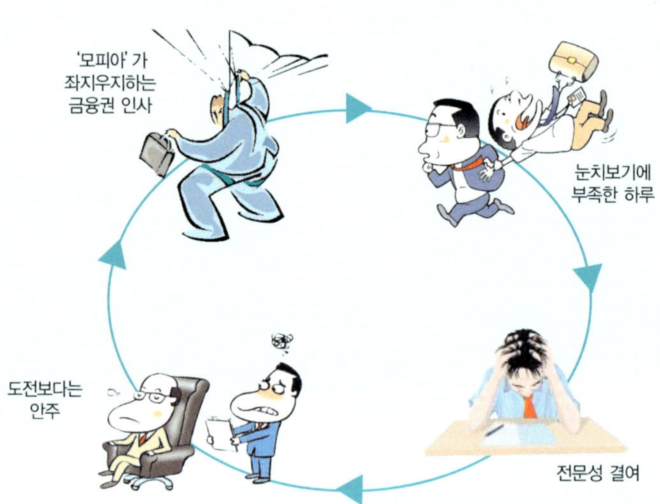

낙하산 인사를 뿌리 뽑아야 한다. '모피아'가 주도하는 금융권 인사가 지속되고 있다.

금융계는 2007년 3월 우리금융지주 회장, 기업은행장 인사 등에 주목했다. 주요 은행장 등 금융 CEO의 3년 임기가 2007년 3월부터 차례로 끝날 예정이었고, 우리금융지주 회장 선임과정 등은 후속인사의 시금석으로 해석됐기 때문이다.

그러나 우리금융지주 회장 인사 과정을 관심 있게 지켜본 사람들은 이구동성으로 '역시나'라는 반응을 보였다. 공적자금이 투입된 은행이 정부의 입김에서 자유롭지 못한 만큼 '낙하산 인사'가 이뤄질 것이란 당초 예상이 맞았기 때문이다. 우리금융지주 회장직에 재정경제부 차관 출신 박병원 씨가 입성에 성공했다.

우리금융지주는 정경유착 대출, 관료의 금융정책 실패 등으로 파탄이 난 상황이었으나 국민들의 세금으로 회생할 수 있었다. 이를 위해 불가피하게 공적자금을 투입하다 보니 국유은행이 됐을 뿐 엄연한 시중은행이다. 다시 말해 정부가 압도적인 대주주라서 당연히 관료 출신이 계열 금융회사 총괄회장을 맡아야 한다는 논리는 맞지 않지만 결과는 관료 출신이 회장직에 입성한 것으로 끝났다는 것이다.

또 기업은행은 국책은행이지만 시중은행처럼 영업하고 있고 국책은행으로 비쳐지는 것을 꺼린다. 그런데 막상 민간인은 기업은행장 하마평(下馬評)에도 오르지 못한다. 실제로 그 해 기업은행장 인사에서 관료 출신인 강권석 행장이 연임에 성공했다.

지금처럼 낙하산 인사가 지속된다면 금융권은 '정치'에 휘말릴 수밖에 없다. 스스로 경쟁력을 키우기보다는 눈치 보기에 급급해 보호받고 안주하려는 분위기가 형성될 수 있다.

한국 금융산업은 혹독한 외환위기를 거쳤지만 가계부실, 카드채 문제에 이어 주택담보대출 쏠림현상까지 여러 면에서 후진성을 벗어나지 못하고 있다. 글로벌 경쟁력을 갖춘 금융회사는 아직까지 먼 얘기다. 그렇기 때문에 금융산업 전문 CEO가 목표의식을 확실히 갖고, 장기 성장 계획을 실행에 옮기는 것이 매우 중요하다. 또 이 과정에서 과감한 의사결정이 필수적이다.

이러한 금융산업 전문 CEO의 중요성에도 불구하고 낙하산 인사 문제로 인해 공모과정에서 능력을 갖춘 민간 출신 인사들이 공모를 포기하는 현상이 나타나고 있다. 존 웡 보스턴컨설팅그룹(BCG) 아시아·태평양 지역 회장은 "철저한 비즈니스 논리에 따라 의사결정이 이뤄질 수 있는 여건을 조성해야 한다"고 지적했다.

3세대 금융 가로막는
노조의 일방주의

금융 노조 개혁도 시급히 이뤄져야 할 과제다. 금융회사 경영진들은 금융산업 발전의 걸림돌로 공통적으로 노조를 지적하고 있다.

전 세계 금융시장은 부가가치가 높은 3세대 금융이 대세다. 저수익 사업을 구조조정하고, 고부가가치 사업을 키워야 하지만 노조가 이러한 3세대 금융으로 발전하는 데 걸림돌로 작용하고 있다.

금융회사들은 잉여 인력을 명예퇴직 시키거나 외부 아웃소싱을 통해 인건비를 줄이는 등 고용의 유연성이 필요한 업무에서 사사건건 노조의 저항에 직면하고 있다. 노조의 동의 없이 일방적으로 저수익 사업에 대한 구조조정을 할 수 있는 여건이 아닌 것이다.

특히 3세대 금융을 위해선 실적에 따라 높은 연봉을 받는 금융전문인력이 필요한데, 노조의 일방적인 반대가 보상의 차별화를 가로막고 있다고 금융권 최고경영진들은 지적한다. 또 성과급 차등을 크게 두지 못하다 보니 전문가를 키울 수 있는 조직문화를 형성하기 어려운 구조다.

이와 관련 금융노조 관계자는 "일부 금융전문인력에게 고임금을 지급하는 것을 노조가 거부할 법적인 명시 규정은 없지만 경영투명성 보장과 사측의 급격한 구조조정을 막기 위해 노조가 나서지 않을 수 없다"고 말했다.

시중은행의 한 임원은 "노조의 반대를 피하기 위해 금융전문인력을 계약직으로 영입해 높은 연봉을 주고 있지만 그마저도 충분치 않아 회사를 떠나지 않을까 걱정된다"고 토로했다.

외환위기 이후 금융구조조정이 진행되는 과정에서 은행을 비롯한 금융회사들은 대규모 인력 감축과 지점 축소라는 뼈를 깎는 아픔을 겪었다. 이 같은 '아픔'에 힘입어 금융회사들은 1970~1980년대 고성장 과정에서 누적되어 온 비효율성을 제거하는 계기를 마련했고, 금융산업 경쟁력은 외환위기 이전보다 한 단계 업그레이드됐다.

향후 전 세계 금융시장의 대세인 3세대 금융으로 이행하기 위해선 고용의 유연성이 전제돼야 한다. 특히 앞으로 금융회사 대형화 과정에서 나타날 인수합병 과정에서는 이 같은 고용의 유연성이 더욱 중요하다고 전문가들은 강조한다.

한편 낙하산 인사는 노조의 지나친 경영간섭을 부추길 수 있다는 점에서 하루속히 뿌리를 뽑아야 한다. 낙하산 인사, 코드보은 인사 등이 철회되지 않는다면 총파업을 포함한 강력한 투쟁에 돌입하겠다고 주장하는 금융 노조 사례를 쉽게 찾아볼 수 있다.

체계적인 금융전문가 양성 시스템

영국과 호주의 전문가 양성

구분	영국: FSSC[1]	호주: AXISS의 AFSTA[2] *
형 식	• 금융회사에 의해 설립된 금융서비스 관련 역량 및 생산성 제고를 위한 협의체	• '인베스트 오스트레일리아'의 금융분야 하부 조직인 AXISS의 기구로 금융 연수기관 연합체
출 범	2004년	2000년
운 영	• 민간 조직 · 금융산업 종사자 간 협력체 운영	• 정부 조직
활 동	• 금융교육제공자에 대한 인증 프로그램 • 금융회사 종사자와의 협력을 통해 금융 산업별 역량 및 성과지표 마련 및 관리 • 금융 서비스 전문가에 대한 자격시험 관리와 산학 연계 프로그램의 인증	• 금융회사의 연수 프로그램 기획 및 제공 • 업역별 전문과정 프로그램 • 금융전문인력 및 연수에 관한 토론회 개최 • 금융자격제도의 관리 • 금융교육프로그램에 대한 자료

(1) Financial Services Skills Council
(2) Australian Financial Service Training Alliance
• 출처: 각 기관별 웹사이트

한국 금융산업 발전을 위해선 금융전문인력의 체계적인 양성이 중요한 과제로 지적된다. 현재 한국 금융전문인력의 경쟁력은 매우 낮은 수준에 머물고 있기 때문이다.

2006년 스위스 국제경영대학원(IMD)이 발표한 국제경쟁력 보고서에 따르면 한국 금융인력의 경쟁력은 최하위로 조사됐다. 노동시장 경쟁력을 나타내는 지표 중 금융인력 관련 지표(Finance Skills)에서 한국이 조사대상 61개국 중 61위를 기록했다. 홍콩(3위), 싱가포르(14위) 등은 물론 대만(29위), 인도네시아(57위)보다도 경쟁력이 떨어지는 것으로 나타났다.

이는 금융산업 경쟁력 약화, 전체적인 국가경쟁력 저하를 초래할 수 있다는 점에서 매우 심각한 문제다. 더구나 3세대 금융시대 도래로 금융 국제화가 빠르게 진전되고 있어 금융전문인력 수요가 앞으로 더 확대될 것으로 예상되고 있는 상황이다. 금융회사들의 해외영업 확대, 외국 선진금융회사와의 경쟁 격화 등으로 인해 새로운 금융기법을 발휘할 수 있는 금융전문인력에 대한 필요성이 강조되고 있다.

금융전문인력을 양성하기 위해선 실무 중심의 교육, 금융연수체제의 네트워크 강화, 금융기관의 경력개발 프로그램 확립 등을 적극적으로 추진할 필요가 있으며 이러한 과정에서 정부의 적극적인 역할이 요구된다.

현재 한국의 금융교육은 실무경험을 쌓기 어려운 구조다. 일반대학원은 학술전문가를 양성하는 것이 우선이기 때문에 실무적인 지식을 습득하는 데 한계가 있다. 경영전문대학원은 영어강의, 다수의 금융전공과목 개설 등 일반대학원에 비해 체계적인 전문가 양성시스템을 갖추고 있지만 재원 부족 등으로 인해 국제적인 교육시설과 교수진 확보가 어려운 상태다. 금융전문인력을 키우기 위해 카이스트 금융전문대학원은 2006년에 문을 열었으나 아직까지는 성과를 기대하기 어려운 상황이다.

박현주 미래에셋그룹 회장은 "금융산업에 있어 인재가 가장 중요하다"며 "현재 한국 금융인력 구조는 영어를 잘 구사하는 브로커(세일즈맨)만 있고 인재는 부족한 상태"라고 말했다. 그는 이어 "싱가포르투자청(GIC)에서 활발한 투자활동을 담당하는 있는 사람들은 30대 금융전문인력이라는 점에 주목해야 한다"며 "10년 내 인재를 육성하는 것이 가장 중요하며 여기서 국가의 역할이 필수적"이라고 강조했다.

금융강국 도약을 국가 정책으로 추진하고 있는 영국(FSSC), 호주(AXISS의 AFSTA) 등은 체계적인 금융전문인력 양성 프로그램을 운영하고 있다. 정부 조직인 호주 AFSTA의 경우, 금융회사의 연수 프로그램 기획, 금융전문인력 토론회, 금융자격제도 관리 등의 활동을 전개하고 있다.

선진 금융회사에서 실무경험 쌓아야

중국의 금융인재 교육훈련

구분	민생은행	공상은행
은행 개요	• 중국의 상업은행 • 자산규모 RMB 650B[1]	• 중국의 국영 상업은행 • 자산규모 RMB 6.5T[2]
교육 주체	• Temasek(3.9% 지분 보유[1])	• 골드만삭스(6% 지분 보유[3])
교육 내용	• 민생은행 직원 100명에게 리스크 모델링 기법 전수 • 월드뱅크의 IFC가 교육자문 및 기술적 지원	• 공상은행 직원을 골드만삭스 직원과 함께 실무 훈련 • Wealth Management 상품부터 위험관리 방법까지 전 부분에 걸친 교육

(1) 2006년 10월
(2) 2005년 12월
(3) 2007년 1월
• 출처: Literature search, Orbis

낙후된 금융교육시스템을 만회하기 위해 정부는 물론 대형 금융기관들이 세계적인 금융회사들과 전략적 제휴를 맺을 필요가 있다. 또 선진금융 회사와 거래할 때 금융인재 교육훈련을 조건으로 달아야 한다.

세계적인 저금리 기조와 풍부한 유동성(돈)으로 인해 해외투자 등 대안투자에 대한 중요성이 강조되고 있다. 그러나 한국 금융회사는 해외투자 분야에 있어 경험이 많지 않다. 경험 부족 탓에 해외투자는 자체적으로 하기보다 외부 운용사에 위탁운용하고 있는 사례를 쉽게 볼 수 있다.

이 때문에 선진 금융회사들과의 전략적 제휴가 중요하다. 파트너에 자금을 위탁운용하고 파견이나 연수 등을 통해 전체적인 '글로벌 투자 시각'을 갖춰 해외투자를 자체적으로 할 수 있는 능력을 키워야 한다.

이와 관련 중국 민생은행, 공상은행 등 금융기관들은 막대한 사업거래 관계를 이용해 자사 인력을 세계적인 금융회사들이 교육·훈련시켜줄 것을 요구하고 있다. 이 같은 과정을 통해 선진 금융산업의 기법을 전수받고 있다.

한국도 선진 금융산업의 기법을 전수받는 데 있어 유리한 위치에 있다. 2006년 기준으로 575조 원 이상 축적돼 있는 61개 연기금이 큰 힘이다. 또 외환보유액을 효율적으로 운용하기 위해 설립된 한국투자공사(KIC)가 본격적으로 투자활동에 나서고 있는 점도 긍정적이다.

한편 국민연금은 2006년 1월 기금운용과 관련한 전략적 제휴사로 크레딧스위스 자산운용과 모건스탠리 자산운용을 선정했다. 국민연금은 내부적인 역량을 강화하고자 국제적인 자산운용의 경험과 노하우가 축적된 세계은행, 해외 공적 연기금 및 해외운용사 등과의 전략적 제휴를 추진 중이며 우선적으로 운용사 2곳을 선정했다.

향후 국민연금은 전략적 제휴사로부터 자산배분, 투자실무 및 리스크 관리 등에 관한 선진운용기법과 시스템을 습득해 명실상부한 글로벌 투자기관으로 도약할 기반을 구축한다는 계획이다.

한국투자공사(Korea Investment Corporation, KIC)
정부의 동아시아 금융허브 구축 계획에 따라 특별법(한국투자공사법)에 근거해 2005년 설립됐다. 싱가포르 국영 투자공사(GIC)를 모델로 하며, 정부 투자기관이면서도 정부가 보유하고 있는 여유 외환보유액의 일부를 상업적인 목적으로 투자·운용한다.

Part 10

금융한국의 4M 전략Ⅳ
돈에 대한
의식을 바꾸자
(Millionaire Campaign)

시대에 뒤떨어진 국민의식

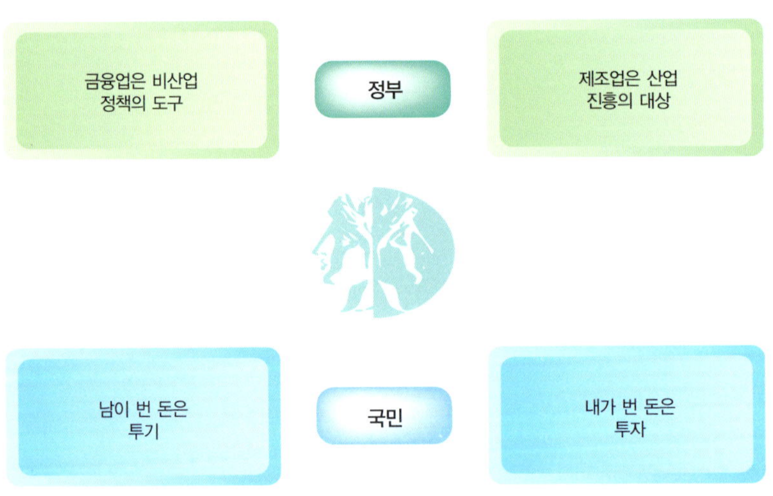

정부와 국민들이 갖고 있는 돈에 대한 이중적 시각이 금융산업 발전에 걸림돌로 작용해왔다. 금융산업은 산업이 아닌 정책 수단이라는 정부의 인식과 금융을 이용한 소득을 투기로 치부하는 편견이 금융 발전을 가로막고 있는 것이다.

그동안 한국 제조업이 발전할 수 있었던 원동력은 정부가 이를 진흥의 대상으로 보고 집중 육성했기 때문이다. 이에 비해 금융은 그 자체를 산업으로 보지 않았고 단지 정책도구로만 여겼다.

사실상 외환위기 이전의 한국은 '정부주도적 관계지향형' 금융구조였다. 정부는 정책금융, 경영개입 등을 통해 자금배분에 직접 관여했다. 이로 인해 낮은 금리의 정책금융이 이뤄졌고, 한계기업의 생존을 연장해주는 부작용이 나타났다. 금융산업이 제조업을 지원하기 위한 정책의 수단으로 활용된 것이다. 하지만 이러한 시각으로는 금융산업을 발전시킬 수 없다.

이제는 금융이 정책의 도구가 아니라 자체적인 산업으로, 제조업에 버금가는 성장이 필요하다는 발상 전환이 필요하다.

돈에 대한 편견도 바뀌어야 한다. '금융은 타인의 부가가치를 빼앗는 산업'이라는 부정적인 인식이 팽배하다. 또한 돈으로 돈을 버는 것을 천하다고 여기면서 스스로는 일확천금을 꿈꾸는 표리부동한 생각도 깊숙이 자리잡고 있다.

이러한 부에 대한 부정적인 인식은 한국경제가 급격한 산업화 과정을 거치면서 일부 부의 축적이 비정상적으로 이뤄졌기 때문으로 분석된다. 그러나 부에 대한 부정적 인식을 타파하지 않고선 금융산업을 발전시킬 수 없다.

이와 관련해 올바른 자녀 교육이 매우 중요하다. 기성세대는 돈이 사회를 살아가는 데 필수적인 것임을 인정하면서도, 아이들에게 돈에 대해 자세히 알려주는 것은 꺼리는 경향이 있다.

자녀에게 돈과 일을 긴밀하게 연계시켜 부에 대한 긍정적인 시각을 심어 줘야 한다. 또한 한정된 돈을 가지고 어떻게 하면 가장 효율적으로 사용할 수 있는지를 생각해 보도록 해야 한다. 아울러 저축의 필요성을 인식시키고 좋은 습관을 들이는 것이 중요하며 한걸음 더 나아가 '투자'의 개념을 가르치고 소비와 저축 외에 돈을 다루는 방법이 있다는 사실을 알려줘야 한다.

윤태순 자산운용협회장

금융에 대한
야누스적 사고

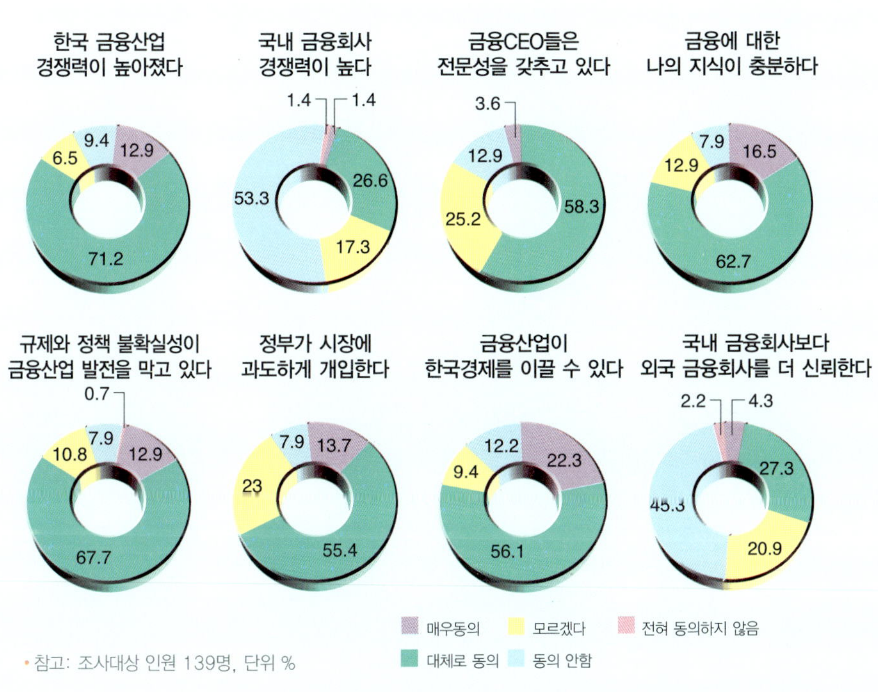

• 참고: 조사대상 인원 139명, 단위 %

한국인들이 갖고 있는 금융에 대한 '이중적 시각'이 한국 금융산업 발전을 가로막고 있다. '금융한국' 프로젝트팀이 금융계, 재계, 학계, 정부인사 등 금융관련 분야 오피니언 리더 139명을 대상으로 설문조사를 실시한 결과 대다수가 금융회사 경쟁력과 정부의 시장간섭에 대해 이중적인 시각을 갖고 있었다.

설문조사 결과에 따르면 금융회사 CEO들의 절반 이상이 국내 금융 CEO들의 전문성이 부족하다고 지적하면서도 자신은 충분한 지식을 갖췄다고 여기고 있었다.

'국내 금융회사 CEO들은 전문성을 갖추고 있다'는 질문에 대해 38.1%가 '동의하지 않는다' 또는 '모르겠다'라고 답해 CEO의 전문성에 대해 의구심을 나타냈다. 그러나 '금융에 대한 자신의 이해와 지식수준이 회사와 조직을 이끌기에 충분한가'라는 질문에 대해서는 79.1%가 '매우 동의' 또는 '대체로 동의'라고 답했다. '동의하지 않는다'는 응답은 7.9%였다.

국내 금융산업 경쟁력에 대한 인식도 이중적이었다. 설문 응답자의 84.2%가 외환위기 이후 10년간 한국 금융산업 경쟁력이 높아졌다고 평가했다. 그러나 '국내 금융회사의 현재 경쟁력에 만족하는가'에 대한 질문에서는 28.1%만 동의한다고 밝혔다. '동의하지 않는다'는 응답은 절반이 넘는 54.6%에 달했다. 이 중 1.4%는 '전혀 동의하지 않는다'고 답했다.

'한국 금융회사보다 외국 금융회사가 더 신뢰할 만하다'는 반응도 31.7%였다. 일부 응답자는 외국 회사보다 한국 회사를 더 신뢰할 만하다면서도 당장 업무를 맡길 때는 외국 회사를 선호한다고 답했다.

한편 금융권 CEO들은 '관치금융'과 '과도한 규제'가 금융산업 발전의 가장 큰 장애물이라고 지적했다. 관치금융은 사실 '낙하산 인사'라는 폐해를 낳으며 금융전문가 양성을 가로막았다. 관치금융에 따른 과도한 규제는 외국 자본의 국내 유입을 막았고 금융산업 성장을 저해했다.

설문조사에서 정부의 지나친 규제와 정책 불확실성으로 금융산업 발전에 어려움을 겪고 있다는 사실에 80.6%가 동의했다. 67.6%가 '대체로 동의한다'고 밝혔고, 12.9%는 '매우 동의한다'고 답했다. '동의하지 않는다' 또는 '전혀 동의하지 않는다'는 대답은 8.6%에 불과했다. '모르겠다'는 대답은 10.8%였다.

정부 또는 금융감독 당국이 낙하산 인사와 경영간섭 등 금융시장에 과도한 개입을 하고 있다는 데에 대해서도 139명 중 96명이 '매우 동의' 또는 '대체로 동의'한다고 밝혔다. '동의하지 않는다'는 대답은 7.9%였다. 23%는 '모르겠다'고 답했다.

'한국 금융을 무엇이라고 생각하느냐'는 주관식 물음에 대해서는 '관치', '관치금융' 또는 '정부 주도'라는 대답이 가장 많았다. 그리고 '규제', '규제 금융'이라는 답변이 2위였다. 모 금융회사 CEO는 한국 금융을 '간섭과 규제에 묶여 있는 유치원생'이라고 표현했다.

이 밖에 한국 금융산업을 '우물 안 개구리', '온실 속의 화초', '갑옷 속의 아기' 등으로 표현한 대답이 많아 해외시장에서는 여전히 경쟁력이 약하다는 인식이 강했다.

금융산업이 한국의 미래를 이끌어 갈 것이라는 데에는 큰 이견이 없었다.

과거 노동에 의존하던 제조업 성장이 한계에 부딪히고 있는 반면 금융은 잉여자본과 고급 인력을 바탕으로 발달 여지가 많기 때문이다. 설문 대상자의 78.4%가 금융산업이 성장한다면 한국경제가 발전할 수 있다는 데 동의했다. '동의하지 않는다' 는 의견은 12.2%에 불과했다.

한국 금융산업 발전을 위해 가장 시급하게 해야 할 일은 무엇이라고 생각하는가에 대한 질문에는 24.7%가 '과도한 규제 완화' 를 지적했다. '금융전문인력 양성' 이 필요하다는 의견도 21.3%였다. '자본시장 중심의 산업 개편' 을 지적한 사람은 19.1%였다. 이 밖에 12.7%가 '금융감독기구 개혁' 을 지적했으며, '금융회사 구조조정과 금융회사의 적극적인 해외시장 진출이 필요하다' 는 반응도 6.2%였다.

'내 빚은 누군가가 갚아 줄 것' 이라는 모럴해저드(도덕적 해이)와 경제사범에 대한 처벌기준이 약해 불공정거래 행위가 근절되지 않고 있는 점 등이 금융시장 발전의 저해요소라고 지적한 인사도 상당수에 달했다.

모럴해저드
금융시장에서 추방해야

금융산업 발전의 걸림돌

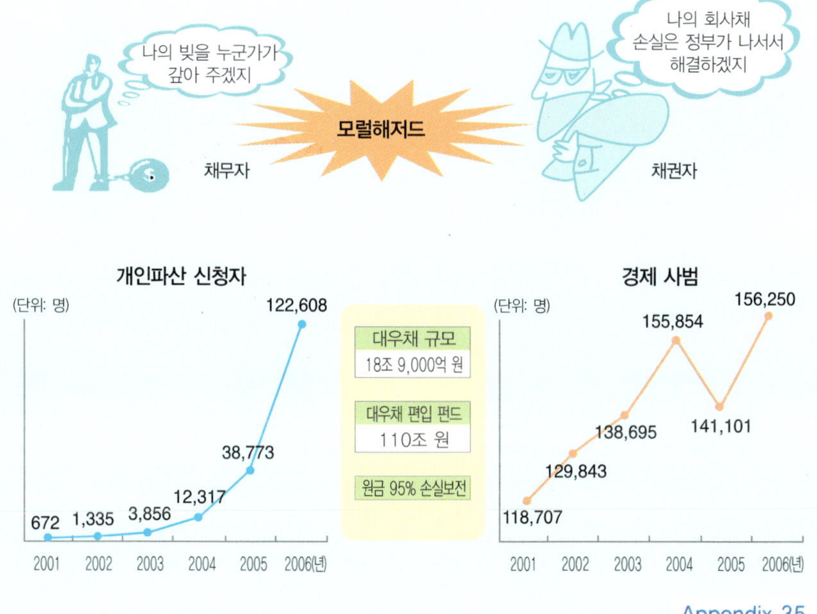

모럴해저드(도덕적 해이)도 금융산업 발전을 가로막고 있다. 과거 한국은 대우채에 투자한 펀드 손실을 원금 95%까지 보장해줬다. 대규모 신용불량자 사면과 경제 사범에 대한 특별사면도 이뤄졌다. 이로 인해 모럴해저드가 야기됐고 '내 빚은 누군가가 갚아 주겠지', '내 손실은 정부가 보장해 주겠지' 라는 신용불감증이 사회에 만연하고 있다.

특히 신용사회에서 '사형선고' 나 다름없는 개인파산 사례가 늘고 있는 것도 또 다른 '모럴해저드' 사례라고 할 수 있다.

경기침체에 따른 영향이 주된 요인이지만 이보다는 금융회사와 협의해 어떻게든 빚을 갚기보다는 파산 선고를 통해 빚을 청산하려는 분위기가 확산되고 있기 때문이라는 지적도 있다.

경제적 어려움에 처해 있는 사람들에게 재기의 발판을 마련해주기 위한 개인파산제도가 악용돼 신용불량자 양산을 부추기고 신용불감증, 모럴해저드를 조장하고 있다는 것이다.

개인파산 신청자 수는 2001년 672명, 2002년 1,335명, 2003년 3,856명, 2004년 1만 2,317명, 2005년 3만 8,773명, 2006년 12만 2,608명으로 늘어났다. 1962년 파산법 제정 이후 도입된 개인파산제도는 2000년 전까지만 해도 일반인들에게 잘 알려지지 않았다. 그러나 2003년 신용카드 대란으로 금융채무 불이행자가 크게 늘면서 신청 건수가 해마다 기하급수적으로 증가하고 있다.

개인파산이 증가하면서 금융회사들이 신용불량자를 걸러내기 위해 채무자 감시를 강화해 오히려 서민대출은 어려워지고 있다. 개인파산제도는 신용불량자가 금융기관의 빚을 더 이상 갚지 않아도 되는 '탈출구'를 제공하므로 앞으로 금융회사들은 신용대출 시 더욱 신중을 기울여야 할 것이라는 지적이다. 또 금융회사의 신용대출 축소나 이자율 상향조정은 저소득층의 현금흐름을 악화시켜 생활고형 파산으로 치닫는 등 악순환을 야기할 수 있다.

개인파산제노

개인도 기업처럼 법률이 정한 절차에 따라 파산절차를 밟을 수 있다. 대표적으로 소비자파산 제도는 채무자 스스로 자신을 파산자로 선고해 달라고 법원에 신청하는 것이다. 소비생활에서의 과다한 신용카드 사용이나 신용대출, 혹은 지나친 빚보증으로 자신의 능력으로는 감당할 수 없는 빚을 진 개인에 대해 법적으로 구제해 주는 제도이다. 국내에서 개인파산신청이 받아들여진 것은 1997년 3월이 처음이다.

금융범죄에 대한
엄격한 처벌

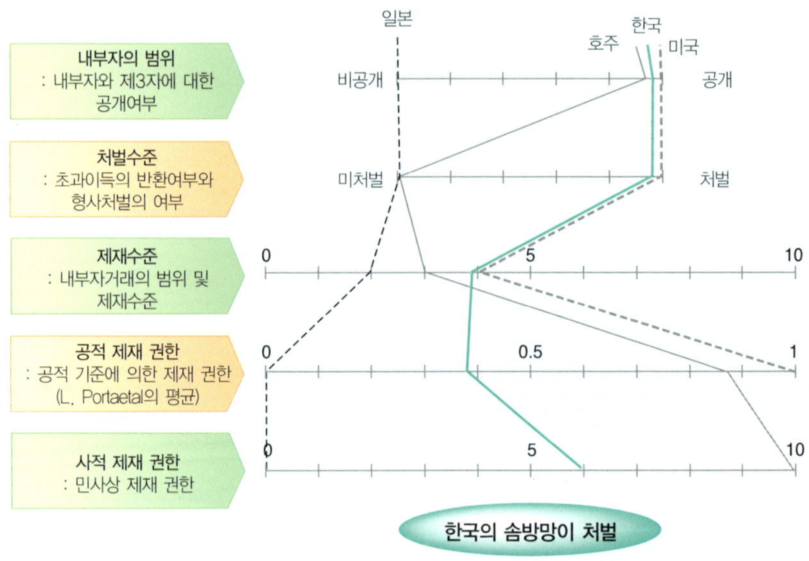

* 출처: L. Beny 'Insider trading laws and stock markets around the world' (2006년), Univ. of Michigan Law School

Appendix 36

지나치게 관대한 법 적용이 금융시장의 모럴해저드를 부추기고 있다. 한국은 독일, 프랑스, 미국 등 선진국과 같은 법과 제도는 갖추고 있지만 '솜방망이 처벌'로 금융시장이 질서 잡는 데 어려움을 겪고 있다.

예를 들어 호주의 경우, 내부자와 제3자에 대한 공개여부 측면에서는 한국보다 느슨하지만 공적 기준에 의한 제재권한, 민사상 제재권한은 한국보다 훨씬 강하다. 2001년 미국에서 에너지 기업 엔론의 15억 달러 규모의 분식회계가 드러나자 이 회사의 전 CEO 제프리 스킬링은 징역 24년 4개월을 선고받았다.

이에 비해 2003년 '한국판 엔론 스캔들'로 불린 SK글로벌(현 SK네트웍스) 분식회계 사태는 다른 양상을 보였다. 1조 5,000억 원대였던 SK글로벌 분식회계 사태의 궁극적 책임을 져야 했던 최태원 SK그룹 회장은 항소심에서 징역 3년에 집행유예 5년을 선고받았다. 회사가 분식회계를 했다고 회사 총수를 20년 넘게 징역살이 시키는 일은 한국 자본시장 역사에서는 찾아보기 힘들다.

많은 상장기업들이 분식회계와 주가조작으로 시장을 일대 혼란에 빠뜨렸지만 기약도 없는 사재출연 약속과 국가발전 공헌 등의 명목으로 면죄부를 받았다. 이와 관련 경제사범 중 재판에 회부되거나 벌금을 내기보다는 불기소 처분되는 경우가 많아졌다.

벌금도 내지 않고 기소유예 등의 불기소 처분을 받은 입건자는 2002년 전체 입건자 중 30.2%(3만 9,162명)에 불과했지만 매년 증가해 2005년 41.1%(5만 7,997명), 2006년 43.1%(6만 7,331명)로 늘어났다.

이 같은 솜방망이 처벌은 주식시장의 불공정거래행위가 점차 고도화·지능화되고 있는 것과도 연관이 있다. 외환위기 이후 국내 자본시장의 투명성이 한층 강화됐다고는 하지만 미공개 정보를 이용한 내부자거래, 시세조종 등 불공정거래 행태는 좀처럼 근절되지 않고 있다. 금융감독원에 따르면 코스닥시장의 불공정거래 비중은 2003년 43%에서 2006년 81.1%로 대폭 증가했다.

특히 증권범죄 유형 가운데 내부자거래 비중은 2003년 12.6%, 2004년 16.2%, 2005년 21.3%, 2006년 23.1%로 점차 확대됐다.

신세대는
미래 금융의 희망

영국의 청소년 금융교육 프로그램

정부 주도로 민관협력 형태의 '금융역량 계발 국가전략' 추진

· 학교 및 직장, 청년층, 신세대 부모를 대상으로 한 각종 정책과제를 발굴·추진
· 주로 금융교육 및 금융정보, 온라인 프로그램, 비자수요 조사 등을 실시

· 장기발전계획 추가로 제시

· 청소년층에 대한 금융교육과 금융자산 축적 기회의 확대
· 재무서비스 기회의 확대와 확충
· 은퇴에 대비한 정보 및 서비스 강화

· 아동신탁기금(Child Trust Fund) 제도 실시
· 2002년 9월 도입
· 1인당 250파운드 적립[1][2]
· 18세 때까지 인출 불가

· 적금창구(Savings Gateway)
· 저소득층 또는 장애인, 실업자 대상
· 18개월 동안 월 25파운드 이내에서 정부가 동일금액을 저축

(1) 가계소득이 14,155파운드(2006년 기준) 이하인 가정의 아동에게 적립금을 추가
(2) 7세 때 추가로 250파운드 적립
· 출처: HM Treasury, 'Financial Capability: the government's long-term approach'(2007년)

미국, 영국 등 선진국들은 국민 금융교육에 인력과 자금을 쏟아붓고 있다. 금융에 대한 국민들의 올바른 인식이 뒷받침되지 않고서는 금융산업이 발달할 수 없다는 인식 때문이다. 신용불량자 사면, 개인파산 증가, 불공정 거래, 원금손실 보전 요구 등 한국 금융시장에 존재하는 각종 불합리한 요소들은 국민들의 인식 전환 없이는 치유되기 어려운 것들이다.

미국은 금융에 대한 인식 전환을 위해 청소년 금융교육에 정부가 직접 나섰다. 미국 정부는 2001년 '청소년 금융교육 법안(Youth Financial Education Act)'을 전격 통과시키면서 청소년 금융교육에 대한 재정 지원을 시작했다. 이에 따라 각종 민간단체들이 개별적으로 진행해 온 청소년 금융교육이 국가 차원에서 체계화되기 시작했다.

이듬해인 2002년 금융교육 대상을 확대하는 내용의 법안을 추가로 확정 짓고 교육 혁신에 3억 8,400만 달러를 투입했다. 교육 혁신 안에 따라 미국 정부는 학생들의 경제 지식을 정기적으로 국가 차원에서 평가하고 평가결과에 따라 금융교육을 강화해 나갔다. 2004년부터는 재무부 내에 경제교실 전담 조직을 설치해 국민 경제금융 교육을 확대했다. 지난해에는 경제과목을 미국 내 고등학교 졸업시험 필수 과목으로 지정해 물 샐 틈 없는 금융교육 체계를 갖춰놓았다.

금융전문가들은 '한국도 최근 언론사와 금융회사 정부단체 등이 주도해 청소년 금융교육이 빠른 속도로 확산되고 있으나 이를 통합하고 체계화하는 작업이 필요하다'고 지적했다.

미국은 민간단체들의 활동도 정부 못지않다. 정부보다 앞서 설립된 각종

단체들이 청소년 금융교육에 일찍이 눈을 뜬 것이 미국 금융산업 성장의 밑거름이 됐다.

1919년 설립된 '청소년의 성공(Junior Achievement)'은 지금까지 3,900여만 명의 학생에게 생활경제를 가르쳐 왔다. 이민자들과 저소득층의 금융자산 축적과 금융에 대한 인식 전환에 큰 기여를 한 것으로 평가받고 있다. 1984년에 설립된 국립 금융교육재단에서는 고등학생 금융교육을 지원하고 있다.

전미 분배교육단체는 금융회사 취업에 필요한 정보들을 제공하고 금융회사에 관심 있는 학생들에게 기본적인 금융실무를 가르친다. 현재 18만 5,000여 명 학생이 회원으로 등록돼 있다.

1987년에는 기업가양성재단이 설립돼 교육에서 소외된 저소득층 청소년을 대상으로 금융교육을 실시하고 있다. 뿐만 아니라 대형 금융회사로부터 기부받은 자금으로 창업에 필요한 기초자금을 지원하기도 한다.

미국에 이어 세계적인 금융강국으로 부상한 영국의 노력도 만만치 않다. 영국은 특히 어린이 금융교육에 많은 노력을 기울인다. 신세대가 미래 금융산업의 주역이 될 것이라는 믿음 때문이다.

영국 정부는 지난 2002년 9월 차일드 트러스트 펀드(Child Trust Fund) 제도를 전격 도입했다. 금융 신세대를 양성해 금융 선진국의 명성을 이어가겠다는 포석이다. 영국의 어린이들은 만 10세가 되면 차일드 트러스트 펀드에 의무적으로 가입해야 한다. 연간 250파운드(약 45만 원)씩 적립해야 하며, 만 18세가 될 때까지 인출할 수 없다. 가정 형편이 어려운 학생들은 모자라는 만큼 정부에서 보조해 준다.

영국 정부는 〈금융역량 발전전략〉 보고서를 통해 차일드 트러스트 펀드가 어린이들의 건전한 투자습관을 기르는 데 큰 영향을 주는 것으로 분석했다. 차일드 트러스트 펀드 도입 이후 영국 초등학생 저축액은 종전보다 4배 이상 증가했다. 차일드 트러스트 펀드를 통해 청소년들이 어릴 때부터 투자수익과 위험을 자연스럽게 체득한다. 또한 펀드에 영향을 주는 경제적 요소들도 생활 속에서 쉽게 배운다.

영국 중학교에서는 스쿨뱅킹이 확산되고 있다. 스쿨뱅킹은 시중은행들의 후원을 받아 학교 내에서 학생이 직접 운영하는 은행이다. 은행원들이 학교에 파견돼 학생들의 은행 운영을 모니터링한다. 스쿨뱅킹은 이용자도 학생이고 운영자도 학생이다. 스쿨뱅킹을 통해 영국 청소년들은 은행과 금융산업에 익숙해진다.

영국은 여기서 그치지 않고 지난 2004년 정부 주도로 민관협력 형태의 〈금융역량계발 국가전략〉 보고서를 발표하고 금융에 대한 국민의식 전환운동을 펼치고 있다.

금융역량계발 국가전략 보고서가 밝히고 있는 목표는 국민들에게 △보다 많은 금융정보를 제공하고 △보다 많은 투자기회를 제공하며 △보다 많은 책임감을 갖게 하고 △보다 많은 금융지식을 가르친다는 것이다.

이에 따라 학교에서는 청소년과 학부모를 대상으로 금융교육을 실시하고 직장에서는 성인을 대상으로 한 온라인 금융교육 프로그램을 선보였다. 2007년에는 금융산업 장기발전 계획을 내놓으며 청소년 금융교육 기회를 확대하고, 저소득층과 장애인 등의 금융자산 축적 기회를 확대하기로 했다.

금융한국 FLY 2012 비전

사라져버린
동북아 금융허브

금융한국을 만들기 위해선 무엇보다 실천이 중요하다. 그동안 문민정부에서 참여정부에 이르기까지 한국을 금융강국으로 발전시키기 위한 수많은 논의가 있었다. 그 과정을 살펴보면 다음과 같다.

1997년 초 정부는 '금융개혁위원회'를 구성했다. 위원회는 △금융산업을 국가전략산업으로 육성하기 위한 금융개혁의 기본 방향모색 △금융의 국제화·세계화를 실현하기 위한 금융제도와 체제의 개선 △금융이용자의 편익을 증진하고 금융산업의 자율성과 효율성을 높이기 위한 금융관행과 각종 규제의 개혁 △금융개혁 추진상황 점검 및 평가 △기타 금융산업 발전에 필요한 사항을 연구 심의하고, 그 결과를 대통령에게 건의하는 구조였다.

학계와 재계, 금융계 인사들이 참여한 이 위원회는 외환위기가 닥친 1997년 12월 서둘러 법 규제 개혁에서 조직개편에 이르는 광범위한 〈금융개혁 종합 보고서〉를 내놓았다. 그러나 경제위기 속에서 보고서는 사장되고 말았다.

참여정부에 들어서도 '동북아 금융허브'가 단골 화두가 됐다. 대통령 직속의 동북아시대추진위원회가 구성됐고, 금융분과는 갖가지 아이디어를 쏟아냈다. 위원회의 노력이 일부 결실을 이룬 덕에 외환보유액 일부를 활용하기 위한 한국투자공사(KIC) 설립이 추진될 수 있었다. 그러나 큰 진전이 없어 2005년 동북아위원회 금융허브 관련 업무는 결국 재정경제부 손으로 넘어가고 말았다.

아시아의 대표적인 금융허브인 싱가포르, 중동의 신흥 금융허브로 부상한 두바이 등은 정부 주도의 적극적인 정책에 힘입어 비교적 단기간에 금융센터로 도약했다. 한국도 상대적으로 강점을 갖고 있는 분야에 대해 체계적인 노력을 기울여 나간다면 동북아 지역에서 특화 금융허브를 충분히 달성할 수 있다는 것이 최근 국제사회의 평가다. 그러나 문제는 결국 실천이다.

바클레이즈캐피털의 데이비드 라이트 부회장은 "한국이 금융산업을 발전시키기 위해선 외환, 자산관리, 투자은행 업무 등 다양한 금융섹터 중 특정 섹터에 집중할 필요가 있다"고 말했다.

그는 이어 "한국은 세계적 수준의 공항을 갖고 있는 데다 지리적으로도 유리한 위치에 있어 금융센터로 발전할 잠재력이 충분하다"며 "그러나 오랜 세월 동안 한국이 '금융허브 도약'을 외치고 있다는 점은 그만큼 큰 진전을 이루지 못했다는 방증이 아닐까 생각해봐야 한다"고 전했다.

자본시장통합법

금융산업을 한 단계 업그레이드하자는 취지에서 나온 것으로 우선 칸막이로 나뉘어 있던 증권업과 자산운용업, 선물업 등의 경계를 허무는 것을 주요 내용으로 담고 있다. 이렇게 되면 미국, 유럽과 같은 투자금융회사가 탄생할 수 있다. 또 열거주의로 제한돼 있던 금융상품 관련 법의 장벽이 낮아져 투자금융회사는 새로운 금융상품을 자유롭게 만들 수 있다.

아시아는 해외진출의 마지막 기회

국제환경은 우리의 결단을 촉구하고 있다. 아시아 금융시장이 부상하고 있어 한국이 해외시장에 진출할 수 있는 사실상 마지막 기회다. 박동창 한국금융연구원 초빙연구원은 1990년 이후 세계 금융산업에서 '3대 투자 물결'이 나타났다고 분석했다.

제1투자 물결은 1990년 이후 동유럽 개방 시 유럽·미국 은행들의 동유럽 진출을, 제2투자 물결은 1995년 이후 중남미 개방 시 스페인, 미국, 영국 은행들의 중남미 진출을 각각 의미한다. 제3투자 물결은 2000년 이후 아시아 신흥개발국 개방에 따른 선진 주요 은행들의 진출을 의미한다.

박 연구원은 "국내 금융회사의 마지막 해외 진출 기회인 만큼 국가 최고 두뇌들이 모여 강력하게 실천하는 모습을 보여줘야 한다"고 말했다.

이와 관련해 1조 달러가 넘는 막대한 외환보유액을 갖고 있는 중국이 국제 금융시장에서 영향력을 강화하고 있다. '중국판 테마섹'으로 알려진 중국 국가외환투자공사(렌후이공사)가 2007년 상반기 설립될 전망이며, 초기 자금 규모는 2,000~2,500억 달러로 예상된다.

렌후이공사는 에너지·원자재·외국기업에 전략적 장기투자를 한다는 계획이다. 렌후이공사가 투자를 본격화하면 에너지·원자재·M&A시장에서 매물가격이 상승하는 '렌후이 프리미엄'이 형성될 가능성이 높아지는 등 국제금융시장에 적지 않은 충격을 줄 것으로 전망된다.

또한 중국 공상은행은 인도네시아 은행인 뱅크할림을 인수했고, 민생은행과 초상은행도 동남아시아 은행 인수를 추진하고 있다.

한편 2007년 3월 〈파이낸셜타임스〉에 따르면 Z/Yen리서치가 세계 46개

도시의 금융센터 경쟁력을 조사한 결과, 서울이 43위를 기록해 바닥권에 머물렀다. 금융센터 경쟁력 세계 10위 안에 들어간 아시아 도시로는 홍콩(3위), 싱가포르(4위), 시드니(7위), 도쿄(9위) 등 4곳이었고 상하이는 24위였다. 또한 홍콩, 상하이, 싱가포르가 글로벌 금융센터로 부상할 가능성이 상당하다고 분석했다.

2001년 중국의 세계무역기구(WTO) 가입 이후 다국적 기업과 국제금융회사의 중국 진출이 본격화됨에 따라 상하이가 동북아지역의 새로운 금융중심지로 부상하고 있다. 대내외 금융시장 개방을 통해 상하이는 중국 내 최대 금융센터로 성장하면서 은행, 외환, 보험, 증권 등 다양한 금융시장을 형성하고 있다.

금융경쟁력 강화를 위한
금융경쟁력강화회의

미국 금융경쟁력강화회의

- 헨리 폴슨(재무장관, 전 골드만삭스 CEO)
- 앨런 그린스펀(전 FRB 의장)
- 워런 버핏(버크셔헤서웨이 회장)
- 제프리 이멜트(GE 회장)
- 마이클 블룸버그(뉴욕시장, 불룸버크통신 창업자)
- 로버트 루빈(씨티그룹 회장)

‘금융한국 비전’은 대통령이 직접 챙겨야 한다. 〈매일경제〉는 금융전문가뿐만 아니라 창조적 기업인, 외국인 CEO, 법률 회계전문가가 참여하는 금융경쟁력강화회의를 만들 것을 제안한다. 이 회의에서 금융한국 실천과제를 정기적으로 점검해야 한다.

낙후된 한국 금융산업을 발전시키기 위해선 무엇보다 리더십이 중요하다. 때문에 대통령이 직접 사안을 챙겨야 한다. 금융산업을 발전시키기 위해 여러 가지 정책을 만들 수 있지만 무엇보다 중요한 것은 이를 실천할 수 있는 리더십이 뒷받침될 수 있느냐는 것이다.

이와 관련 전 세계 금융시장에 막대한 영향력을 미치고 있는 미국이 2007년 3월 금융경쟁력강화회의를 구성한 점에 주목할 필요가 있다. 미국은 이 회의를 통해 금융업의 현주소를 냉정하게 점검하면서 필요 시 각종 규제를 철폐하겠다는 각오를 내비쳤다.

금융시장의 대외 경쟁력을 회복하기 위해 대대적인 경쟁력 강화방안 마련에 나선 것이다. 이는 미국이 영국은 물론 홍콩, 도쿄, 상하이의 거센 도전을 받고 있어 위기의식을 느낀 데 따른 현상으로 분석된다. 특히 이 회의 참석자들이 눈길을 끌었다.

이 회의에는 세계 금융시장에 큰 영향력을 미치는 ‘스타급’ 거물이 대거 참여했다. 헨리 폴슨 미국 재무장관, 워렌 버핏 버크셔헤서웨이 회장, 앨런 그린스펀 전 미국연방준비제도이사회(FRB) 의장, 로버트 루빈 전 미국 재무장관, 제프리 이멜트 GE 최고경영자(CEO) 등 굵직굵직한 정재계 거물이 모두 참석한 것이다.

주요 외신들은 이처럼 미국이 국제금융 거장을 총동원해 회의를 구성한 것은 국제금융의 중심지인 '월가' 의 위상을 회복시키기 위한 포석이라고 분석했다. 이 회의의 주된 화두는 '원칙에 따른 규제' 와 '규제의 융통성' 이었고, 미국 금융산업을 발전시키기 위한 다양한 의견이 쏟아졌다.

'사베인스 옥슬리(Sarbanes-Oxley)법' 이 도마에 올랐는데, 존 테인 뉴욕증권거래소 CEO는 "2006년 상장한 세계적 기업 가운데 미국 증시에 상장한 업체는 두 군데에 불과했다" 며 "이는 사베인스 옥슬리법으로 상장 유지비용이 상장효과를 압도하고 있기 때문" 이라고 지적했다. 이멜트 회장도 "사베인스 옥슬리법은 미국 기업 현실을 감안하지 않은 채 형식에만 얽매이는 폐단을 안고 있다" 고 질타했다.

이러한 각계의 견해가 포함된 회의 내용을 토대로 구체적인 후속조치로 내놓겠다는 게 미국 정부의 계획이다.

금융이 주도하는
앞으로의 5년

2012년까지 금융에 역량을 집중해야 한다.

동북아지역에서 금융수요가 증가하고 있는데, 이는 한국 금융산업 발달의 절호의 기회이자 마지막 기회기 때문이다.

특히 노무현 정부를 잇는 차기 정부는 금융산업의 선진화를 반드시 이룩해야 하는 과제를 떠안고 있다고 볼 수 있다. 한국경제의 성장을 이끌어왔던 2차 제조업이 성장한계에 부딪친 현실과, 3차 서비스업을 발전시키지 않으면 선진국이 될 수 없다는 또 다른 현실이 차기 정부에 고민을 더할 것이다.

금융산업은 서비스산업 가운데 가장 고부가가치의 분야이면서 동시에 제조업에서 새로운 성장 분야를 발굴하는 데 중요한 역할을 한다. 따라서 금융산업을 선진국 수준으로 발전시키는 것이 국가 경제성장을 위한 선택이 아닌 절체절명의 과제일 수밖에 없는 것이다.

차기 정부는 임기 5년의 기간을 금융산업 발전을 위해 전력투구하는 기간으로 삼아야 한다. 다시 말해 금융이 이끄는 시대를 만들어야 한다.

이번 보고서 작업에 참여한 프로젝트 팀원들은 이를 위해 FLY 즉, Finance Leading Years가 될 것을 제안한다. 특히 3가지 목표치를 차기 정부가 주목해 줄 것을 요청한다.

첫째, 차기 정부는 1인당 국민소득 3만 달러를 시대를 열어야 한다. 2만 달러 시대까지 가는데 10여 년이 넘는 시간을 허송했다. 3만 달러 시대를 단기간에 달성하지 못하면 진정한 선진국 반열에 들 수 없다는 사실을 명심해야 한다.

둘째, 선진국에서는 OECD 기준으로 금융산업의 부가가치 기여도가 30%를 넘어선다. 한국 주요 제조업 분야는 이미 선진국 수준의 목표치를 달성했거나 근접하고 있다. 3만 달러 시대를 열기 위해서는 이제 금융산업 기여도를 30%까지 끌어 올려야 한다.

셋째, 이 같은 금융산업의 혁신적 발전은 기존 제도금융으로는 이룩될 수 없다. 위험을 무릅쓰고 거액의 자본을 세계시장을 상대로 태울 수 있는 투자금융을 하지 않고는 불가능하다. 이런 점에서 3세대 금융산업 육성은 차기 정부의 가장 큰 과제가 될 것이다.

금융강국을 향하여

먼저 매일경제 장대환 회장님과 한국금융연구원 그리고 보스톤컨설팅에 감사드린다.

매일경제가 지난 10년 동안 지속해 온 비전코리아 행사는 우리 경제가 나아갈 방향을 함께 생각하는 좋은 기회를 제공해 왔다. 이를 바탕으로 출간된 본서 역시 우리 금융의 현실과 잠재력에 대한 진단과 가야 할 방향을 잘 정리해 주고 있다.

특히, '금융산업을 국가 경제의 새로운 성장엔진'으로 키워 나가기 위해 패러다임의 전환이 필요하다는 지적을 비롯하여 제시된 여러 가지 제안에 대해서도 깊이 공감한다. 감독기관 고위직에 외국인 영입이 필요하다는 제안, 금융회사들의 대형화와 노사문화의 개선 필요성, 기업가 정신의 발휘, 금융에 대한 인식의 개선 등 모두 공감하는 제안들이다.

그러나 문제는 금융이 사회인프라나 주변 환경에서 동떨어져 홀로 설 수 없기 때문에 이러한 아이디어들이 실현되려면 금융뿐만 아니라 관련 제도와 관행이 뒷받침되어야 한다는 것이다. 예컨대, 아직도 많은 부문에서 남아 있는 국내시장 위주로 된 금융제도와 시스템 및 관행이 글로벌 시대에 맞게 바뀌어야 한다.

또한 금융회사뿐만 아니라 정부나 공공기관의 책임자를 뽑을 때 본인의 역량과 업무 수행능력 등의 자질보다도 재산의 규모나 자녀의 국적, 병역문제 등의 도덕성을 따지는데, 이러한 사회문화가 달라져야 한다.

금융회사가 글로벌 플레이어가 되어야 한다는 필요성에 전적으로 동감하지만, 이를 위해서는 최소한의 요건인 우수한 인력과 자본의 확충이 필요하다. 그러나 이러한 인재양성과 금융자본의 확충은 하루아침에 이루어지는 것이 아니다.

언제나 자원은 유한하기 마련이며 이 한정된 자원을 어떻게 가장 효율적으로 배분하느냐에 따라 한 나라의 경쟁력이 좌우된다

인재양성을 위한 교육시스템의 질을 개선하고, 국내에 축적되어 있는 수십조 원의 자금을 금융자본화시킬 수 있는 연결고리가 필요하다. 또한 금융을 독자적인 고부가가치 산업으로 발전시키기 위해서는 금융산업 내에서의 구조조정이 필요한데, 현재의 노사문화를 어떻게 풀어가야 할 것인지에 대

한 보다 깊은 고뇌와 구체적인 아이디어가 필요하다.

이와 같이 본서에서 제시된 좋은 아이디어들이 실현되기 위해서는 사회 인프라와 인식의 변화가 필요하며, 이러한 변화와 혁신은 정부와 감독당국과 금융종사자들을 포함한 우리 모두가 다 함께 노력해 풀어가야 할 과제라고 생각한다. 특히, 여론을 선도하는 언론의 역할이 매우 중요하며 이러한 사회공감대 형성에 매일경제가 계속 앞장 서기를 부탁드린다.

다시 한 번 유익한 모멘텀을 제공해 주신 매일경제 측에 깊은 감사의 말씀을 전하며, 앞으로도 비전코리아 행사를 통해 우리 국가 경제와 금융의 발전방향에 대해 훌륭한 의견과 제안을 계속해 주기를 바란다.

금융감독위원회 위원장 겸 금융감독원 원장 윤 증 현

Appendix

Appendix 1

GDP 대비 자본시장 규모

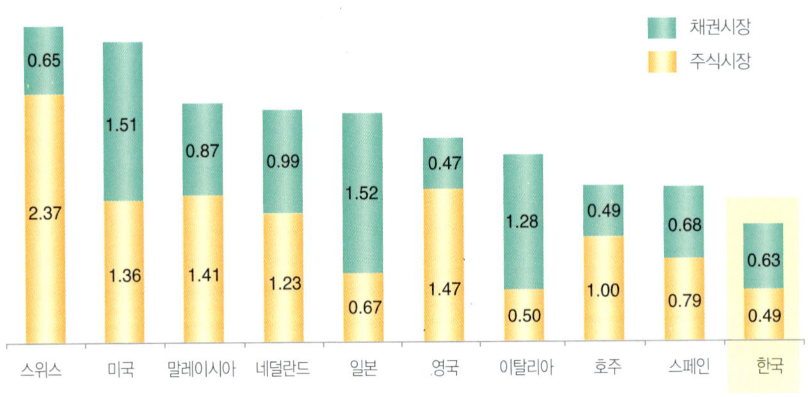

• 참고: 2000~2004년 평균
　　　(주식시장시가총액 + 채권시장시가총액) / GDP
• 출처: 증권연구원, World Bank

Appendix 2

주요국 GDP 대비 서비스업 비중

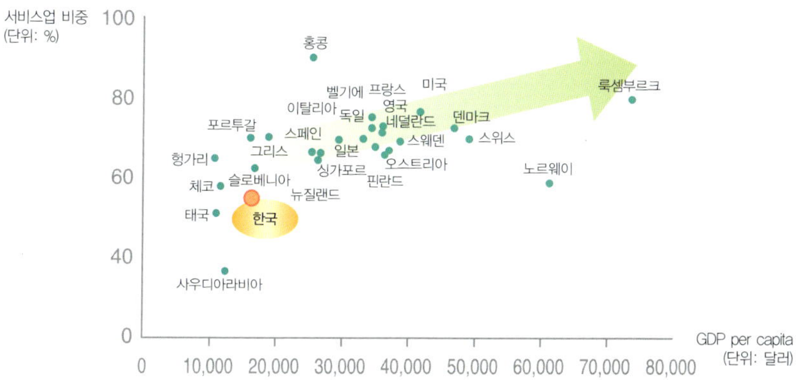

- 참고: GDP 대비 서비스업에 의한 가치 창출 비중; 2005년 말 기준이나, 일본을 비롯한 일부 국가의 서비스업 비중은 2003년, 2004년 말 기준임
  GDP 기준 10,000달러 이상 28개 국가를 대상으로 함
- 출처: World bank, 한국은행

선진국 3만 달러 돌파시점 서비스업 비중

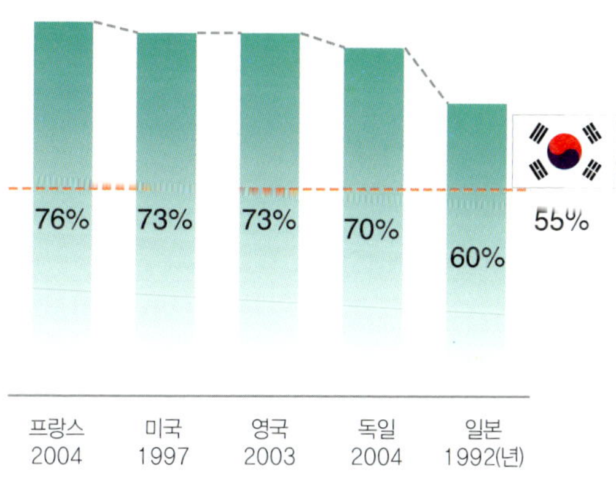

Appendix 3

주요 국가의 GDP 변화시점 시 평균 서비스업 비중

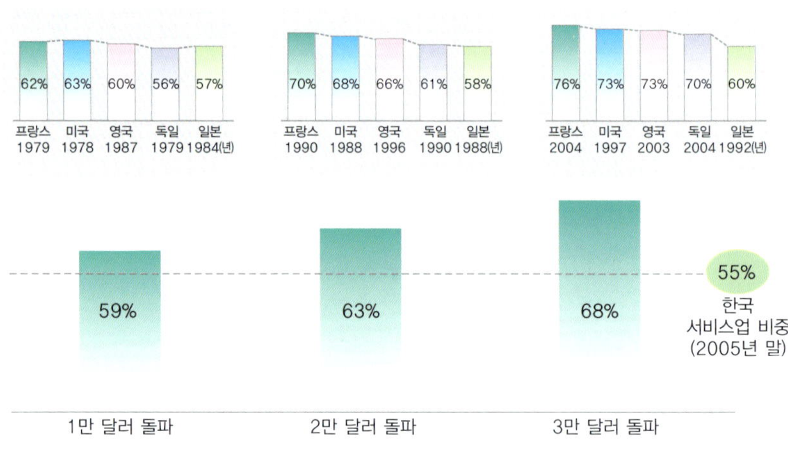

- 참고: GDP 대비 서비스업에 의한 가치창출 비중
  2005년 말 기준 GDP 3만불 이상 18개국 대상 분석: 오스트리아, 벨기에, 덴마크, 핀란드, 프랑스, 독일, 아일랜드, 일본, 룩셈부르크, 네덜란드, 노르웨이, 스웨덴, 영국, 미국
- 출처: World Bank, EIU

Appendix 4

(1) 금융산업의 Mkt Cap 비중 15% 이상
· 출처: World Bank, Datastream

Appendix 5

연도별 인구 구성 추이 예상

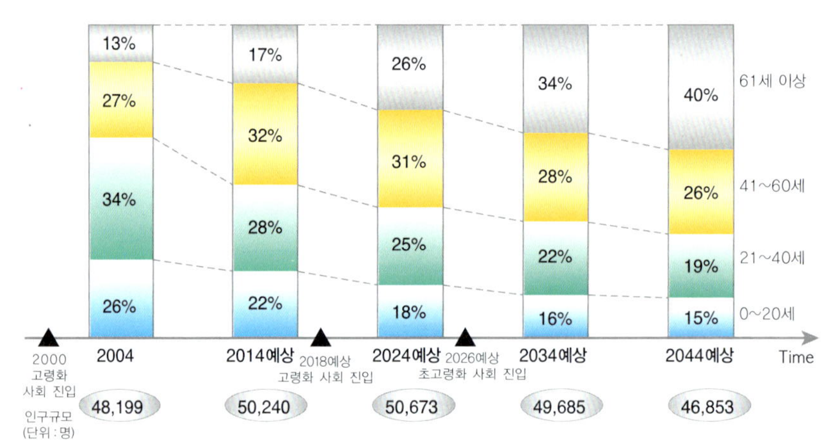

• 참고: 고령화 사회는 65세 이상 인구가 전체 인구의 7% 이상, 고령 사회는 65세 이상 인구가 전체 인구의
　　　 14% 이상, 초고령 사회는 65세 이상 인구가 전체 인구의 20% 이상일 때를 의미
• 출처: 통계청 2004년 자료

Appendix 6

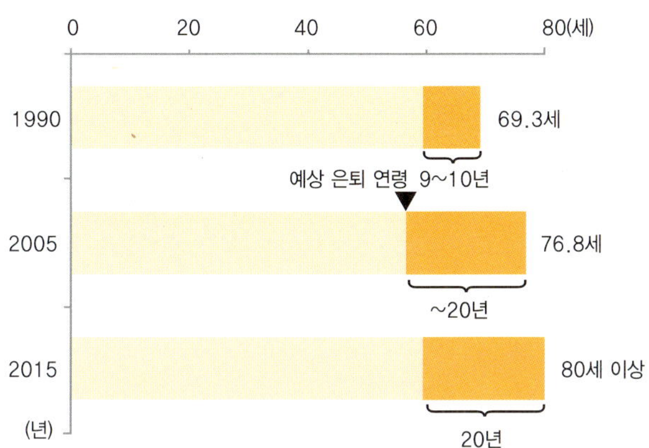

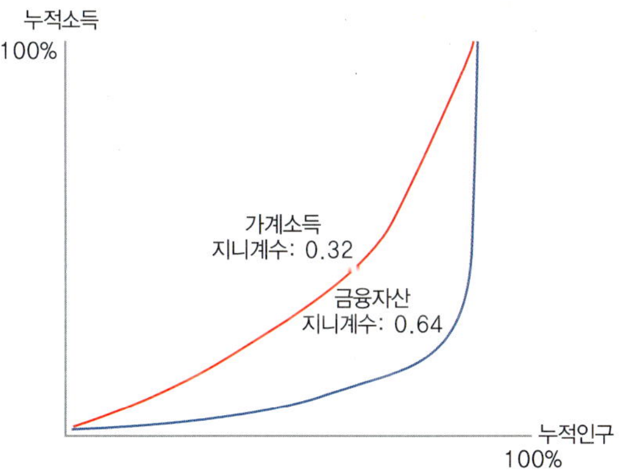

출처: 통계청, 노동연구원 설문조사, OECD, 한국노동연구원, 노동채널(KLIPS)

Appendix 7

보험시장의 투자형 자산의 성장세

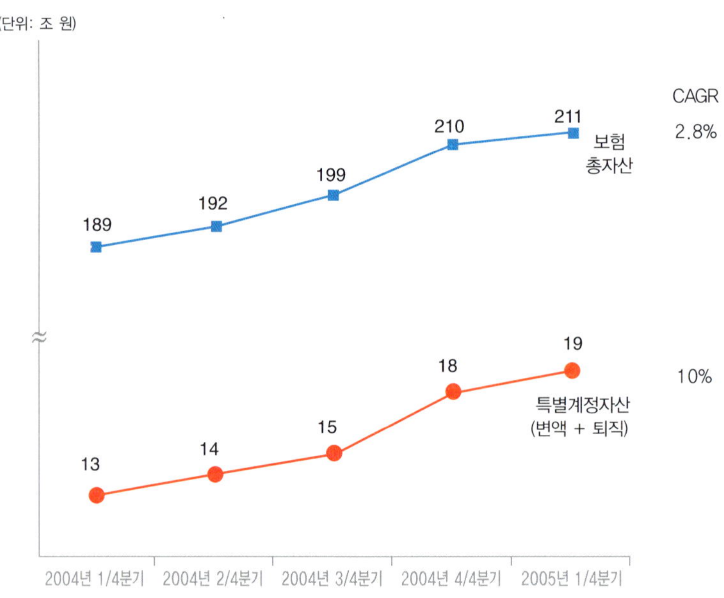

Appendix 8

영국 금융산업 발달 추이

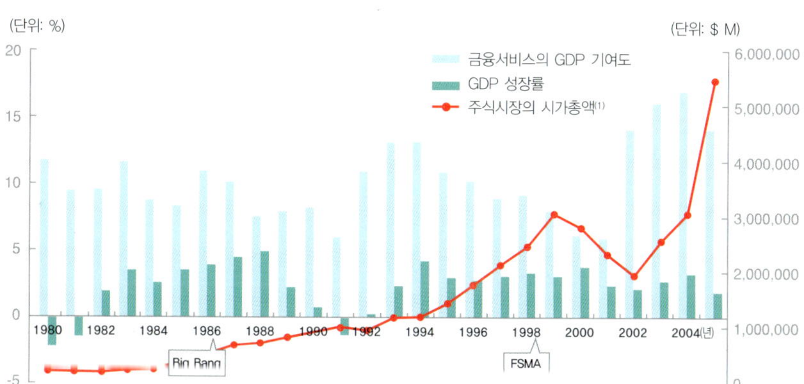

(1) London +Irish stock exchange
• 출처: National Statistics of UK London Stock Exchange

Appendix 9

일본과 영국의 주식시장 시가총액 비교

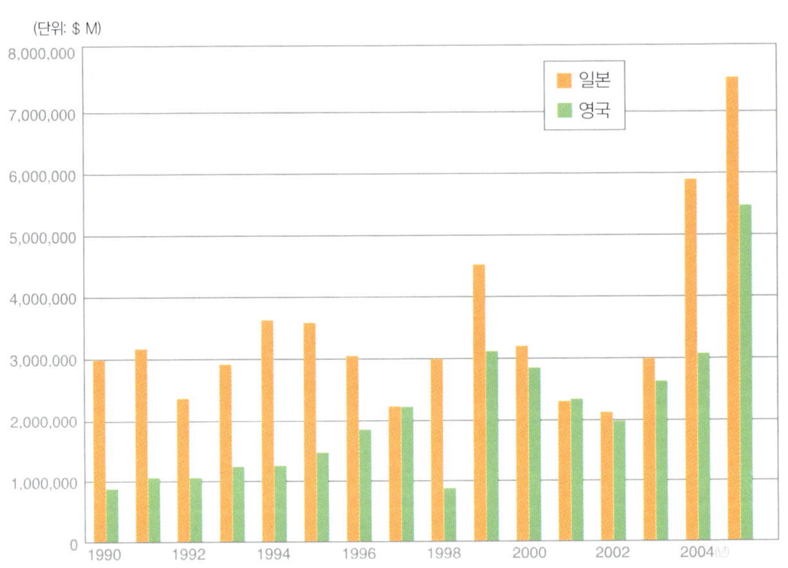

• 출처: 세계거래소 연맹(WFS), London Stock Exchange

Appendix 10

한국 펀드산업 특징과 주요국 비교

테마형 펀드 중심의 상품 개발	→	펀드 대형화 어렵고 펀드 난립	→

구분	한국	미국	일본	영국
펀드 수 (개)	7,653	7,992	2,678	1,931
펀드당 수탁고 ($ M)	29.8	1,168.3	191.9	348.7

· 참고: 2006년 2분기 기준, 한국은 공 · 사모 합계, 기타 국가는 공모에 한함
· 출처: 자산운용협회

Appendix 11

주요국 펀드 순자산 규모와 펀드 유형별 비중

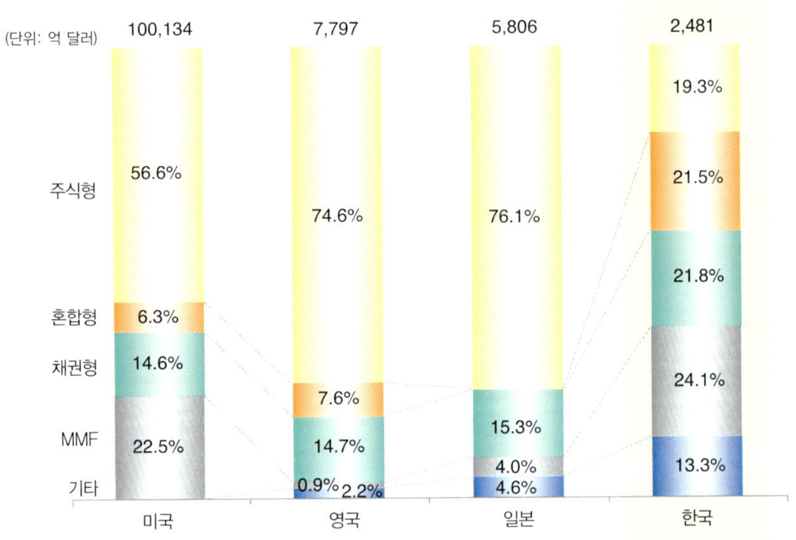

• 참고: 2006년 10월 말 기준, 한국은 공·사모 합계, 기타 국가는 공모에 한함
• 출처: 자산운용협회

대형 은행의 투자은행

Chase Manhattan	• 2000년 JP모건 인수
CS	• 1998년 퍼스트 보스턴 인수 • 2000년 DLJ 인수
UBS	• 2000년 페인워버 인수 • 1997년 딜론 리드 인수 • 1995년 SG warburg 인수
도이치 뱅크	• 1999년 뱅커스 트러스트 인수

전세계 IB부문 Top 10 입지 구축

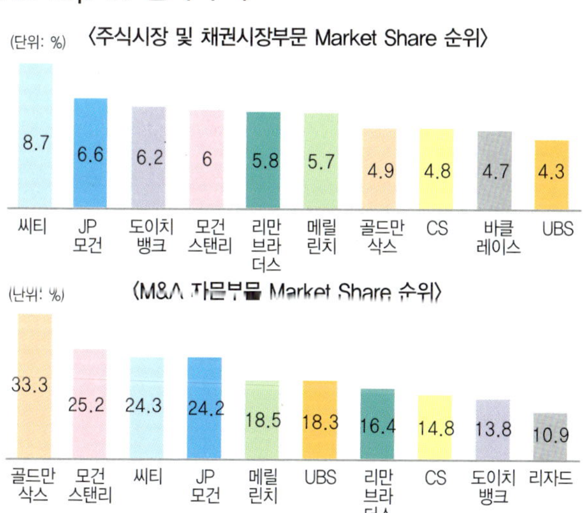

경제발달에 따른 소요 자본

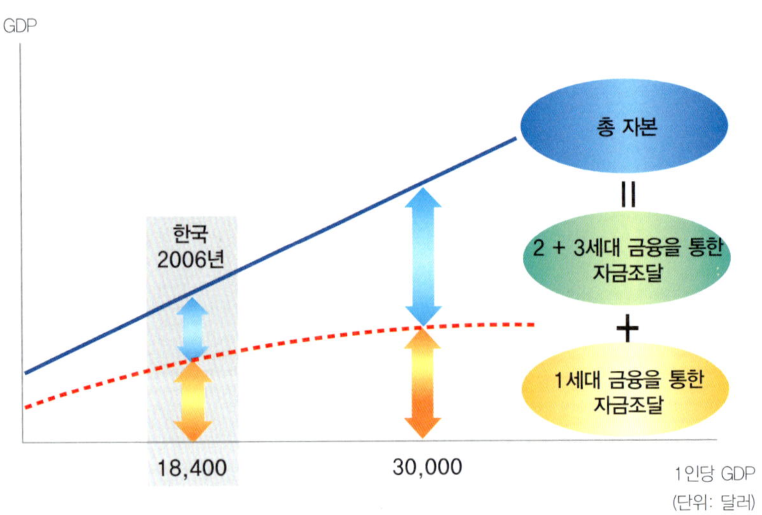

• 참고: 총시가총액 대비 금융회사 시가총액 합산의 비중
• 출처: World bank, Datastream

Appendix 14

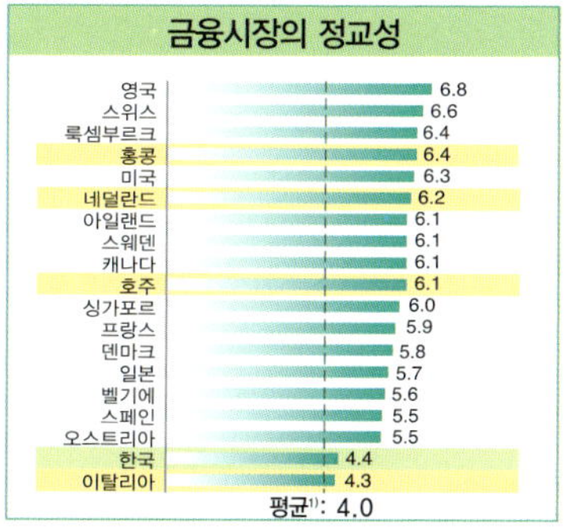

금융시장의 정교성

국가	점수
영국	6.8
스위스	6.6
룩셈부르크	6.4
홍콩	6.4
미국	6.3
네덜란드	6.2
아일랜드	6.1
스웨덴	6.1
캐나다	6.1
호주	6.1
싱가포르	6.0
프랑스	5.9
덴마크	5.8
일본	5.7
벨기에	5.6
스페인	5.5
오스트리아	5.5
한국	4.4
이탈리아	4.3

평균[1]: 4.0

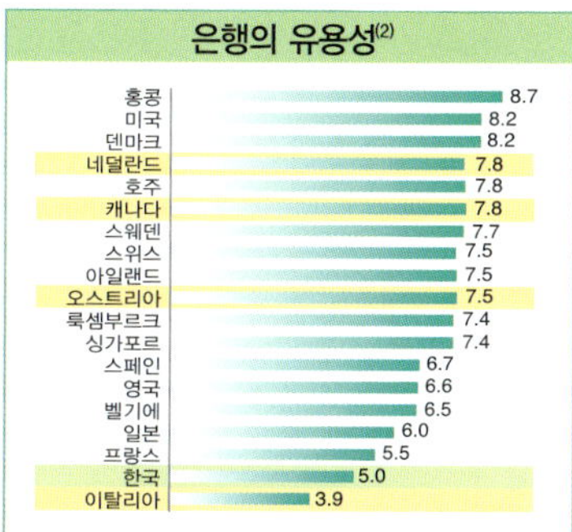

은행의 유용성[2]

국가	점수
홍콩	8.7
미국	8.2
덴마크	8.2
네덜란드	7.8
호주	7.8
캐나다	7.8
스웨덴	7.7
스위스	7.5
아일랜드	7.5
오스트리아	7.5
룩셈부르크	7.4
싱가포르	7.4
스페인	6.7
영국	6.6
벨기에	6.5
일본	6.0
프랑스	5.5
한국	5.0
이탈리아	3.9

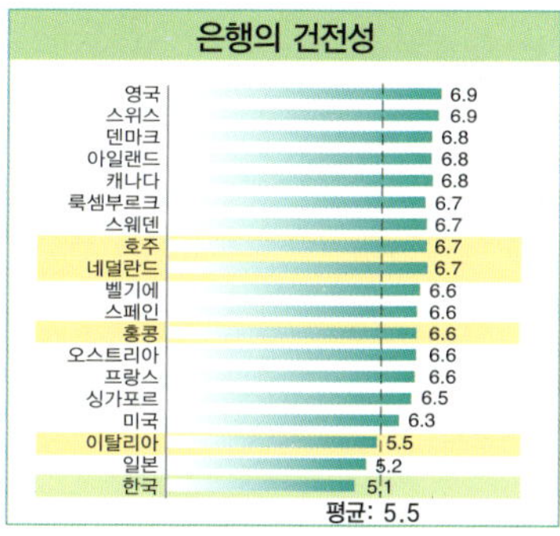

은행의 건전성

국가	점수
영국	6.9
스위스	6.9
덴마크	6.8
아일랜드	6.8
캐나다	6.8
룩셈부르크	6.7
스웨덴	6.7
호주	6.7
네덜란드	6.7
벨기에	6.6
스페인	6.6
홍콩	6.6
오스트리아	6.6
프랑스	6.6
싱가포르	6.5
미국	6.3
이탈리아	5.5
일본	5.2
한국	5.1

평균: 5.5

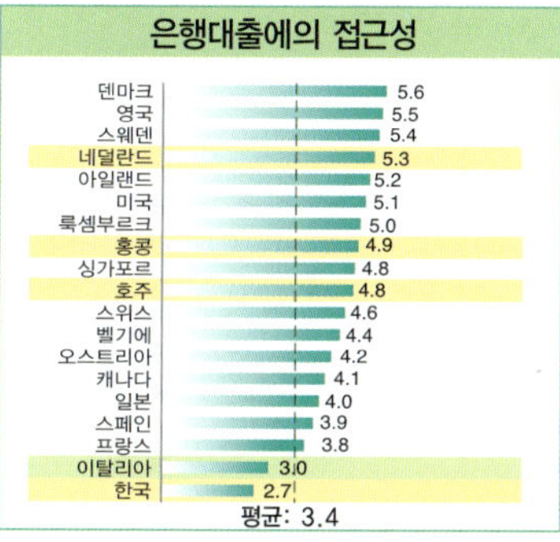

은행대출에의 접근성

국가	점수
덴마크	5.6
영국	5.5
스웨덴	5.4
네덜란드	5.3
아일랜드	5.2
미국	5.1
룩셈부르크	5.0
홍콩	4.9
싱가포르	4.8
호주	4.8
스위스	4.6
벨기에	4.4
오스트리아	4.2
캐나다	4.1
일본	4.0
스페인	3.9
프랑스	3.8
이탈리아	3.0
한국	2.7

평균: 3.4

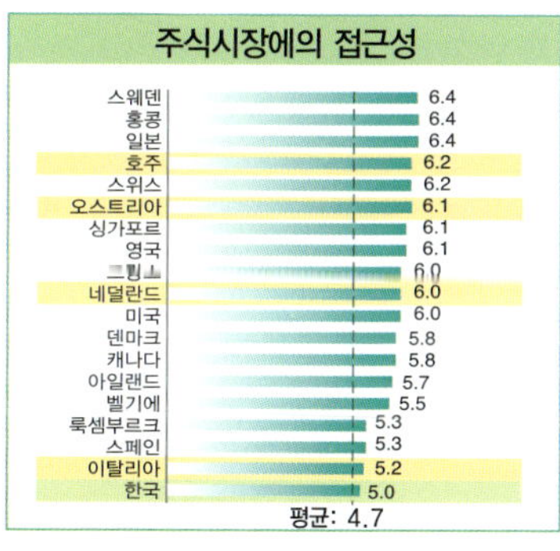

주식시장에의 접근성

국가	점수
스웨덴	6.4
홍콩	6.4
일본	6.4
호주	6.2
스위스	6.2
오스트리아	6.1
싱가포르	6.1
영국	6.1
프랑스	6.0
네덜란드	6.0
미국	6.0
덴마크	5.8
캐나다	5.8
아일랜드	5.7
벨기에	5.5
룩셈부르크	5.3
스페인	5.3
이탈리아	5.2
한국	5.0

평균: 4.7

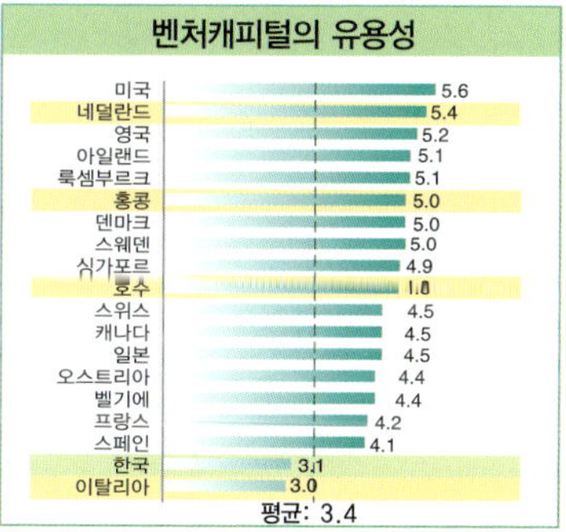

벤처캐피털의 유용성

국가	점수
미국	5.6
네덜란드	5.4
영국	5.2
아일랜드	5.1
룩셈부르크	5.1
홍콩	5.0
덴마크	5.0
스웨덴	5.0
싱가포르	4.9
호주	4.8
스위스	4.5
캐나다	4.5
일본	4.5
오스트리아	4.4
벨기에	4.4
프랑스	4.2
스페인	4.1
한국	3.1
이탈리아	3.0

평균: 3.4

(1) 조사대상 125개국 평균치: 4.7
(2) IMD 자료로 평균치 없음
 • 출처: World Economic Forum, IMD

Appendix 15

산업별 GLOBAL MAJOR PLAYER

Electronics, Electrical Equipment

	회사	Revenue (M $)
1	Siemens	100,099
2	Hitachi	83,596
3	Samsung Electronics	78,717
4	Matsushita Electric Industrial	78,558
5	Sony	66,026
6	LG	60,574
7	Toshiba	56,028
8	Tyco International	41,780
9	Royal Philips Electronics	38,579
10	Mitsubishi Electric	31,833

Metals

	회사	Revenue (M $)
1	Arcelor	40,521
2	Nippon Steel	34,502
3	Mittal Steel	28,132
4	JFE Holdings	27,366
5	Norsk Hydro	27,033
6	Alcoa	26,601
7	Posco	25,678
8	Baosteel Group	21,501
9	Alcan	20,659
10	Corus Group	18,429

Motor vehicles & parts

	회사	Revenue (M $)
1	General Motors	192,604
2	Daimler Chrysler	186,106
3	Toyota Motor	185,805
4	Ford Motor	177,210
5	Volkswagen	118,377
6	Honda Motor	87,511
7	Nissan Motor	83,274
8	Peugeot	69,915
9	BMW	57,973
10	Fiat	57,834
11	Hyundai Motor	57,435

Trading

	회사	Revenue (M $)
1	Mitsubishi	42,633
2	Mitsui	36,349
3	Marubeni	27,732
4	Sumitomo	22,800
5	Sinochem	21,089
6	Itochu	19,592
7	SHV Holdings	18,826
8	Samsung	15,114
9	COFCO	14,654
10	SK Networks	14,571

• 출처: Fortune Global 500(2006년 7월)

산업별 GLOBAL MAJOR PLAYER

Chemicals

	회사	Revenue (M $)
1	BASF	53,113
2	Dow Chemical	46,307
3	Bayer	34,804
4	Dupont	28,491
5	Mitsubishi Chemical Holdings	21,277
6	SABIC	20,865
7	Lyondell Chemical	18,606
8	Hanwha	17,068
9	AkzoNobel	16,153
10	Sumitomo Chemical	13,748

Utilities

	회사	Revenue (M $)
1	State Grid	86,984
2	Electricity De France	63,434
3	Tokyo Electric power	46,418
4	Enel	42,320
5	Veolia Environnement	31,368
6	Gaz de France	27,826
7	UES of Russia	27,768
8	Centrica	25,063
9	Korea Electric Power	24,841
10	China Southern Power Grid	23,105

Petroleum Refining

	회사	Revenue (M $)
1	Exxon Mobil	339,938
2	Royal Dutch shell	306,731
3	BP	267,600
4	Chevron	189,481
5	ConocoPhillips	166,683
6	Total	152,361
7	Sinopec	98,785
8	ENI	92,603
9	PDVSA	85,618
10	China National Petroleum	83,557
11	Pemex	83,382
12	Valero Energy	81,362
13	Statoil	61,033
14	Marathon Oil	58,958
15	Repsol YPF	56,424
16	Petrobr	56,344
17	SK	47,143
18	Lukoil	46,284

Telecommunications

	회사	Revenue (M $)
1	Nippon Telegraph & Telephone	94,869
2	Verizon Communications	75,112
3	Deutsche Telekom	74,062
4	Vodafone	65,314
5	France Telecom	60,933
6	Telefica	48,833
7	AT&T	43,862
8	Telecom Italia	39,765
9	BT	34,808
10	Sprint Nextel	34,680
11	China Mobile Communications	28,778
12	KDDI	27,034
13	Vivendi	25,061
14	China Telecommunications	22,736
15	Comcast	22,255
16	BellSouth	20,613
17	Telstra	17,043
18	KT	16,749

• 출처: Fortune Global 500(2006년 7월)

Appendix 16

2006년 국내 10대 M&A DEAL

인수 대상 기업	인수 기업	매각 주체	인수 자문사	매각 자문사
① LG 카드	신한금융지주	산업은행	UBS, 굿모닝신한증권	JP모건, 산업은행
② 대우건설	금호산업	캠코 외 채권단	JP모건, 산업은행	씨티, 삼성증권
③ 외환은행(1)	국민은행	론스타	메릴린치, 삼성증권	씨티그룹
④ 한국까르푸	이랜드	까르푸	자체 M&A팀	ABN암로
⑤ 신한금융지주	BNP 파리바은행	예금보험공사	–	–
⑥ 월마트코리아	신세계	월마트	HSBC	크레딧스위스
⑦ 대우 일렉트로닉스	RHJ–비디오콘 컨소시엄	채권단	–	ABN암로, 우리투자증권, 삼일회계
⑧ 외환은행(1)	국민은행	수출입은행	메릴린치, 삼성증권	–
⑨ 신대구부산 고속도로	신대구부산 투자운영유한회사	현대산업 등의 건설회사	–	–
⑩ 삼성물산 유통사업부	ARD 홀딩스 (애경그룹)	삼성물산	–	삼성증권

(1) 2006년 11월에 매각 취소
• 출처: Bloomberg, 삼성증권, 한국투자증권

해외 IB 주간에 의한 M&A 딜

1998년 이후 국내 주요 M&A 및 컨설팅 현황

연도	회사	구분	인수자	매각주간사
1998	진로	외자유치 컨설팅		골드만삭스
	대상그룹	라이신사업부문 매각자문		모건스탠리
	제일은행	매각	뉴브리지캐피탈	모건스탠리
	한보철강	매각		BTC
1999	제일/서울은행	부실채권관리		아더앤더슨
	대우증권	지분매각		아더앤더슨
2000	한국중공업	정부 외환은행 지분 51% 매각	두산	산업은행
	국민/주택은행	합병		골드만삭스
	대우차	구조조정		아더앤더슨
	한신공업	채권단 지분매각 재무자문		아더앤더슨
	위아 등 3개사	캠코 개별 채권입찰 재무자문		아더앤더슨
	세진 외 3개사	캠코 개별 채권입찰 재무자문		KPMG
	대신건설	캠코 개별 채권입찰 재무자문		KPMG
	천광산업 외 7개사	캠코 개별 채권입찰 재무자문		삼일회계법인
2001	대한/국제/리젠트화재	예보 지분 매각		아더앤더슨
	상아제약	채권단 지분매각		KPMG
	쌍방울	채권단 지분매각 재무자문		삼일회계법인
	해태제과	매각		ABN 암로
	하이닉스	구조조정 컨설팅		살로먼스미스바니, 동원증권
2002	파워콤	45.5% 매각	데이콤컨소시엄	골드만삭스, 삼성증권
	서울은행	예보 지분 100% 매각	하나은행	메릴린치
	대한생명	예보 지분 51% 매각	한화컨소시엄	삼성증권, LG증권
	우리금융지주	기업공개		골드만삭스
	현대석유화확	매각	LG화학/호남석화	모건스탠리
	조흥은행	지분 매각		모건스탠리
	롯데	동양카드 인수		김재록 씨
	진로	외자유치 자문		김재록 씨
	대우중기	구조조정		모건스탠리, 삼성증권
2003	조흥은행	예보 지분 80% 매각	신한금융지주	모건스탠리, 씨티그룹
	외환은행	수출입은행 코메르츠 지분 50.5%	론스타펀드	씨티그룹
	극동건설	채권단 지분 91.9%	론스타컨소시엄	골드만삭스
	국민은행	정부 보유 지분 매각		JP모건
	하나로통신	지분 매각	AIG-뉴브리지	JP모건
	제일은행	하끼으해 지부 이수		김재록 씨
	대우상용차	지분 매각		삼정KPMG
2004	범양상성	채권단 지분 67% 매각	STX 컨소시엄	삼일회계법인
	쌍용차	채권단 지분 48.9% 매각	상하이자동차	모건스탠리
2005	한국투자증권	예보 지분 100% 매각	동원금융지주	CSFB
	대우종합기계	채권단 지분 51% 매각	두산중공업	모건스탠리, 굿모닝신한증권
	대한투자증권	예보 지분 100% 매각	하나은행	메릴린치, UBS
	진로	채권단 지분 52.1% 매각	하이트컨소시엄	도이치뱅크, 삼성증권, UBS
	현대오토넷	예보 지분 매각	현대차/지앤스컨소시엄	

• 출처: 예금보험공사, 자산관리공사, 국내외증권사

Appendix 18

비금융산업 내 글로벌 순위

반도체[1]		
	Global Top 10	Revenue (M $)
1	Intel	31,359
2	Samsung Electronics	19,207
3	Texas Instruments	12,832
4	Toshiba	10,166
5	STMicroelectronics	9,931
6	Renesas Technology	8,221
7	Advanced MicroDevices(AMD)	7,471
8	Hynix	7,365
9	NXP	6,221
10	Freescale Semiconductor	6,059

정보통신[2]		
	Global Top 10	Revenue (M $)
1	Nokia	41,596
2	Motorola	27,620
3	Cisco Systems	25,757
4	Samsung	18,565
5	Siemens	17,932
6	NEC	16,231
7	Ericsson	14,948
8	Alcatel	13,618
9	Nortel Networks	10,989
10	LG Electronics	9,255

철강[3]		
	Global Top 10	Tonnes (M)
1	Mittal steel	49.89
2	Arcelor	46.65
3	Nippon steel	32.91
4	Posco	31.42
5	JFE steel	29.57
6	Shanghai Baosteel	22.73
7	US steel	19.26
8	Nucor	18.45
9	Corus	18.18
10	Riva	17.53

조선[4]		
	Global Top 10	CGT[5](만)
1	현대중공업	1,347
2	삼성중공업	923
3	대우조선해양	761
4	현대미포조선	406
5	현대삼호중공업	306
6	디렌선박중공	274
7	STX조선	265
8	외이가오차오조선	244
9	한진중공업	223
10	고요조선	206

(1) iSuppli: World's top 25 semi conductor suppliers in 2006년
(2) Gartner Data guest 2006년, 유선전화기, 휴대폰, 라우터 등의 인터넷장비
(3) Metal Bulletin's top steel makers of 2005년
(4) Clarkson 2006년 11월호, 2006년 11월 말 현재 수주 잔량
(5) 표준 화물선 환산 톤 수

금융산업 내 글로벌 순위

은행

	회사	Tier onecapital (M $)
1	Citigroup	79,407
2	HSBC Holdings	74,403
3	Bank of America Corp	74,027
4	JP Morgan Chase & Co	72,474
5	Mitsubishi UFJ Financial Group	63,898
6	Credit Agricole Groupe	60,599
7	Royal Bank of Scotland	48,585
8	Sumitomo Mitsui Financial Group	39,573
9	Mizuho Financial Group	38,807
10	Santander Central Hispano	38,377
⋮	⋮	⋮
51	Kookmin Bank	11,573
87	Woori Bank	7,170
88	Shinhan FG	7,164

증권

	회사	MarketCap (M $)
1	Goldman Sachs Group, Inc	62,144
2	Morgan Stanley	61,077
3	Merrill Lynch & Co., Inc.	52,185
4	Nomura Holdings Inc	43,733
5	Lehman Brothers Holdings Inc.	30,026
6	Charles Schwab Corporation	18,008
7	Daiwa Securities Group Inc	17,820
8	Nikko Cordial Corporation	16,095
9	Legg Mason Inc	12,475
10	Bear Stearns Companies Inc.	11,658
⋮		⋮
22	Samsung Securities	3,589
29	Daewoo Securities	2,439
42	MiraeAsset Securities	1,659
⋮		⋮
100	Shinyoung Securities	284

보험

	회사	Premium (M $)
1	AIG	66,837
2	Metropolitan Life	58,732
3	AXA	58,422
4	Allianz	56,178
5	ING	45,978
6	Generali	45,936
7	Nippon Life	45,515
8	Aegon	42,080
9	Aviva	37,612
10	Great Western Life	34,090
⋮		⋮
27	Samsung	15,412

자산운용

	회사	AUM (M $)
1	Barclays GloblalInvestors	1,400,491
2	State Street Global Advisors	1,367,269
3	Fidelity Investments	1,299,400
4	Capital Group Companies	1,050,435
5	The Vanguard Group	852,000
6	Allianz Global Investors	790,513
7	JPMorgan Asset Management	782,646
8	Mellon Financial Corporation	738,294
9	Deutsche Asset Management	723,366
10	Northern Trust Global Investments	589,800

Appendix 19

2006년 Fortune Global 500

순위	기업	수익($ B)	순위	기업	수익($ B)	순위	기업	수익($ B)
1	Exxon Mobil	340	16	Allianz	121	224	삼성생명	27
2	Wal-Mart	316	⋮	⋮	⋮	⋮	⋮	⋮
3	Royal Dutch Shell	307	19	Crédit Agricole	111	236	POSCO	26
4	BP	268	20	AIG	109	⋮	⋮	⋮
5	General Motors	193	⋮	⋮	⋮	240	한국전력	25
6	Chevron	189	26	HSBC Holdings	93	⋮	⋮	⋮
7	Daimler Chrysler	186	⋮	⋮	⋮	364	KB 국민은행	18
8	Toyota Motor	186	46	삼성전자	79	⋮	⋮	⋮
9	Ford Motor	177	⋮	⋮	⋮	381	한화	17
10	Conoco Phillips	167	72	LG	61	⋮	⋮	⋮
11	General Electric	157	⋮	⋮	⋮	397	KT	17
12	Total	152	80	현대자동차	57	⋮	⋮	⋮
13	ING Group	138	⋮	⋮	⋮	445	삼성	15
14	Citi Group	131	111	SK	47	⋮	⋮	⋮
15	AXA	130	⋮	⋮	⋮	467	SK 네트웍스	14

글로벌 금융기관
국내 기업
국내 금융기관

• 참고: 영업수익 또는 매출액 기준
• 출처: Fortune Global 500(2006년7월)

Appendix 20

2006년 Fortune Global 500 중 금융회사 순위

순위	기업	Revenue ($ B)
13	ING Group	138
14	Citigroup	131
15	AXA	130
16	Allianz	121
18	Fortis	112
19	Credit Agricole	111
20	American Intl. Group	109
21	Assicurazioni Generali	101
26	HSBC Holdings	93
28	Aviva	93
34	BNP Paribas	86
36	UBS	85
37	Bank of America Corp.	84
42	Berkshire Hathaway	82
45	JP Morgan Chase	80

순위	기업	Revenue ($ B)
48	Deutsche Bank	76
49	HBOS	76
52	Prudential	75
55	Dexia Group	73
57	Credit Suisse	72
58	Royal Bank of Scotland	71
63	Zurich Financial Services	67
67	Societe Generale	64
69	Nippon Life Insurance	61
74	Munich Re Group	60
76	State Farm Insurance	59
82	ABN AMRO Holding	57

순위	기업	Revenue ($ B)
85	Legal & General Group	56
89	Lloyds TSB Group	55
93	Santander Central Hispano Group	54
98	Morgan Stanley	52
103	Barclays	51
109	CNP Assurances	48
110	Merrill Lynch	48
112	MetLife	47
119	Dai-ichi Mutual Life Insurance	45
⋮	⋮	⋮
224	삼성생명	27
⋮	⋮	⋮
364	KB 국민은행	18

• 출처: Fortune Global 500(2006년 7월)

Appendix 21

글로벌 100대 금융회사의 국가별 분포

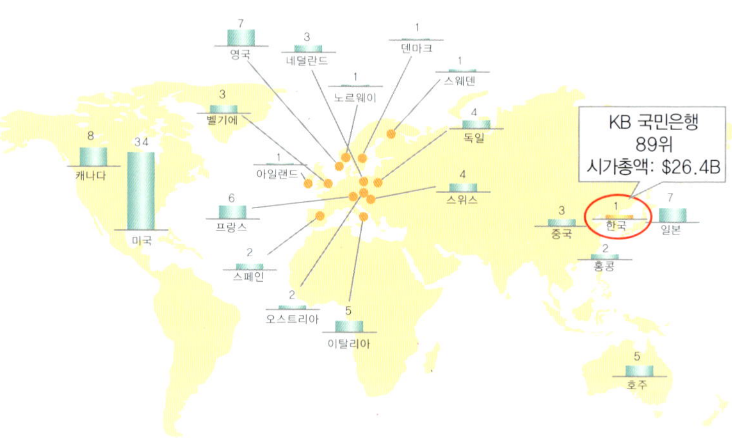

국가별 인근 주요도시 인구비율

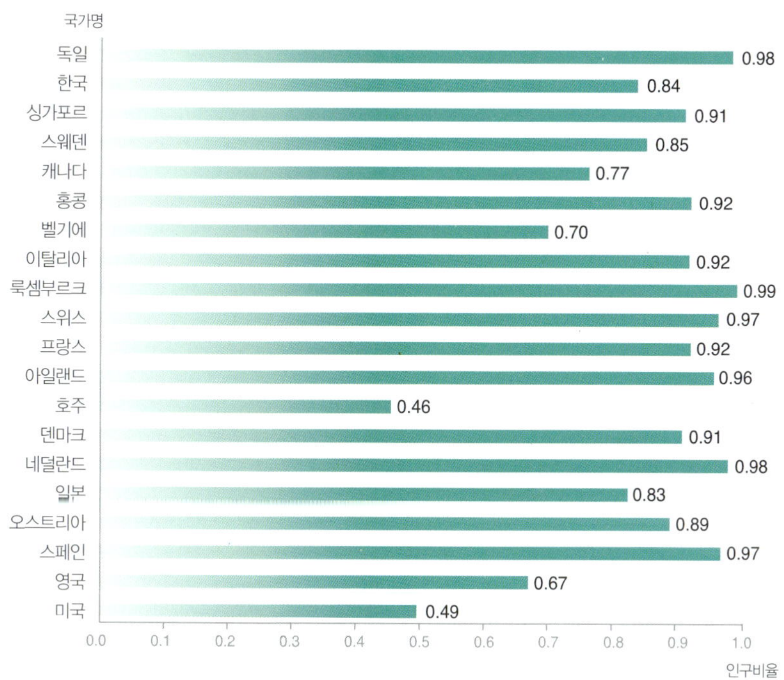

• 참고: 2005년 기준
• 출처: citypopulation.de, 각국 통계청

Appendix 23

금융발전 현황지수(등급)

순위	국가	Y1	Y2	Y3	등수 평균
1	영국	2	1	1	1.3
2	미국	1	2	2	1.7
3	호주	5	5	5	5.0
4	덴마크	11	4	4	6.3
5	스웨덴	13	3	3	6.3
6	독일	4	9	9	7.3
7	네덜란드	7	8	8	7.7
8	스위스	10	7	7	8.0
9	아일랜드	12	6	6	8.0
10	프랑스	3	12	12	9.0
11	일본	9	11	11	10.3
12	벨기에	6	14	14	11.3
13	스페인	14	10	10	11.3
14	이탈리아	8	15	15	12.7
15	한국	15	13	13	13.7

금융발전 잠재성지수(등급)

순위	국가	Z1	Z2	Z3	Z4	Z5	Z6	Z7	평균
1	네덜란드	6	6	5	2	6	3	5	4.71
2	스위스	10	4	6	6	1	5	1	4.71
3	덴마크	7	9	11	8	3	1	2	5.86
4	미국	4	1	10	15	4	4	8	6.57
5	스웨덴	1	15	13	5	5	6	6	7.29
6	한국	2	2	1	4	15	14	15	7.57
7	아일랜드	15	3	12	3	2	7	11	7.57
8	독일	11	11	3	7	12	8	4	8.00
9	영국	5	8	7	12	7	10	9	8.29
10	벨기에	13	13	4	1	9	9	12	8.71
11	프랑스	12	5	8	9	10	11	7	8.86
12	호주	3	10	15	13	11	2	10	9.14
13	일본	8	7	2	14	8	13	13	9.29
14	이탈리아	9	12	9	10	13	15	14	11.71
15	스페인	14	14	14	11	14	12	3	11.71

· 참고: Z1: 인터넷 가입자수
　　　 Z2: GMAT신청자수 × 점수 / 인구
　　　 Z3: 1,000km인구
　　　 Z4: 무역의존도
　　　 Z5: 1인당 GDP
　　　 Z6: 투명성순위: Financial Institutions' Transparency
　　　 Z7: 국가신용등급

· 참고: Y1: 금융산업의 부가가치비중
　　　 Y2: 100대금융회사 시가총액비중
　　　 Y3: 자본시장 접근성 지수
　　　　　 (Capital Market Access Index) / 10

Appendix 24

금융산업 성장률

연도	GDP	인구	1인당 GDP	1인당 GDP 명목성장률	비금융산업	금융산업	총금융 성장률	순금융산업 성장률	순금융산업 부가가치	타산업 유발 부가가치	총금융산업 비중
2005년	7875.0	48,138	0.1636	0.0905	6221.25	1653.75					0.2090
2006년	8616.0	48,297	0.1784	0.0905	6656.74	1959.26	0.18473516	0.0948	1810.5322	148.724	0.2274
2007년	9426.6	48,456	0.1945	0.0905	7122.71	2303.90	0.17590495	0.0903	2136.1226	167.776	0.2444
2008년	10311.7	48,607	0.2121	0.0905	7621.30	2690.38	0.16775097	0.0861	2502.2365	188.143	0.2609
2009년	11277.2	48,747	0.2313	0.0905	8154.79	3122.41	0.16058189	0.0824	2912.0909	210.315	0.2769
2010년	12330.0	48,875	0.2523	0.0905	8725.62	3604.36	0.15435452	0.0792	3369.7413	234.622	0.2923
2011년	13477.1	48,989	0.2751	0.0905	9336.42	4140.70	0.14880283	0.0764	3879.6071	261.096	0.3072
2012년	14724.9	49,083	0.3000	0.0905	9989.97	4734.93	0.14350918	0.0736	4445.6548	289.277	0.3216
								평균 0.0833			

공적연금의 자본시장 투자 확대

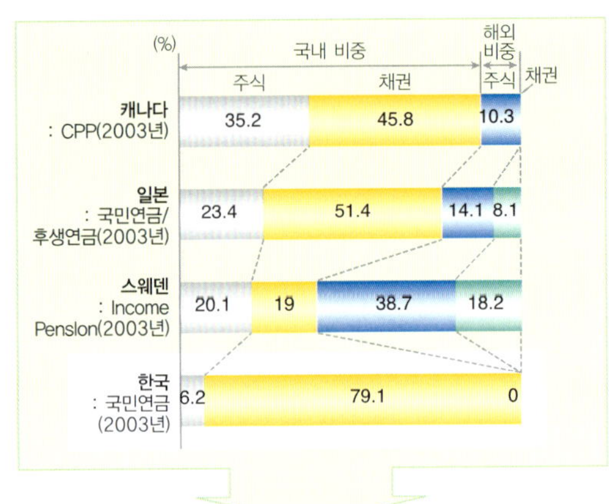

자본 시장 활성화의 촉매

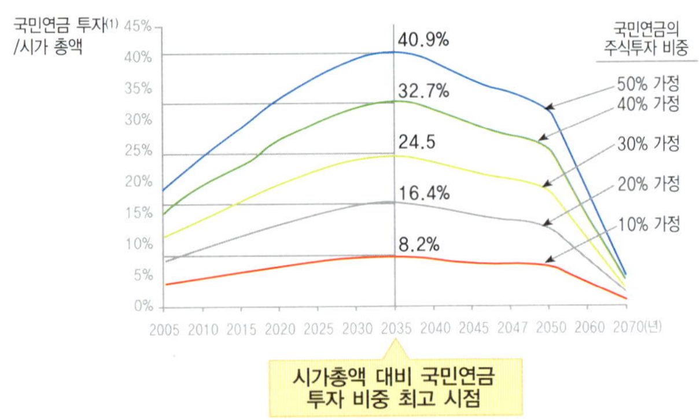

(1) 기여율 9%에서 2010년부터 5년마다 1.4%p씩 증가시켜 2030년까지 16% 수준까지 인상한 후 2070년까지 유지하는 경우

· 출처: 공적 연기금의 투자정책에 관한 연구(한국증권연구원)

연도별 61개 기금 조성 및 운용

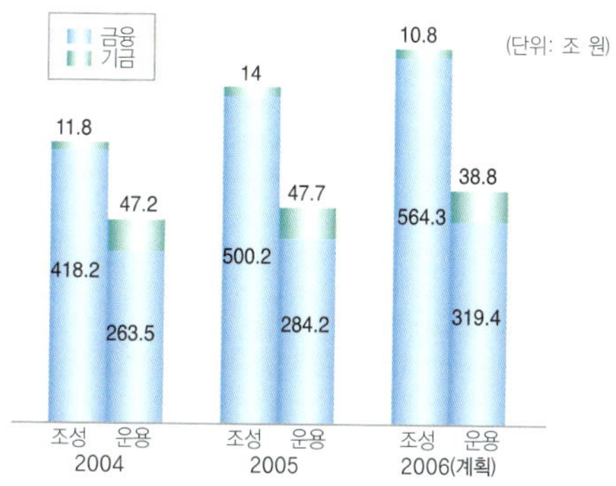

4대 연금 조성 및 운용

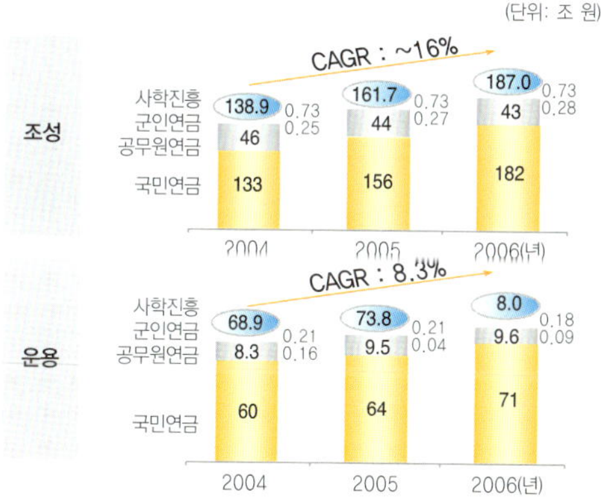

Appendix 27

해외 공공기금 관리기구

	 KIC	 GIC	 NBIM	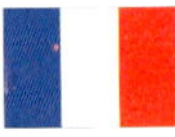 FRR	 CalPERS
운용 규모	200억 달러	1,500억 달러	2,500억 달러	280억 유로	2,082억 달러
설립 연도	2005년	1981년	1990년	2001년	1932년
투자 재원	외환보유액 공공기금	외환보유액 재정흑자분	정부연기금 외환보유액 정부석유보험기금	국가노후펀드의 surplus 국유자산매각대금	연금가입자의 납부금
운용 방식	선진국 상장주식 투자등급채권	해외주식 및 채권 파생금융상품 부동산 및 PEF	주식 및 채권	주식 및 채권 부동산, 인프라 Private Equity	주식, 채권 및 부동산 전체 운용자산의 35%는 외부위탁

• 출처: 한국투자공사(KIC)

Appendix 28

국내 3대 은행 · 금융그룹의 자산 추이

• 출처: The Banker, 각사재무제표, BCG 분석

Appendix 29

주요 동남아 국가의 여신 금리

* 출처: IFS

Appendix 30

수입 보험료 기준 시장 점유율 예측(%)

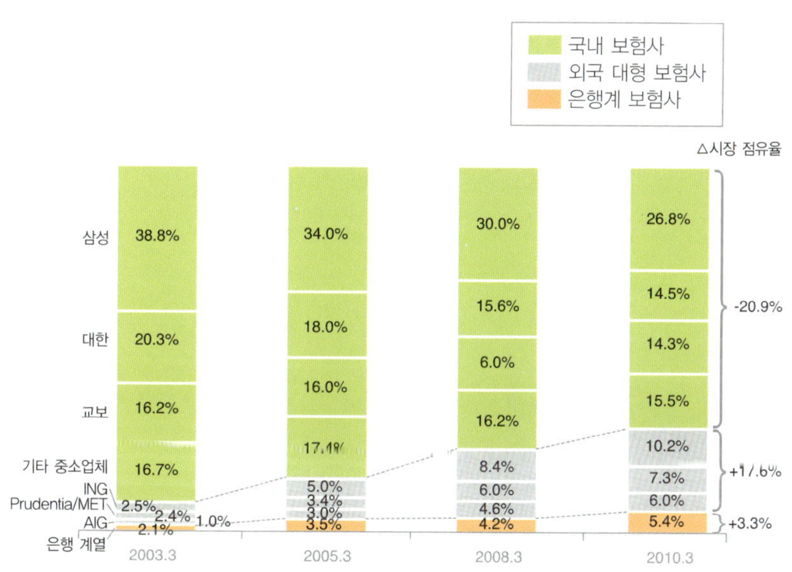

- 참고: 초회보험료 예측치에 각 회사별 현재의 유지율을 가정하여 수입 보험료 예측, 기타 중소업체에는 일부 외국 보험사가 포함되어 있음
- 출처: 생명보험협회, BCG 분석

Appendix 31

정부가 마카오 관광 카지노 산업을 체계적으로 지원했음

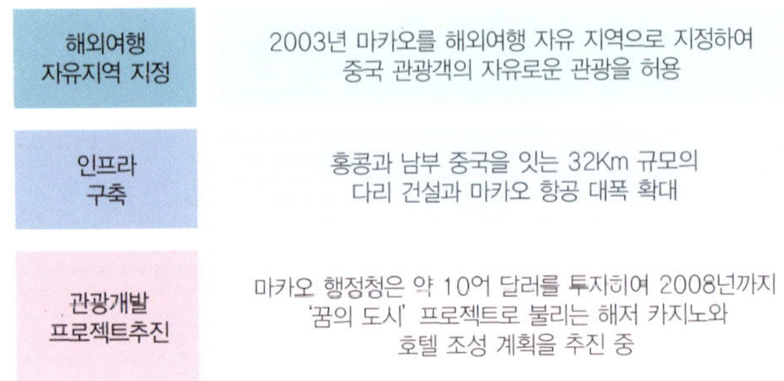

마카오의 매출액 및 방문자수는 매년 ~25%로 증가하고 있음

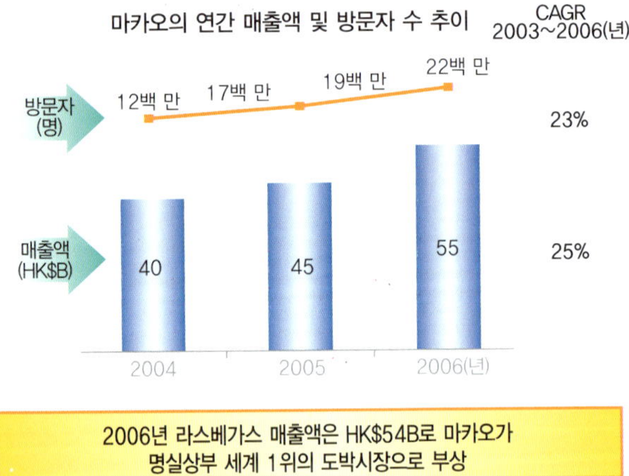

· 출처 : 모건스탠리

Appendix 32

해외 전문인력[1] 국내 주거환경 설문조사 결과

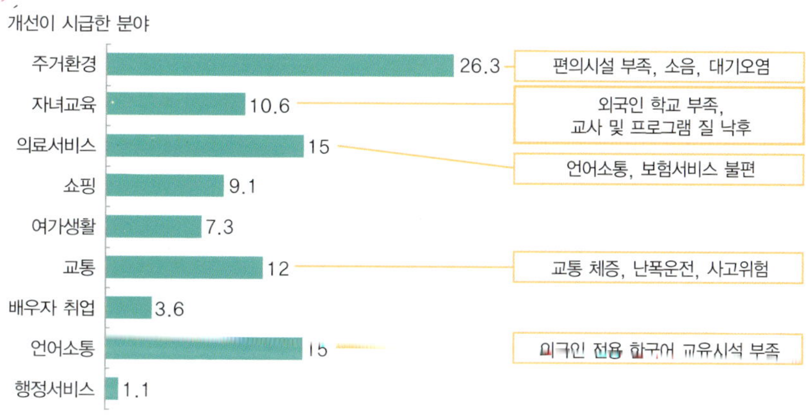

(1) 외국계기업, 국내공공기관 파견 외국인 투자자, 국내기업 · 연구소 · 대학 소속경영 · 연구 · 기술개발 · 교육 종사자 중 임원, 상급관리자, 전문가

Appendix 33

통합 금융감독기구의 법적 성격: 이원화된 한국의 금융감독기구

국가	기관명	설립 시기	법적 성격
한국	금융감독위원회(FSC) 금융감독원(FSS)	1998. 4 1999. 1	정부조직 무자본 특수법인
영국	Financial Services Authority(FSA)	1997. 10	유한책임회사(company limited by guarantee)
호주	Australian Prudential Regulation Authority(APRA)	1998. 7	특수법인(body corporate)
독일	금융감독청(die integrierte Finanzdienstaufsicht)	2002. 5	정부조직
캐나다	Office of the Superintendent of Financial Institutions(OSFI)	1987. 7	정부산하 독립청
덴마크	Danish Financial Supervisory Authority(DFSA)	1988	정부조직
스웨덴	Financial Supervisory Authority(FSA)	1991	정부산하 독립청
노르웨이	Banking, Insurance and Securities Commission of Norway(BISCN)	1986. 3	정부조직
싱가포르	Monetary Authority of Singapore(MAS)	1971. 1	정부산하 독립청(통화청)

금융감독기구의 재원 조달 현황: 다원화된 한국의 조달 수단

국가		예산 재원 조달 수단
한국	금감위	• 정부 예산
	금감원	• 금융기관 분담금 • 유가증권 발행 분담금 • 한국은행 출연금
일본		• 정부 예산
독일		• 금융권 분담금
영국		• 금융권 분담금
호주		• 금융기관 분담금(설립비용은 정부 부담)
캐나다		• 금융권 분담금
덴마크		• 정부 예산 (금융기관은 정부에 분담금 납부)
스웨덴		• 정부 예산 (금융기관은 정부에 수수료 납부)
노르웨이		• 금융기관 분담금
싱가포르		• 자체 조달

Appendix 34

홍콩 금융 관리국(HKMA) 조직도[1]

홍콩 증권 선물위원회(SFC) 조직도[2]

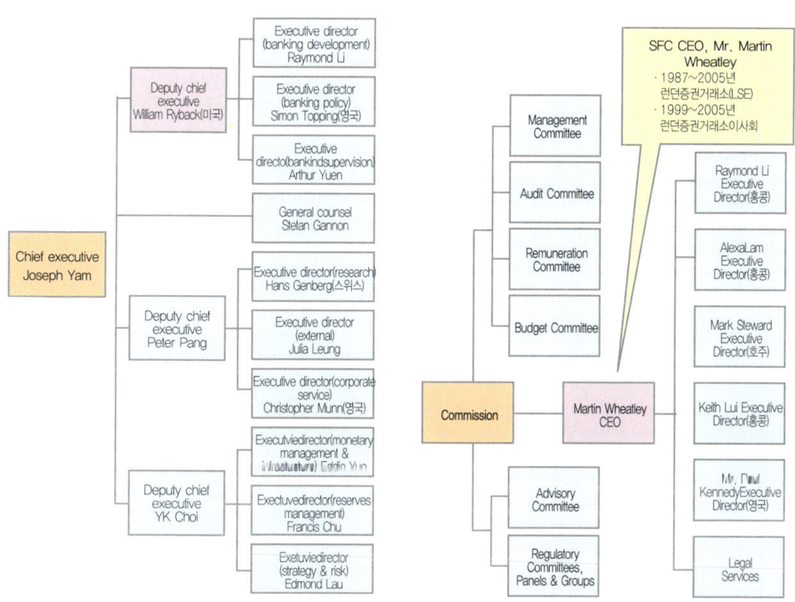

(1) Hong Kong Monetary Authority(2007년 1월 8일 기준)
(2) Securities and Futures Commission(2006년 말 기준)

Appendix 35

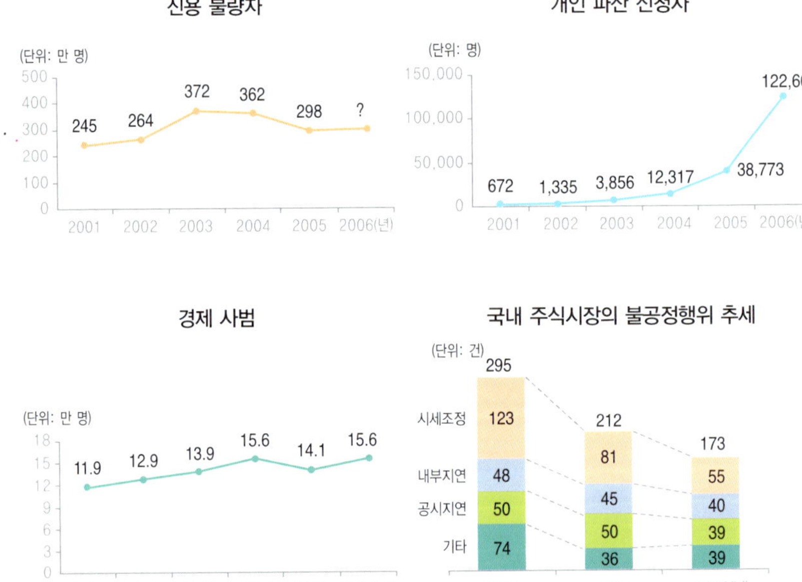

• 출처: 은행연합회, 대법원, 대검찰청

Appendix 36

국가별 개인파산 제도

	독일	프랑스	미국	한국
파산법 특성	청산형 일원화	회생형 일원화	청산–회생 이원화	청산–회생 이원화
압류 방식	자산+소득	자산+소득	자산 또는 소득	자산 또는 소득
변제 기간	6년	8~10년	즉결 또는 5년	즉결 또는 5년
자산압류 면책범위[1]	기본 가정용품	기본 가정용품	기본 가정용품 및 주거지[2]	전세보증금 1,600만 원 6개월 생활비 720만 원
소득압류 면책범위	4인 가족 기준 $38,000	4인 가족 기준 $13,000	회생의 경우 주마다 다름 청산은 소득의 전액면제	720만 원 이내 전액면제
파산 신청비용	$800	무료	$1,800~3,700	80~250만 원
인구 1000명당 신청건수[3]	1.2	3.0	6.8	3.8

(1) 청산제도에서의 자산압류 면책범위. 미국과 한국의 경우 회생 절차를 밟을 경우 자산의 압류는 없음
(2) 주거지를 면책받기 위해서는 mortgage를 꾸준히 지불하고 파산 40개월 이내에 집을 구매한 경우 집값이
　　 12만 5,000달러 미만이어야 하는 등의 조건 있음
(3) 외국은 2005년 기준, 한국은 2006년 기준

Money Working Korea

초판 1쇄 2007년 5월 14일

지은이 매일경제 금융한국 프로젝트팀
펴낸이 김석규　**담당PD** 한지은　**펴낸곳** 매경출판(주)
등　록 2003년 4월 24일(No. 2-3759)
주　소 우)100-728 서울 중구 필동1가 30번지 매경미디어센터 9층
전　화 02)2000-2610(출판팀) 02)2000-2636(영업팀)
팩　스 02)2000-2609　**이메일** publish@mk.co.kr

ISBN 978-89-7442-453-4(03320)
값 15,000원